企业合规改革研究

RESEARCH ON
ENTERPRISE COMPLIANCE
REFORM

陈坚 著

法律出版社
LAW PRESS·CHINA
——北京——

图书在版编目(CIP)数据

企业合规改革研究 / 陈坚著. -- 北京 : 法律出版社, 2022
ISBN 978-7-5197-6360-2

Ⅰ. ①企… Ⅱ. ①陈… Ⅲ. ①企业法－研究－中国 Ⅳ. ①D922.291.914

中国版本图书馆 CIP 数据核字(2022)第 007316 号

企业合规改革研究
QIYE HEGUI GAIGE YANJIU

陈 坚 著

策划编辑 蒋 橙
责任编辑 蒋 橙
装帧设计 李 瞻

出版发行 法律出版社
编辑统筹 法律应用出版分社
责任校对 朱海波
责任印制 刘晓伟
经 销 新华书店

开本 710 毫米×1000 毫米 1/16
印张 20 字数 308 千
版本 2022 年 1 月第 1 版
印次 2022 年 1 月第 1 次印刷
印刷 北京金康利印刷有限公司

地址:北京市丰台区莲花池西里 7 号(100073)
网址:www.lawpress.com.cn
投稿邮箱:info@lawpress.com.cn
举报盗版邮箱:jbwq@lawpress.com.cn

销售电话:010－83938349
客服电话:010－83938350
咨询电话:010－63939796

书号:ISBN 978－7－5197－6360－2
定价:78.00 元
凡购买本社图书,如有印装错误,我社负责退换。电话:010－83938349

序言

企业合规这一概念的产生与发展具有历史必然性，从国际上反垄断法的逐步成熟开始，企业行为对法律法规的遵守、对社会秩序稳定的贡献，均被政府和公众重视。随着多项规制企业行为的法规完善，企业作为社会中不可忽视的一个重要角色，逐渐地、越发频繁地参与社会治理的工作。对企业合规行为予以重视，从侧面体现了我国经济发展进入新时代、新征程，我国社会治理的能力也迈上了新台阶。

企业合规改革既是一项新改革，也是一项持久性改革，这是涉及我国优化营商环境，促进社会治理现代化，实现检察机关职权运行优化等多方面、多角度的重要工作。目前，改革已经进入"深水区"，第三方合规监管机制、合规标准等制度亟须构建，另外，关于数据安全的重要议题已经上升到国家立法层面，数据合规治理要结合经济学视角进行阐释，以完全理解数据行为在经济交往中的重要作用，以此作为法律规制之基础。

当然，企业合规改革还涉及多项基础问题的厘清，这是不可避免的。我们必须重视企业合规改革的法理基础、政策基础。面对多种观点，笔者对企业合规改革的相关概念进行了厘清，希望能够从中梳理出有发展性建议的观点。

企业合规改革是检察机关开展检察权运行机制优化的重点工作之一。与企业合规改革相关的内容，包括认罪认罚从宽制度、不起诉制度、检察建议、公开听证制度等。不难发现，检察机关视角下企业合规改革正是检察权充分结合职能优势，充分发挥职能特点，全面参与社会治理的体现。

我国最早关注合规问题的主体是赴国外上市公司和外国在中国的公司，随着2005年中国金融监管机构的主导影响，国内金融领域率先对合规概念引起重视并开展合规治理，在之后十余年，国有企业合规开展了广泛的体系整改。2018年的“中兴事件”后我国对企业合规问题进入深入反思阶段，各领域合规整改逐步开启，2020年反垄断监管也引用合规概念出台规制方案，我国企业合规概念开始逐渐明晰。国内企业合规的发展鲜明地表示了我国在合规问题上存在行政机关优势主导的特点。与美国刑事合规激励制度的产生背景相似，随着我国优化企业营商环境政策的深入施行，社会经济快速发展下，单位犯罪案件数量增加、轻罪案件占比增加，企业社会评价的影响力增强，我国司法机关主导开展企业合规的刑事激励改革势在必行。

综合上述背景，笔者以中国企业合规改革动态为基础，结合域外改革经验，充分发挥检察机关职能特点，对现有相关制度进行梳理归纳，对现有法理观点进行汇编总结，对重要问题单独讨论并联系全局进行思考，从而提出了数据合规、第三方监督评估机制构建、有效合规标准制定三个企业合规面临的新挑战，紧跟新时代检察机关改革潮流，为企业合规试点改革提供参考意见。

一方面，企业合规不仅仅是法律问题，更是经济问题。企业的生命在于参与市场经济行为，企业合规的目的是企业能够稳定、长期地参与市场经济。因此，分析企业合规的治理方式、完善企业合规的制度构建，在经济学视角下探究企业合规的目的性、行为关系则至关重要。

另一方面，检察机关主导企业合规改革是大势所趋，是我国检察机关主动参与国家社会治理的时代选择。从企业合规制度试点运行，企业合规第三方监管机制的构建，到企业合规计划标准的制定，我国检察机关始终处于主导地位，积极推动相关试点有效运行。从特殊合规模式，即刑事合规，开始切入企业合规的中国化进程，全面激励我国企业自发、主动合规，参与社会治理构建。

基于此，笔者横跨法学、经济学专业教育背景，系统研究我国目前与企业合规特别是检察机关参与的司法领域企业合规改革相关内容，并结合新时代检察机关法律监督工作实践经验，为促进我国企业合规试点工作稳中有序地推进、完善贡献绵薄力量。

陈　坚

2022年1月1日

目录

Contents

第一章　企业合规的概述

第二章 企业合规的类型

第三章　企业合规中国化的理论基础

第四章　企业合规的新领域之数据合规

第五章　企业合规的新制度之第三方监督评估机制

第六章　企业合规的新难点之有效合规标准的构建

第一章 企业合规的概述

第一节 企业合规的相关概念

一、企业合规的概念

(一)基本概念

1. 合规的概念

合规一词属于“舶来”词,不同学者对其定义颇有不同。[1] 笔者重点梳理了几种比较有代表性的观点进行介绍,用以综合展示合规一词的概念。

有学者指出,合规具有“遵守规则”或“遵循法律规定”的含义。“无论怎样的合规计划或合规管理体系,无非要达到督促企业在经营过程中遵守法律法规的效果。通常来说,根据企业在经营或交易过程中所要遵守的规则类型,我们可以将企业所应遵守的法律法规分为四种:一是国家制定的法律法规,在我国包括全国人大及其常委会通过的法律、国务院通过的行政法规、最高司法机关发布的司法解释、国家部委局办通过的部门规章、地方立法机关通过的地方性法规等;二是商业惯例和伦理规范,包括各行业协会颁布的成文行为准则以及各种不成文的商业习惯和伦理规范等;三是企业自行颁布的规章制度,包括公司章程、商业行为准则、员工行为守则等;四是相关外国法律法规、国际条约或国际惯例,包括那些公司经营地所在国或地区的法律法规,本国参加或者签署的国际公约以及相关国际组织所实施的国际规则等。”[2]

也有学者从历史的角度进行定义:

---

[1] 参见李勇:《企业合规需要重塑治理模式》,载《检察日报》2021 年 10 月 14 日。

[2] 陈瑞华:《企业合规基本理论》(第二版),法律出版社 2021 年版,第 7 ~ 12 页。

合规，英文为compliance，即“遵从”之意。这一概念最早来自西方国家。企业合规的话题第一次被企业界和社会公众广泛关注是在20世纪70年代。1976年，当时美国最大飞机制造公司和军火供应商洛克西德公司被曝光通过向日本政要行贿来对日销售产品，涉案金额达1000多万美元。参议院全国公司调查委员会随后开展调查，发现通过雇用中间人向决策者行贿的手段，被洛克西德公司在沙特阿拉伯、土耳其、西班牙、巴西和菲律宾等国普遍使用。人们开始考虑，企业在追求利润的同时，是否应该考虑自身的道德问题，这是人们关注合规问题的初衷，这一事件也直接促使1977年美国《反海外腐败法》(American Foreign Corrupt Practice Act，FCPA)的出台。这也是世界上第一个国家制定法律惩罚在该国之外的其他国家的腐败行为。[1]

另有学者从实务角度对合规一词进行定义，具体分为三层意思：

合规第一个层面的概念，作为“舶来”词(compliance)，就是合乎规定、遵守法律规则的意思。合规本质上是一个公司为防控合规风险所采取的治理结构和治理体系。一家企业可能面临的风险集中在三大风险，即经营风险、财务风险、合规风险。合规第一个层面的概念，指遵守规则，这里的规则应作广义理解，且可以分为三个层次：第一层，国家及国家之间宏观层面的规则，如我国的法律、法规及规章、国际通行的法规、惯例或公约等；第二层，社会层面的规则，包括但不限于行业惯例、商业惯例、商业伦理；第三层，企业微观层面的规则，如企业内部的规章制度、员工手册等。

合规第二个层面的概念，指一套合乎规则的公司治理体系。首先，从自我预防的层面，该治理体系可以助力企业有效管理自己的员工、高级管理人员、有合作关系的第三方、投资并购方等；其次，从自我监督的层面，启动该治理体系可以及时发现受管理人员与机构实施的违规行为；最后，从自我管理的角度，企业在发现违规行为时可以及时介入调查，督促实施违规行为的主体承担相应的法律责任，同时有效切割企业责任与违规行为实施主体(包括但不限于员工、高级管理人员、第三方、并购方等)的责任。

合规第三个层面的概念，指合规的激励和惩罚机制。结合国外已经发展成

---

〔1〕 姜先良：《企业合规与律师服务》，法律出版社2021年版，第3～4页。

熟的合规制度分析，合规的激励和惩罚机制主要有三大类型，分别为行政监管合规体制、刑事合规体制、国际组织制裁合规体制。对于不存在海外业务的企业而言，更多涉及的是行政监管合规与刑事合规。[1]

由此可见，合规并不是具有统一标准的可定义的概念。笔者认为，对合规的定义应该保持开放的态度，在实践与理论的逐渐发展中逐步形成概念群，而不应预先对其限制发展范围，这也符合合规这一概念产生的方式，是现有的与合规相关的类似行为，逐步同类化后形成一个合规行为群，之后才有的合规概念。

2. 合规的边界

有学者结合企业合规中的刑事合规部分与相关问题的关系展开分析，就企业合规的概念进行重新定义，从而不局限于合规概念的内涵，但明确合规概念的外延。其从刑事合规与刑事辩护的关系、行政监管合规与刑事合规的边界两个方面分析了刑事合规的基本内涵，从而从对比关系中印证了企业合规的整体边界。不可否认的是，对边界的划分是学术研究的重中之重，但是单就刑事合规的部分内容进行边界区分，相当于国界线的断线区分，仅能就部分边界内容进行个案分析，尚不足以完全区分合规概念之边界。笔者认为，与其区分合规的边界，不如在实践案例中分析合规的主干内容与支线内容，当支线内容足够延伸至其他学科或概念域内，合规的边界自然产生。虽然如此，就合规的边界区分仍不能停止不前，现就学者进行的合规边界区分予以展示[2]，以期引发思考：

(1)刑事合规与刑事辩护的关系

刑事辩护是指在企业或其员工、第三方、并购方等被公安机关刑事立案侦查后，辩护人或辩护律师向司法机关提出犯罪嫌疑人、被告人无罪、罪轻或减轻、免除其刑事责任的材料和意见，以维护犯罪嫌疑人、被告人的诉讼权利和其他合法权益。

---

〔1〕 参见王媛媛：《合规助力企业腾飞之二——从合规的概念与边界为视角》，载华律网2020年9月3日，http://lawyers.66law.cn/s2020932063506_i935485.aspx。

〔2〕 参见王媛媛：《合规助力企业腾飞之二——从合规的概念与边界为视角》，载华律网2020年9月3日，http://lawyers.66law.cn/s2020932063506_i935485.aspx。

刑事合规是指企业或其员工、第三方、并购方等的行为可能涉嫌犯罪,但尚未被公安机关正式立案侦查,此时,通过刑事合规来纠正可能存在的罪错行为,挽回相应的损失,或采取补救措施、积极促成和解,从而实现消除违法行为社会危害性的目的。同时,刑事合规还可以有效切割企业责任与行为人的法律责任,从而化解企业的刑事责任风险。

综上所述,合规的生命始于企业的设立,终于企业所涉刑事案件被公安机关立案侦查;而刑事辩护则始于企业所涉刑事案件被立案侦查,并贯穿于刑事诉讼全程。

(2)行政监管合规与刑事合规的边界

行政监管合规与刑事合规,二者存在递进的关系,但又不同。刑事合规与行政监管合规可以依据违法行为的社会危害程度不同做如下区分:

若违法行为仅仅违反了行政法规、规章,虽造成了一定的危害后果,但尚未达到刑事案件立案标准的,则该类行为应纳入行政监管合规的对象范围;

若违法行为不仅违反了行政法规、规章,而且触犯了刑法,在公安机关立案侦查前,该等行为则应纳入刑事合规的对象范围。

合规存在的意义在于助力企业保持合法、良好、健康的运行状态:在企业出现行政监管合规风险时,帮助企业完善合规体系建设与治理,在行政监管环节实现企业利益最大化,努力将案件止于行政监管调查环节,预防企业出现刑事合规风险,避免刑事诉讼程序的启动;在企业已经出现刑事合规风险时,有效切割企业责任与员工责任、高级管理人员责任、第三方责任、并购方责任,等等。[1]

3. 企业合规的概念

有学者指出,企业合规从字面上来看就是合乎法律规定的意思。这里的法律规定大体上不外乎四大类:第一,国家法律法规,包括法律、行政法规、行政规章、地方性法规、司法解释等,所有具有法律渊源资格的规范文件都是需要遵守的对象。第二,商业惯例,既包括成文规范,如各行业协会颁布的行为准则等,也包括不成文的商业习惯和伦理。第三,公司内部制定的规章制度,违反自定

---

〔1〕 参见王媛媛:《合规助力企业腾飞之二——从合规的概念与边界为视角》,载华律网2020年9月3日,http://lawyers.66law.cn/s2020932063506_i935485.aspx。

的规章制度同样会成为企业受到制裁的理由。第四,国际组织条约,如世界银行等国际组织,也设置了合规管理和制裁体系。世界银行可以通过附解除条件的制裁,为企业设置若干年考验期,要求其重建合规计划。当然,这些只是基于"合规"字面意义的解读,企业合规是围绕着合规风险而展开的,因此一定要深入合规风险的层面加以理解。所谓企业合规,是企业为有效防范、识别、应对可能发生的合规风险所建立的一整套公司治理体系。[1]

（二）企业合规的基本原则

企业合规措施的实施是企业合规制度、企业合规文化、企业合规成效得以落实的重要手段和基本保障。企业合规措施适用的基本原则主要是指企业在具体适用一系列合规措施时所应当遵循的基本准则和规范精神。企业合规措施适用应当遵循以下七项基本原则:合法性原则、正当性原则、科学性原则、比例性原则、有效性原则、科技性原则以及留痕性原则。这七项原则是基于现行企业合规试点改革相关规定的内容以及相关学者的论述内涵进行梳理总结、提炼汇集而成的。[2]

1. 合法性原则

合法性原则是企业合规措施适用的首要原则,其主要是指企业在适用合规措施之时应当依法进行,杜绝采用非法方式来实施合规措施。一切非法适用合规措施的,均应被禁止。企业如果违反相关法律规定而适用合规措施,则依法应当承担相应的法律责任,甚至追究其相应的刑事责任。合法性原则要求企业应当事先设定合规措施的适用标准、程序规范和实体要求,切实做到适用过程和结果的有理有据。尤其是对于一些特殊类型的合规措施(如合规尽职调查),更应当注意依法实施,避免出现违法违规行为。

2. 正当性原则

正当性原则主要包括两个层面的内容:一是指企业适用合规措施的目的应

---

〔1〕 参见陈瑞华:《企业合规基本理论》(第二版),法律出版社 2021 年版,第 7 ~ 12 页。

〔2〕 关于企业合规应当遵循的原则,学界尚有争议,此部分主要采纳胡国辉学者的观点。参见胡国辉:《企业合规概论》,电子工业出版社 2018 年版,第 4 ~ 89 页;张云霄、王龙宸:《企业合规措施适用的七大基本原则》,载微信公众号"云讲合规"2021 年 8 月 23 日,https://mp.weixin.qq.com/s/YyEC0qAbOm3xA7vneO72hA。

当正当、合理,不能出于非合规目的来采取合规措施或者将合规措施获得的信息挪作他用;二是指企业适用合规措施的具体程序应具有正当性,必须符合公司合规制度的规定,且经过严格的内部审批程序。正当性原则是保障合规措施得以正确适用的重要原则。尤其是对于掌握大量合规信息的企业管理层和合规团队部门而言,其坚守正当性原则无疑具有重要意义。一旦违背正当性原则,极易诱发企业合规风险与合规危机。

3. 科学性原则

科学性原则是指企业使适用合规措施应当秉持科学的态度和精神,尊重一系列事实和客观规律,包括业务实施、社会规律、人类个体意识和行为的客观规律等,注重现代合规理念在合规措施实践中的具体应用。出于主观臆断的措施,即使有强有力的执行手段作为支撑,在推行过程中也会遇到各种无法克服的障碍,最终难以达成企业合规之目的。

4. 比例性原则

比例性原则也可称为适度性原则,其是指企业应当根据合规风险等级等其他因素来综合考虑和实施合规措施。合规实践表明,合规措施的适用并非越多越好,也并非越急越好,而是应当注意范围、节奏、强度的把握和调整,既可避免合规措施的滥用,又可有效地提升合规资源的效率。比如,针对合规审查措施而言,并非“凡事必审”,而是应当抓住企业制度中的重点问题或者业务模式中的敏感部门进行详尽审查,认真查找其中的合规风险,做到“牵牛牵住牛鼻子”。

5. 有效性原则

在企业合规培训措施的具体应用过程中,必须注意针对合规风险来精心组织设计合规培训的主要内容和形式,避免空洞化地宣讲,真正提升合规培训的质效。

6. 科技性原则

科技性原则是指企业适用合规措施应当积极融入现代科技的元素,突出科技对于合规措施建设的引领作用,特别重视互联网和大数据的具体应用,不断促使合规措施体系的更新升级,从而有效地提升合规措施的适用效率。尤其是随着企业规模扩大、业务增长、人员增多,更要强调合规措施体系建设和应用的科技性原则,有助于最大限度地提升企业合规管理的精准性、有效性和效率性。

7. 留痕性原则

留痕性原则主要是指为了应对第三方调查或者公众质疑、体现企业合规管理的有效性,企业应当以书面方式对企业合规措施的应用过程和结果进行及时和必要的记录。尤其是企业在面临公权力的行政处罚或者刑事侦查时,详尽的合规措施体系及其适用记录会成为企业证明其合规管理有效性的重要证据材料。需要强调的是,坚持留痕性原则,并非要求所有的合规措施适用均需要记录下来;而是应当有所侧重,重点记录企业通过合规措施的适用而消除合规风险的过程。[1]

二、合规风险的概念

(一)基本概念

合规风险指企业因企业自身或员工或有合作关系的第三方、投资并购方等所实施的违法行为而导致企业受到行政监管调查,进而遭受行政监管处罚,乃至刑事责任的追究。合规工作目标在于减少企业因违规行为而遭受的经济损失,对违规行为防患于未然。合规风险由三个要素组成:一是企业因违规行为遭受行政处罚,二是企业因犯罪行为受到刑事责任追究,三是企业因前述行政责任或刑事责任的追究而遭受营业资格的丧失,如被剥夺了特许经营资格或被吊销了营业执照。

有学者给合规风险作出了相对明确的定义。合规风险(compliance risk),与合规的概念一样,原本来自金融行业,并主要针对银行机构,一般援引巴塞尔银行监管委员会(Basel Committee on Banking Supervision,BCBS)发布的《合规与银行内部合规部门》(compliance and the compliance function in banks)中对合规风险的解释:银行因未能遵循法律法规、监管要求、规则、自律性组织制定的有关准则,以及适用于银行自身业务活动的行为准则,而可能遭受法律制裁或监管处罚、重大财务损失或声誉损失的风险。自2002年美国《萨班斯—奥克斯利法案》(Sarbanes-Oxley Act)颁布以来,合规风险的概念已经从银行延伸到非

[1] 参见胡国辉:《企业合规概论》,电子工业出版社2018年版,第4~89页;张云霄、王龙宸:《企业合规措施适用的七大基本原则》,载微信公众号"云讲合规"2021年8月23日,https://mp.weixin.qq.com/s/YyEC0qAbOm3xA7vneO72hA。

银行类公司层面的内部控制风险。现在更为广泛的合规风险被定义为：企业在经营过程中因未遵守法律法规、规章制度、职业操守区道德规范而导致的风险。[1]

企业的合规风险主要源于两个方面：一是企业外部环境变化给企业带来的合规风险，如法律法规、监管政策的变化，国际政治格局、国际经济形势的变化，乃至科学技术的更新；二是企业内部经营状况给企业带来的合规风险，主要来自企业的商业模式、企业的业务领域、企业的合作伙伴等。无论企业的合规风险来自外部还是内部，这些风险都是动态的，这就要求企业进行合规工作时持续监测内外部环境，及时有效地识别不断变化的合规风险。[2]

（二）基本特征

合规风险作为企业风险的一种主要类型，具有自身的生成规律和发展特点。准确理解和科学认知企业合规风险的主要特征，有助于帮助企业及时、全面、系统、准确地建立起完整的合规制度体系，更好地识别、发现和处置各类企业合规风险。有学者梳理了合规风险的特殊性，主要集中体现在以下五方面：普遍性、隐蔽性、动态性、扩散性和可控性[3]。

1. 普遍性

合规风险的普遍性是指企业在建立和运行中总会伴随着各种各样、或多或少的合规风险问题。换言之，合规风险普遍存在于企业各项业务行为活动和非业务行为活动之中。之所以存在企业合规风险，主要是由两种原因所造成的。其一，企业作为市场经济的主体之一，具有天然的"利己"特性且存在机会主义倾向。其为了追求自身利益主要是经济利益的最大化，往往会铤而走险，进而诱发各种各样的合规风险。其二，由于市场信息的非对称性和经济主体有限理性，企业在作出经济决策时往往缺乏全面性和科学性，进而会产生或者伴随着不同类型的合规风险。企业合规风险的普遍性是合规风险的首要特征。正是合规风险的普遍性，才决定了合规制度和实践存在的必要性。因为根据犯罪学

---

[1] 江伟：《化解萨班斯法案的挑战》，载《信息周刊》2005 年第 8 期。

[2] 参见王志乐：《企业合规管理操作指南》，中国法制出版社 2017 年版，第 4 ~ 12 页。

[3] 参见张云霄、李正国：《企业合规风险五大特征的分析》，载微信公众号"云讲合规"2021 年 8 月 23 日，https://mp.weixin.qq.com/s/MAVy0wS9k80CAGDKjIHP8A。

的基础理论可知,作为一种社会现象的犯罪问题是不会自行消灭的,其只能被有效控制,以保障国家和社会秩序的稳定及有效运行。同理,合规风险是与企业相伴而生的,其也不会被完全消灭,而只能被有效地控制在一定范围或者一定程度之内。

因此,针对企业合规的普遍性,一方面,这要求国家应当注意依法使用公权力的手段,从外部加强对企业合规制度建立的硬性要求和适当约束,为企业合规制度的建立当好"指路人"。另一方面,还要求企业自身切实能够承担起相应的社会责任,真正树立起现代合规观念和意识,将合规真正融入企业经营业务之中,不断建立健全合规机制,积极履行合规义务,科学、及时、有效地防范各类合规风险,促进企业的可持续发展,实现企业经济效益和社会效益的有机统一。

2. 隐蔽性

合规风险的隐蔽性主要是指企业合规风险往往隐藏于企业经营全领域和全过程,其并不会自行暴露出来,而是需要加以认真地识别、分析和考察。有学者指出,根据对不合规案例事实的统计分析,企业合规风险主要隐藏和分布在以下八项权力的具体运行中:市场客服与销售权、审核权、人事权、采购权、放行权、计量权、财务资金权和拥有关键信息权。当然,企业合规风险还隐藏在企业经营生产的各个环节之中。如果未被及时、有效地识别,则会对企业的生存和发展造成各项损失。[1]

因此,合规风险的隐蔽性要求各类企业必须具备应对合规风险的专业性,即企业应当建立健全一整套科学有效的体制机制,既要有必要的合规机构设置,还要有专业的合规人员配置;既要有科学的合规管理制度,还要有具体的合规措施方法,从而以专业的思维、方法和举措来科学识别、排查和处置各类隐藏在企业各个领域的合规风险,力促将"纸面上的合规"真正转变为"实践上的合规",真正实现合规的有效性。

3. 动态性

合规风险的动态性是指由于企业经营处在一个动态和变化的环境之中,企业所面临的合规风险会受到外部环境的变化、企业经营业务的变化以及企业生

---

〔1〕 参见王志乐:《企业合规管理操作指南》,中国法制出版社 2017 年版,第 4 ~ 12 页。

长周期的变化的影响。这就决定了企业合规风险的具体外在表现会呈现出各种差异性。从某种程度上讲,动态性是合规风险的最显著特征之一。

因此,合规风险的动态性就要求企业必须根据外部环境的变化、企业经营业务的变化以及企业生长周期的变化进行动态性的监测,以此应对不断变化的合规风险。企业合规风险的动态性就决定了企业合规管理也应当是动态的,而非一成不变的。企业合规管理需要随着合规风险的变化而不断地升级或者优化,从而促进企业的长远健康发展。比如,《商业银行合规风险管理指引》第18条明确指出,"合规管理部门应在合规负责人的管理下协助高级管理层有效识别和管理商业银行所面临的合规风险,履行以下基本职责:(一)持续关注法律、规则和准则的最新发展,正确理解法律、规则和准则的规定及其精神,准确把握法律、规则和准则对商业银行经营的影响,及时为高级管理层提供合规建议;(二)制定并执行风险为本的合规管理计划,包括特定政策和程序的实施与评价、合规风险评估、合规性测试、合规培训与教育等;(三)审核评价商业银行各项政策、程序和操作指南的合规性,组织、协调和督促各业务条线和内部控制部门对各项政策、程序和操作指南进行梳理和修订,确保各项政策、程序和操作指南符合法律、规则和准则的要求;(四)协助相关培训和教育部门对员工进行合规培训,包括新员工的合规培训,以及所有员工的定期合规培训,并成为员工咨询有关合规问题的内部联络部门;(五)组织制定合规管理程序以及合规手册、员工行为准则等合规指南,并评估合规管理程序和合规指南的适当性,为员工恰当执行法律、规则和准则提供指导;(六)积极主动地识别和评估与商业银行经营活动相关的合规风险,包括为新产品和新业务的开发提供必要的合规性审核和测试,识别和评估新业务方式的拓展、新客户关系的建立以及客户关系的性质发生重大变化等所产生的合规风险;(七)收集、筛选可能预示潜在合规问题的数据,如消费者投诉的增长数、异常交易等,建立合规风险监测指标,按照风险矩阵衡量合规风险发生的可能性和影响,确定合规风险的优先考虑序列;(八)实施充分且有代表性的合规风险评估和测试,包括通过现场审核对各项政策和程序的合规性进行测试,询问政策和程序存在的缺陷,并进行相应的调查。合规性测试结果应按照商业银行的内部风险管理程序,通过合规风险报告路线向上报告,以确保各项政策和程序符合法律、规则和准则的要求;(九)保持与监管机构日常的工作联系，跟踪和评估监管意见和监管要求的落实情况。”[1]

4. 扩散性

合规风险的扩散性也可称为传导性、传染性，其主要是指合规风险往往会由一个风险点或者风险源迅速传染给其他风险点或者风险源，继而引发企业出现系统性或者全面性的合规风险，甚至导致重大的企业经营危机的发生。最为典型的例子之一，就是美国雷曼兄弟银行破产案。2008 年 9 月 15 日，成立于 1850 年的美国第四大投资银行雷曼兄弟银行（Lehman Brothers Bank）宣告破产。在其破产前，曾持有大量的债券和债券衍生品。2008 年第一季度、第二季度雷曼持有的次级债金额分别为 6394 亿美元、5167 亿美元，占总资产的比重分别为 82.4%、80.8%。由于次级抵押贷款违约率大幅上升，雷曼兄弟的信用评级下降，其资产出现大幅减值，并进入一个恶性循环，导致其负债超过 6100 亿美元，最终因资不抵债而宣告破产。雷曼兄弟银行的轰然倒塌，随即引发了全球金融市场的剧烈动荡，一场全球性的金融风暴愈演愈烈。

因此，企业合规风险的扩散性决定了企业合规管理应当树立系统思维模式，客观、全面地审视企业合规建设工程。不仅应着眼于某一个环节的合规风险排查与处置工作，还应注重各个合规风险之间的彼此关联以及内在联系，切实做优企业的全面合规管理和专项合规管理工作，形成一套企业合规的闭合管理系统。

5. 可控性

合规风险的可控性也可称为可识别性、可管控性，即指企业在科学合理的操作下，通过对各类合规风险进行精准地识别、预测、评估、处置与防范，从而有效地将其控制在一定范围内，甚至将一些合规风险及时地消灭在萌芽状态，真正有效地为企业的稳健良好运行提供坚实保障。合规风险的普遍性是合规风险可控性的前提和基础。合规风险不可能被完全消灭，只可能被有效地控制。如果控制得当，就有助于企业的可持续发展；反之，则会极大地破坏企业的稳定，甚至造成企业危机。

因此，各种类型的企业均应树立现代化的合规管理思维，积极通过制度建

[1] 参见王志乐：《企业合规管理操作指南》，中国法制出版社 2017 年版，第 4～77 页。

设、组织搭建、培训开展、文化培育、合规风险及危机处置等一些系列措施方法，来积极有效地防范和化解各类合规风险，甚至将合规风险转化为企业发展的宝贵机遇，从而不断增强企业市场竞争力，进一步促进企业的可持续发展。[1]

三、合规治理的概念

合规治理，也称为合规管理，这个概念还处于较新的状态，并没有较多学者给出明确的定义。根据合规管理体系构建的流程和经验，可以将合规管理的内涵总结为：企业在明确合规政策的前提下，按照外部法律法规、行业规范、职业操守和道德规范以及企业自身的需求，制定并持续修改内部制度规范，同时持续监督检查内部制度规范的落地执行，及时进行修订和完善，以最终达到防范化解合规风险目的的一套管理机制，其要点包括以下几个方面：

其一，合规政策：为企业合规管理指明方向的纲领性文件，用以明确合规工作的工作目标和基本原则、管理层的合规责任与承诺、企业各部门尤其是合规管理部分的分工职责等。作为第一份早期企业制定的合规规范文件，合规政策并不作具体细致的规定或工作安排。

其二，合规制度：合规制度是组成合规管理机制的关键部分，它通常由具体的管理规章或规范文件组成，关系企业经营的方方面面，如员工行为准则、招待礼品与赞助规范、人事管理规章、奖惩制度、合同管理规范等，另外根据企业所在行业的不同，还涉及特别的制度规范，如医疗行业、食品行业等强监管行业的合规制度。

其三，合规部门及人员：合规管理部门负责企业的日常合规管理，并应设有首席合规官，或根据企业规模，仅设合规官。合规管理人员应具备专业的知识、技能，并定期接受系统和专业的培训。合规管理部门或单独设立的合规官，应独立于企业其他的部门，并定期直接向管理层汇报工作，以保证其客观、公正地履行工作职责。[2]

---

〔1〕 参见张云霄、李正国：《企业合规风险五大特征的分析》，载微信公众号“云讲合规”2021 年 8 月 23 日，https://mp.weixin.qq.com/s/MAVy0wS9k80CAGDKjIHP8A。

〔2〕 参见中共深圳市委全面依法治市委员会办公室、深圳市司法局、深圳市律师协会编：《民营企业合规与法律风险防控读本》，法律出版社 2021 年版，第 7 ~ 8 页。

第二节　企业合规的机制设计

企业合规的具体落实就是在具体合规机制运行上,实际合规机制是多个主体共同作用的结果。但是在不同主体的视角下,合规运行机制的重点和具体落实形式是存在差异的,基于此,现就企业视角下、政府监管视角下、司法视角下的企业合规机制进行分析。

一、企业视角下的合规机制

在企业视角下,合规机制更多意味着公司制度运行符合相关法律法规的要求,以此保障制度上和经营行为结果上的双重合规。中国国家标准化管理委员会发布的《合规管理体系指南》(GB/T 35770—2017)具有较强的指引性,并直接展现了企业视角下的具体合规机制落实。具体展现了四大体系:组织体系、制度体系、保障体系和风险管理体系。中共深圳市委全面依法治市委员会办公室、深圳市司法局、深圳市律师协会编写的《民营企业合规与法律风险防控读本》中具体阐述了这四个体系的相关概念与运行重点,结合现行试点改革方案,笔者梳理如下:

其一,组织体系。合规管理组织体系一般分三个层级:治理层、管理层和执行层。组织体系要做到职责明确、责任落实、机构(职能)独立、有效分工。第一层级是治理层,一般董事会(或股东会)。在董事会中设置合规管理职能,主要负责批准合规管理战略规划、基本制度和年度报告,指导体系建设、评估体系运行情况、指导重大违规事件处理、审议年度合规工作报告和年度合规工作方案。第二层级是管理层,一般设置专门的合规工作领导小组或者企业合规管理委员会,视企业情况可能与企业法治建设领导小组或风险管理委员会等合署,承担合规管理的组织领导和统筹协调工作。企业相关负责人或总法律顾问担任合规管理总负责人。第三层级是执行层,一般指实际执行合规管理工作的组织机构。实践中,金融机构一般专门设置独立的合规部门。从央企试点单位的实践看,均是按照国务院国有资产监督管理委员会的倡议,在法律部门增设专门的合规职责机构。企业日常合规工作机构一般设在法律合规部门,各领域合规工作分别由分管领导和合规专员参与执行。合规专员既包括法律合规部的专职合规人员,也包括各业务部门的兼职合规人员。

其二,制度体系。企业内部建立完善和有效的规章制度是顺利开展合规管理工作的重要前提,也是合规管理的一项重要的基本工作。制度体系主要由合规管理基本制度、合规管理专项制度两部分构成。一方面,企业应当强化基本规章制度体系的建设工作。大致内容包括:(1)建立外部政策、法规的识别、分类梳理机制;(2)建立外规内化的日常机制及审核机制;(3)强化对规章制度、改革方案等重要文件的合规审查机制;(4)建立企业制度建设及维护规范,设置内部规章建设的标准化流程,并根据外部环境、政策法规的变化及时更新内部制度、进行定期制度点检;(5)建设合规传导、合规检查、合规举报等日常合规工作基本管理制度等。另一方面,不断建立和完善合规管理专项制度。大致内容包括:(1)制定全员普遍遵守的合规行动指南;(2)制定重点岗位合规管理手册;(3)针对具体业务领域制定专项合规管理制度,如业务合规风险识别指南、合规检查领域和对象的定性定量标准、合规检查操作指引、海外业务法律合规工作指引、商业合作伙伴合规指引、合规人事管理指引等;(4)针对合规风险高发的重点领域、事项制定专项管理制度,如反垄断合规指引、廉洁从业合规指引等合规管理办法。

其三,保障体系。保障体系是合规管理体系不可或缺的一部分。任何一项缺乏保障的管理体系在落地实施中都将遇到重重阻碍并最终沦为空中楼阁。健全的保障体系是确保合规管理达到预期管理目标的必要支撑。一般而言,合规管理保障体系包含以下内容:(1)组织及人员保障。第一,建立独立的合规管理专门组织(或职能机构),一方面确保该组织的专业性、权威性,另一方面尽可能减少合规管理组织受到业务的干扰,避免影响其独立性、公正性;第二,建立专业化、高素质的合规管理队伍,根据业务规模、合规风险水平、重点领域等因素配备必要的合规管理人员。(2)资源保障。包括必要的经费预算、内部政策倾斜等,确保组织及行动顺利运转。(3)合规培训机制。重视合规培训,结合法治宣传教育、业务合规指导培训等,建立常态化培训机制。(4)文化宣传保障。积极培育合规文化,通过全员参与管理、合规文化宣传及各项活动的开展提高全员合规意识,筑牢合规经营的思想基础。(5)授权管理保障。赋予合规管理组织一定职责的同时,应进行必要的管理授权,使管理机构在一定范围内有权干预违规行为。(6)高层行动支持。作为一项自上而下的管理行为,企业高层的牵头实施、带头参与、现身说法等行动,对于传导和灌输企业合规文化至关重要。(7)合规报告和考核。设置企业合规运行整体情况、专题事项汇报机制,确保企业合规状况及时上传下达;同时加强合规考核评价,将考核结果纳入全员绩效考核、干部任用等工作的重要依据。(8)信息化建设。选择适当的时机,通过信息化手段优化管理流程,运用信息技术加强对经营管理行为合规情况的监控、归集、分析和指导实施。

其四,风险管理体系。合规风险管理体系的建设是合规体系建设的重点和难点,关系到合规体系的运行是否顺畅,并将影响合规管理目标能否最终实现。建设风险管理体系,既要做到全面覆盖,也要重点突出。合规管理工作全流程分若干环节,风险管理体系即由各环节的运行机制构成。风险管理体系主要由五项机制构成:(1)合规义务及风险识别机制。实施风险管理的第一步骤即对企业应当遵守的义务、可能面临的风险进行识别、分析及梳理归类,以确定需要进行管理的对象。(2)合规风险应对方案的策划机制。针对识别出来的管理对象(事项),进行完整的行动规划,制定应对方案。(3)合规方案实施及过程控制机制。按计划实施合规管理方案,并对实施过程进行监控,及时发现问题、修正措施,使发生异常的风险最小化。(4)合规绩效考核及情况汇报机制。对合规管理方案的实施结果进行评价、分析并纳入考核,同时将方案实施情况进行及时、分层次的汇报。(5)不合规事项的管理及持线改善机制。发现(发生)不合规事项,及时予以上报、纠正乃至修订合规管理措施,并设法持续改进合规管理体系的实用性、充分性及有效性。此外,我国也针对央企从不同角度指出了其合规管理的七大重点领域,可作为风险管理体系重点领域设定的参考,在此不赘述。以上"标准化框架"实为概括性、一般性的梳理结论。在合规管理实践中,企业还应当结合自身实际情况、关注重点问题,有针对性地进行合规管理系统的构建。[1]

---

〔1〕 参见中共深圳市委全面依法治市委员会办公室、深圳市司法局、深圳市律师协会编:《民营企业合规与法律风险防控读本》,法律出版社 2021 年版,第 7 ~ 8 页。

而上述合规体系的搭建，需要做到明确合规工作的目标和原则、进行全面的风险识别调查、建立合规管理组织体系、建立合规制度体系、持续跟进落地实施等步骤，其中企业要明确做到五点：一是加强合规方案落实的监督及过程风险控制，二是建立违规事件管理及持续改善机制，三是强化合规培训并建立常态化培训机制，四是建立合规文化传导机制，五是强化合规管理信息化建设。

二、政府监管视角下的行政激励机制

行政监管是合规激励机制的最集中的体现，刑事犯罪类单位犯罪案件固然具有数量局限性，企业在经营过程中受到的最直接的合规监管机制就是行政监管，对于行政机关来说，一个良好合规的企业便是促进行政管理与社会治理的促进者，而一个漏洞百出的不合规企业将给社会发展带来巨大风险。以金融监管为例，有学者指出其与合规管理之间的区别与联系：

金融监管是政府通过特定机构（如中央银行、监管当局）依法对金融机构反金融市场开展的监督管理活动，其目的在于规范各金融市场主体行为、维护金融市场稳健运行。本质上，金融监管是一种具有特定内涵和特征的政府规制行为。而合规管理则是指金融机构自身建立合规风险管理体系对风险进行防控，对自身业务的合规性进行主动监督的过程。二者虽在实施主体、管理对象、具体目标和实施方式上存在差异，但又彼此联系、互为补充。合规管理与金融监管的区别主要包括以下四个方面：（1）实施主体不同。合规管理的实施主体是金融机构，而金融监管的实施主体通常是代表政府对本国所有金融机构履行监督管理职责的金融监管当局。（2）管理对象不同。合规管理的对象是金融机构及其全体员工的经营行为，尤其是对个体员工行为进行管理与监督，而金融监管的管理对象是所有金融机构及其经营活动，是一种全局的、宏观的管理活动。（3）具体目标不同。合规管理的目标侧重于对微观企业的经营活动进行管理，而金融监管的目标在于防范金融风险、保护消费者和投资者合法权益、促进金融机构稳健运行，进而维护整个金融市场及社会经济的稳定。（4）实施方式不同。合规管理是金融机构依据相关法律法规及监管规定对自身经营管理活动进行自我管理、自我约束的行为，对于合规风险的管理及内部员工的监督均由金融机构自主进行。而金融监管则是通过立法手段实施，对金融市场中处于不同领域、不同产业的所有金融机构进行监督与管理。合规管理与金融监管的联系主要包括以下四个方面:(1)总体目标的一致性。合规管理与金融监管的具体目标的侧重点虽然存在差异,但从本质上看,二者的目标具有一致性,均以防范金融市场可能存在的金融风险为落脚点。此外,监管机构对于金融机构合规风险管理制度建设的重视意味着合规管理目标与金融监管目标直接相关,这从侧面反映了二者目标的一致性。(2)合规管理反映金融监管要求。在微观层面,金融监管要求金融机构稳健经营。同时,金融机构通过按照现有合规制度开展合规管理活动,可以减少违规行为的发生,从而加强经营管理行为的合规性,满足稳健经营的监管要求。在宏观层面,金融监管要求实现金融稳定。金融稳定需以每一家金融机构的健康发展为前提。合规管理通过规范金融机构的业务流程,可以提高金融机构的资产质量,从而避免风险的积累与扩散,降低合规风险事件的发生概率,为金融体系的稳定奠定基础。[1]

三、司法视角下的刑事激励机制

"企业的合规计划已越发成为监督预防员工非法行为的重要工具。各个企业开始致力于发展合规,美国司法部亦是如此。实际上,美国司法部很早就开始考虑根据合规对企业提起诉讼,甚至早在1999年之前就正式发布了针对企业的起诉指南。"[2]由此可见,刑事合规激励机制也是企业合规的重要组成部分,甚至逐渐发展成为企业合规机制的重点内容。

有学者对刑事合规的概念进行了阐述。一个企业涉嫌犯罪后,只要具有或者承诺建立有效的合规计划,就可以得到不起诉处理,或者定罪后被宽大量刑,或者以其作为无罪抗辩事由,或者与检察官达成DPA(Deferred Prosecution Agreement,暂缓起诉协议)、NPA(Non-Prosecution Agreement,不起诉协议),最终也能获得不起诉的结果。如此宽大的刑事处理结果,必然对企业产生极大的激励效果,中国企业一到国外就愿意建立合规体系,根本原因就在于此。建立合规计划成为中国企业走出国门到海外进行经营、投资、并购、上市的必然要

---

〔1〕 姜先良:《企业合规与律师服务》,法律出版社2021年版,第50~110页。

〔2〕 李本灿等编译:《合规与刑法:全球视野的考察》,中国政法大学出版社2018年版,第146~147页。

求,它源于这些国家成熟发达的合规制度对中国企业的外部压力机制。[1]

基于此,企业合规的三大主要主体的合规机制类型便阐述清楚了。但是,企业合规并不一定仅局限于此三类类型之中,企业合规更多体现了多元性。另外,无论是哪一个主体,企业合规机制的重点都落在了企业经营方面,因此企业的经济行为更需要得到重视。

典型案例

2015 年 6 月 24 日,A 资产管理公司 C 办事处向 V 省公安厅经侦总队报案:一个名叫成某的人及其控制的公司诈骗该公司巨额信贷资金。在此前后的一段时间,多家金融机构均来报案反映同一问题。7 月 1 日,经侦总队成立"7·01"专案组介入调查。经查,从 2010 年开始,犯罪嫌疑人成某陆续收购并控制 10 家空壳公司,指使犯罪嫌疑人周某某、段某某等人伪造空壳公司与某公司长岭分公司有关的货物采购、销售等贸易资料,据此虚构对某公司 N 分公司享有巨额应收账款的事实,先后向多家金融机构申请办理各种业务,诈骗巨额资金。后成某等主要犯罪嫌疑人相继落网,专案组育查明涉案金额 69 亿元,造成直接经济损失 16.9 亿元。2016 年 3 月 11 日,段某某等 8 名犯罪嫌疑人被以贷款诈骗罪移送起诉。

典型案例

2017 年 3 月 30 日上午,B 市一起非法集资案在 C 区法院宣判。被告人蒋某伙同董某等人,先后成立 H 公司和 Y 公司,在 2012 年至 2014 年,借投资项目为由发行理财产品,承诺投资率 8% ~15%,变相吸收 3000 余名投资人资金,共计 55 亿余元。蒋某等八名被告被控非法吸收公众存款罪,获刑四年六个月至九年十个月不等的刑罚,同时分别并处 20 万元至 50 万元不等的罚金。

---

〔1〕 陈瑞华:《企业合规基本理论》(第二版),法律出版社 2021 年版,第 47 ~50 页。

典型案例

E公司为网络科技有限公司，平台打着“网络金融”的旗号上线运营，相关犯罪嫌疑人以高额利息为诱饵，虚构融资租赁项目，持续采用借新还旧、自我担保等方式大量非法吸收公众资金，累计交易发生额达700亿余元，涉及投资人约90万名，受害投资人遍布全国31个省、市、区。2018年9月12日B市第一中级人民法院一审宣判，对E公司以集资诈骗罪、走私贵重金属罪判处罚金人民币18.03亿元；对C集团以集资诈骗罪判处罚金人民币1亿元；对丁某以集资诈骗罪、走私贵重金属罪、非法持有枪支罪、偷越国境罪判处无期徒刑，剥夺政治权利终身，并处没收个人财产人民币50万元，罚金人民币1亿元；另对其他24名高级管理人员判处有期徒刑。

第三节 合规计划的基本标准

一、为什么需要基本标准

（一）实践背景分析

公司合规概念最早起源于美国，学界探讨也往往集中于公司商业实践和政府行政规制，直至2002年美国安然和安达信案件的审理及引发社会反思，刑事司法领域对合规问题的关注才开始显著性增强，企业合规不起诉或暂缓起诉制度在美国的适用也同步呈“井喷式”增长。

我国最早关注合规问题的主体是赴国外上市公司和外国在华公司，随着2005年中国金融监管机构的主导影响，合规概念率先在国内金融领域引起重视并开展合规治理，在之后十余年国有企业合规改革开展了广泛的体系整改。2018年的中兴事件后，我国对企业合规问题进入深入反思阶段，各领域合规整改逐步开启，2020年反垄断监管也引用合规概念出台规制方案，我国企业合规概念开始逐渐明晰。国内企业合规的发展鲜明地表示了我国在合规问题上存在行政机关优势主导的特点。与美国刑事合规激励制度的产生背景相似，随着我国优化企业营商环境政策的深入施行，社会经济快速发展下单位犯罪案件数量增加、轻罪案件占比增加，企业社会评价的影响力增强，我国司法机关主导开展企业合规的刑事激励改革势在必行。

但是随着试点改革逐步推进、各地相关试行方案相继出台以及专家研讨深入展开，商业实践所形成的合规概念与刑事司法体系的融合困难、单位犯罪在实体认定与程序适用上的不完善以及单位犯罪适用认罪认罚从宽制度的研讨余热未散等问题都集中呈现在我国企业合规不起诉制度的改革实践中。

（二）司法制度分析

笔者从试点改革的特点出发，以归纳、分析、解决为框架开展了初步研究，并为未来研究明晰方向。

1. 问题归纳

（1）实践现状

其一，从司法实践视角来看，现行刑事司法制度下以“相对不起诉”结合合规整改检察建议的方式最为妥当：

①某区检察机关对一批涉嫌虚开发票的企业及经营者采用“相对不起诉＋检察建议”的方式，在对涉罪企业不起诉的同时，建议税务机关帮助涉罪企业开展刑事合规管理。

②某区人民检察院于2020年3月对一家涉嫌虚开增值税专用发票的科技创新型民营企业作出相对不起诉决定，并对该公司制发《检察建议书》，要求该公司建立并完善刑事合规制度。

其二，从试点改革视角来看，引入“独立监控人”、适用认罪认罚从宽制度、以“独立监控人”出具《合规报告》并举办听证会的方式认定合规整改合格、以适用认罪认罚从宽制度的方式在合规整改验收合格后作出不起诉决定等方案成为改革亮点：

①2020年4月，某区人民检察院印发《关于对涉民营经济刑事案件实行法益修复考察期的意见（试行）》，规定对移送审查起诉的涉民营经济案件，犯罪嫌疑人有修复受损法益意愿的，由犯罪嫌疑人提出合规整改方案，对被侵害的法益进行修复，并由检察机关在法定审查起诉期间内设置法益修复考察期，在期满之后视情作出相对不起诉或者提出从轻处罚的建议。

②2020年8月，某区司法局印发《关于企业刑事合规独立监控人选任及管

理规定(试行)》,规定引入“独立监控人”参与企业合规整改,体现了作为律师参与企业合规整改的实体依据。

③某县人民检察院印发《涉企案件刑事合规办理规程(试行)》,规定对于认罪认罚的涉罪企业,承诺进行合规整改,在标准化的整改要求完成,并经验收合格后,根据听证会情况,可以在律师见证下由人民检察院与涉罪企业签署认罪认罚具结书,作出不捕、不诉等处理决定。

(2)实践中存在的程序问题

首先说明,未来能够通过制度构建逐步完善的问题在此按下不表。在司法实践中存在因附条件不起诉制度主体不适格而导致检察机关只能适用相对不起诉的方式以处理合规不起诉问题,同时检察机关只能向涉罪企业提出合规整改检察建议,相对缺少司法约束力。此问题及其相关问题或是在改革计划中,或是涉及学界不同理论的明晰与论辩等,便不再赘述。

仅从试点改革的动态分析,笔者注意到我国企业合规不起诉在程序适用上实质正在解决的问题如下:

其一,企业的合规治理或整改,能够成为适用认罪认罚从宽制度的条件之一;

其二,作出不起诉决定需要以合规整改验收合格为前提,那么附条件不起诉制度适用主体的范围需要扩大且合规整改将成为作出司法决定的审查条件之一;

其三,检察机关对企业合规治理或整改的专业知识不足,需要聘请有专门知识的人(独立监控人等)参与审查认定,但有专门知识的人(独立监控人等)出具的合规报告在认定企业合规的证明力上难以衡量且缺乏法规支持;

其四,检察机关如何认定企业与独立监控人制作的合规计划合理适当、如何认定合规整改后合格成为难题。

上述四个问题,第一、第二个问题着重体现了“认定企业合规”将不再只是一个笼统、主观的商业概念,而因其成为司法决定的审查条件之一,将成为一个刑事司法领域需要明确认定的概念。第三、第四个问题充分体现了检察机关对充满商业实践经验的合规概念认定能力不足,且非检察机关的合作主体作出认定的资格与效力尚未确定。两类问题共同指向了“合规认定”这一程序问题,而该程序问题在试点实践中具体分为三类：

其一，认定主体。在对企业合规整改效果进行认定时，应当由谁来证明企业整改合格、企业经营合规的事实？在刑事诉讼进程中，截至不起诉决定作出之前，涉及的专门机关及诉讼参与人分别为侦查机关、检察机关、涉罪企业（单位）、独立监控人（有专门知识的人等）。除涉罪企业（单位）之外其他三个主体在诉讼过程中均有可能对企业合规问题进行调查，但是在认定能力与认定权限的问题上却存在矛盾，有专业知识的主体没有认定权限，有认定权限的主体却不一定能作出有效认定。

其二，认定方法。证券上市交易规则对企业合规状况的认定方法主要源于风险分担和信用背书，监管机构在其中起到的作用往往监督重于管理。国有企业的合规整改动力源于行政激励和权力限制，合规不再仅是商业存续力和商业竞争力的问题，而转换为"不能被监管判定为不合规"的特殊思路。但是，刑事激励机制中，合规认定成为涉罪企业脱罪的关键条件，对合规的认定方法不能依靠信用背书，更没有主体与司法机关进行风险分担，那么认定企业合规的方法如果仅依靠独立监控人等出具的合规报告（现在制度设计中检察机关就合规整改问题召开听证会也主要依据合规报告进行审查）便不现实、不可靠。

其三，认定程序（含证据）。根据《人民检察院刑事诉讼规则》《人民检察院办理不起诉案件质量标准（试行）》《人民检察院办理不起诉案件公开审查规则（试行）》的相关规定，检察机关作出不起诉决定本有完整的制度设计，但是限于其为内部体系审查，故并未对审查标准、审查内容与作出决定的依据提出具体要求。原有制度中的公开审查听证制度，对合规整改效果的认定材料之范围、效力规定模糊。上述问题一并体现出，检察机关对独立监控人出具合规报告后的认定程序存在空白空间。

显而易见，"合规认定"成为整个改革的核心问题，而映射到程序设计上的三个问题又共同指向同一问题："合规认定"的标准。

2. 问题分析

结论前置，上文归纳的三个程序问题，分别指向了"合规"证据标准指引之内容的三个维度：

其一，认定主体指向"合规"证据标准指引的适用主体，并因主体权限确定而间接明确了指引内容可涵盖的证据范围；

其二，认定方法指向“合规”证据标准指引与其他制度的衔接，如确定独立监控人出具合规报告的效力，直接影响“合规”证据标准指引对合规报告的采纳程度等问题；

其三，认定程序（含证据）指向“合规”证据标准指引的具体内容，对于企业合规直接证据的收集方法、审查相关证据材料的证明能力及结合所收集证据的认定标准等内容直接与认定程序及收集、审查证据的标准相关。

回归分析，下文将继续就三个程序问题进行多角度分析，以探究问题的解决方案。

（1）认定主体

认定主体应当且仅应当是检察机关。对认定主体分析的目的在于厘清审查证据的权限，即笔者所探究的“合规”证据标准指引是以检察机关为适用主体的。

前文提及了侦察机关、独立监控人（有专门知识的人等）、检察机关可能成为认定主体，下面逐一进行分析并引入合规认定的程序构造。

首先排除侦查机关，这是在审查起诉阶段已经不再主动参与的主体，且合规不起诉制度在某种程度上是检察机关与涉罪企业以“合作模式”达成的某种“协议”，侦查机关并不参与该等“协议”的设计与审查，也不为涉罪企业的合规问题背书。

其次排除独立监控人。独立监控人不仅是有专门知识的人，其还受涉罪企业委托、由行政部门和司法机关共同选任，其处于多重角色地位，且本身很难保证认定主体的客观性。简单来说，“合规”与否的认定在一定程度上直接决定了涉罪企业能否被决定不起诉，那么“合规”这一条件便升格成为作出司法决定的条件之一，作出认定的主体自然应当是司法机关。

虽然从排除法看，目前认定涉罪企业合规整改合格的主体应当是检察机关，但仍应从正向角度论证检察机关作为认定主体的理论基础，这也为后续开展证据标准指引研究指明审查主体权限与证据组合内容的方向。

从证明责任看，检察机关在审查起诉阶段负有调查（如果需要）、审查被追诉人的全部证据材料，包括能够证明其有罪及无罪的证据材料。虽然企业合规状态并不是证明无罪的事实,但客观上是为涉罪企业脱罪的重要事实,无论合规不起诉制度适用的是合规阻却犯罪论还是合规从宽处理论。

从认定的客观性看,检察机关具备客观认定的能力和司法公信力。检察机关作为司法机关和法律监督机关,对事实的认定、证据的审查客观性是其根本保障,其内部逐级监督机制和公开审查制度也有助于客观认定涉罪企业的合规状态。

从"合作模式"看,检察机关与涉罪企业是"协议"双方,虽然检察机关需要依法办案,对不符合条件的涉罪企业依法提起公诉,但是这与检察机关鼓励企业进行合规整改,对符合条件的涉罪企业依法从宽处理并不矛盾。检察机关不仅是司法机关,更是国家公权力机关,当然性地需要保障优化民营企业营商环境的政策落实。

从认定权限看,在审查起诉阶段检察机关负责对证据进行收集、审查,对企业合规的认定具有职权。

综上所述,检察机关应当是合规认定的主体,这同样论证了审查起诉阶段"合规"证据标准指引的权限正当性。

(2)认定方法

笔者提出的观点旨在明确独立监控人等出具的合规报告的性质,建立组合证据证明企业合规事实的模式,利用好公开审查制度,保障合规认定符合证据规则。

其一,需要明确合规认定的标准。

在上市公司规则中,向中国证监会提交证券上市交易申请时需要提交下列文件:上市报告书、依法经会计师事务所审计的公司最近三年的财务会计报告、法律意见书和上市保荐书、最近一次的招股说明书,上述材料分别从公司股权变动、管理架构、业务经营、财税情况、处罚或诉讼等方面对监管机构及公众作出合规说明,并且该等说明由相应保荐人背书。

在国有企业合规整改中,针对性出台了《中央企业违规经营投资责任追究办法》以及指导性意见《中央企业合规管理指引(试行)》,以行政权力约束国有企业完善自身合规治理体系。但是上述指引类文件与《合规管理体系指南》《企业境外经营合规管理指引》《经营者反垄断合规指南》等文件性质相同,即正向鼓励类文件,并不面面俱到地强制要求企业依照上述指南完全整改合规。

在刑事激励制度中,对满足合规条件的涉罪企业作出不起诉决定所要求的"合规",本质要求应当与商业实践一致,即企业及其员工的经营管理行为符合有关法律法规、国际条约、监管规定、行业准则、商业惯例、道德规范和企业依法制定的章程及规章制度等要求。但是与前文两类合规认定标准不同的是,刑事司法程序中对事实的认定需要弄清楚,如果对一个企业的方方面面进行审查,对检察机关来说是不现实的,同样也是不必要的。换言之,刑事司法视角下的"合规动作"是"不违反",即企业能够保障经营行为不违反合规要求,便符合认罪认罚从宽制度中的"认罪"条件,也符合了优化民营企业营商环境的政策要求。

那么如何做到"不违反"合规要求?这实际与约束自然人的模式相类似,从社会契约论中的权利让渡说来看,企业能够控制自己的行为、知晓合规行为的边界、防范行为超出合规边界以及一旦企业行为不合规能够及时弥补并整改便是主要的四项内容。陈瑞华教授提出了检察官需要从以下六个方面来审查公司合规计划是否设计良好:一是风险评估机制;二是有效的政策和程序;三是良好的培训和沟通机制;四是匿名报告机制和调查机制;五是第三方管理机制;六是并购合规管控。[1] 实际上这样的计划标准仍然是笼统的,检察官很难据此进行审查,但是这个标准至少对前述"不违反"标准做了有力的回应,从陈教授提出的六点标准来看,其同样集中反映了"不违反"标准的四项内容。

因此,笔者首先提出了合规认定的整体主义标准——"不违反"标准,以此为指导探究合规认定的方法。

其二,需要明确合规认定方法的现有局限与解决路径。

现行试点改革方案对合规的认定表达模糊、基本类似,即结合独立监控人等出具的合规报告,利用不起诉公开审查机制召开听证会听取多方意见,统筹考量认定合规与否。需要注意的是,听证会的内容依旧以合规报告为核心,但是企业确实也无法把"合规"展示在会上,那么这直接导致检察机关最后考量的

---

〔1〕 参见陈瑞华:《有效合规计划的基本标准——美国司法部〈公司合规计划评价〉简介》,载《中国律师》2019年第9期。

“多方意见”是合规报告及其衍生意见。合规报告的证据效力暂且不论，其固然是一份证明合规事实的间接证据，但是其衍生意见本无法脱离该份间接证据独立存在乃至证明合规事实。于是排除其他可能因素，极端模型下所谓合规事实可能仅依据一份间接证据便作出认定，该项认定又可能直接导致不起诉决定的作出，这显然是不符合程序规定的。

但是不可否认，独立监控人出具合规报告是相对有效的合规整改方法，也极大地弥补了检察机关在合规问题上专门知识不足的问题。如果独立监控人经过有效培训，认真履行相应职责，那么其出具的合规报告具有较高的参考价值。因此以合规报告为核心的认定方法是值得认可的。

既然现行试点改革方案的认定方法问题在于不能仅依靠一份间接证据认定事实，那么解决路径便相对清晰：检察机关在合规认定过程中需要收集其他相关证据，且该等证据可以是直接证据也可以是间接证据（因为已有合规报告这份间接证据作支撑）。如果模型化分析，“合规”类似一个“罪名”，那么“合规”下的分项就是其“构成要件”，合规报告相当于不同“构成要件”的间接证据集合，那么将该集合按照“构成要件”拆分后，对各个“构成要件”继续补充证据加以证明，当每个“构成要件”都能被补充证明后，“罪名”成立，即合规认定完成。

上述分析过程便直接体现了合规认定的方法，即以独立监控人等出具的合规报告为核心，检察机关围绕其开展相关证据的收集，结合公开审查制度汇总的多方意见，进而共同证明企业合规状态。

（3）认定程序

认定程序的主要内容有两个：检察机关收集相关证据的程序和检察机关组织进行审查认定的程序。二者均是“合规”证据标准指引的具体内容，对于企业合规直接证据的收集方法、审查相关证据材料的证明能力及结合所收集证据的认定标准等内容直接与认定程序及收集、审查证据的标准相关。

其一，检察机关收集相关证据的程序。

上文提及了合规认定的方法，其直接指向收集相关证据的程序制定：

①选任独立监控人并制订合规计划、参与合规整改和出具合规报告的程序。

②检察机关结合合规报告补充收集证据的程序。其中检察机关收集证据的过程应当由检察官与独立监控人进入企业,一方面对合规报告中所评价的核心内容进行验证,另一方面通过访谈、材料调取、风险测试等方式收集新的证据。

③检察机关组织召开听证会等公开审查收集多方意见的程序。现行试点改革方案已经完成了第一部分独立监控人的基本框架,结合公开审查这项固有制度,目前仅需要在检察机关办案指引中明确办案检察官的证据收集规则即可。

其二,检察机关组织进行审查认定的程序。

无论是相对不起诉还是附条件不起诉制度,检察机关作出不起诉决定的审查机制已经相对完善。但是结合单位犯罪的特殊性质及将来适用不起诉决定审查制度的案件数量可能在一定程度上增加,检察机关可以在内部逐步规范、细化审查认定程序,并结合时效性及有效性考量对现有审查形式逐步改善。

这两部分内容,将是笔者下一步研究的重点内容,同时也是解决困境的关键所在。

(4)对上述分析的归纳

在认定主体解决了证据收集与审查的权限问题后,实际上,认定方法与认定程序共同指向的是,能够证明企业合规的证据材料应当如何收集、如何区分并如何进行效力认定的问题。而这一问题指向,正是审查起诉阶段证据标准指引的内容,即指导检察机关收集、审查证据的方式方法。

由此可见,我国合规不起诉制度在试点改革中存在的程序问题,从表象问题"合规认定难题"已经指向了实质问题"证据标准指引的缺失","合规"证据标准指引是解决合规认定难题的关键。

3. 问题解决

上文在试点改革实践现状的问题归纳、问题分析中,实质性地论证了"合规"证据标准指引的制定目的、预期实践效果与可具体解决的问题,此处仅作归纳总结:

其一,制定目的:"合规"证据标准指引是为了解决检察机关在办理单位犯罪审查起诉案件时,对适用合规不起诉制度的涉罪企业做合规整改建议与审查决定所存在的专门知识不足的问题。

其二，预期实践效果："合规"证据标准指引能够在司法实践中指引办案检察官根据涉罪企业的实际情况，结合独立监控人等有专门知识的人所出具的意见，依照指引中设置的审查条件，对企业提交的合规计划的合理性、可行性等方面进行审查，对企业完成合规整改后的合规状况进行审查，并综合判断涉罪企业认罪认罚意志的真实性。

其三，可具体解决的问题：面对可能扩大附条件不起诉适用范围的制度改革动态，检察机关对涉罪企业的合规审查的司法效力将逐步提升，"合规"证据标准指引将规范检察机关审查权限，避免检察机关过分依赖非司法机关出具的参考意见而忽视作出不起诉决定的证据要求，进一步加强司法公信力并提升检察机关的办案能力，有效落实优化民营企业营商环境的政策。

目的推动内容，方向搭建体系。"合规"证据标准指引在具体制定过程中同样面临着重重困难：

其一，制定依据如何确定？上文在探讨合规认定标准时通过分析证券上市交易规则的合规认定与国有企业改革中的合规整改，结合刑事司法理论基础与检察机关司法实践提出了"不违反"标准，这一标准可以指引我们去寻找证明四项要求的实践方案。实际上，这四项要求本质也是证券上市交易规则和国有企业合规整改中对企业的基本要求，这一论述也反面印证了"不违反"标准的理论来源正当性，即对企业的刑事司法要求与对自然人的刑事司法要求在一定程度上是重叠的，都是在"边界理论"上对主体行为的基本要求，这样的基本要求当然地符合"边界理论"中主体行为的整体要求。

正因如此，指引的制定依据不是凭空产生的，而是充分利用了商业实践经验和刑事司法实践经验。而其难点在于，截至目前，我国刑事司法实践经验的包容性很少被论及，更甚少产生实务范本，如果一味地吸收外国经验而不考虑我国的实际国情，则很大可能会导致改革方案"水土不服"。笔者下一步的研究方向便在于探究我国刑事司法实践经验的包容性，以及商业经验与司法经验的融合路径。

其二，制定方法如何确定？假设指引的制定依据的范围业已确定，那么将纷繁冗杂的经验、技巧等内容梳理成检察机关可直接适用的，能够明确指引检察机关对合规事实的证据进行收集、审查的，具有一定灵活性且可适用于不同企业的指引方法，便是难上加难。前文在论证合规认定方法时以模型化分析的方法阐述了合规认定与过去罪名认定的联系，因此指引的制定方法仍应以此为骨架，主动利用现有司法实践经验和检察机关办案习惯，将合规这一“大事实”拆分为若干个“小事实”，分别就每一个“小事实”进行审查。那么只要指引所作出的拆分方法是科学的，即拆分审查后不影响整体合规事实的认定，那么这样的制定方法就是可行的。

以此为基础，探究合规事实拆分审查的方法，以及就每一个合规分项制定行之有效、便于参考的指引的方法，便成为下一步研究的重点方向。

其三，规制内容如何取舍？这个问题是论证到这一步依旧没有解决的部分，说到底，每一个合规分项应该如何审查，才能认定成功？这并不是一个理论概念，也不是仅凭文字分析就能启发思路的问题，这需要扎扎实实就具体合规分项所指向的问题，逐一梳理商业实践经验和司法实践经验，并根据上文各类思路之指导，具体敲定每一个证据的收集方法、认定方法和总体分析方法。笔者未来研究的重点方向也正是如此。诚然，作为研究者没有权力制定明确的证据标准指引，但是笔者可以为其制定提供行之有效的路径选择，并就具体方案可能出现的问题提出参考意见。此次研究的性质可能与独立监控人的身份类似，均是为检察机关提供可参考的意见，以便我国合规不起诉制度的改革能够顺利进行，完善落实，并保障刑事诉讼制度的稳定。

二、具体标准的表现形式与研究范畴

在 2021 年企业合规国际论坛中，诸多学者对此问题进行了系统阐述[1]，其相对明确地表达了企业合规的改革方向。

（一）效果优化

在刑事案件办理过程中，检察机关应当从何时开始启动“企业合规不起诉”程序，公安机关是否会做“无用功”？侦查机关在办案过程中，如果认为具备相

---

〔1〕 参见《企业合规改革试点：从国情出发，在借鉴中发展——2021 企业合规国际论坛述要》，载微信公众号“人民检察”2021 年 8 月 13 日，https://mp.weixin.qq.com/s/c5h1Cq7－SdrZlxqXFmf1VA。

应条件，可建议检察机关启动“企业合规不起诉”程序，这样就可以让检察机关“提前介入”，启动企业合规构建；也可以考虑允许检察机关在审查批捕环节主动启动企业合规构建相关程序。这有利于提高办案效率、节约司法资源。我国在推进企业合规制度中应当从国情出发，尽量实现这一制度的效果优化。

另外，可以将合规作为对企业责任人是否采取强制性措施的考量因素，明确合规在适用强制措施时的优惠。在羁押必要性审查的相关操作细则中，对于涉企业经营性单位犯罪行为，在对企业和直接责任人员、管理人员追究刑事责任时，应将企业的合规建设作为认罪悔罪的一部分，并纳入决定是否适用强制措施的重要考虑因素，企业已采取了有效的合规措施，再犯可能性较低的，司法机关应对企业及涉案人员适用较轻缓的强制措施，能不采取强制措施的就不采取、能不限制人身自由的就不限制、能不查封扣押冻结企业财物的就不查封扣押冻结，尽量减少诉讼程序对企业生产经营产生的负面影响。

（二）成败关键

在企业合规制度构建中，第三方监管机制是关系制度成败的关键一环。“第三方监管机制对于保持检察机关的中立性、公正性、廉洁性和权威性具有重要的保障作用。第三方监管机制不仅能够调动各方面的专业力量和监督力量来参与企业合规工作，而且给检察机关设立了一道‘防火墙’。这也是最高人民检察院把第三方监管机制建设放在制度建设首位的一个重要原因。”检察机关主推的第三方监管机制指明了我国企业合规未来完善的主要内涵及着力方向。一方面，企业合规不是检察机关一家的职责所在，企业管理相关组织如国资委、工商联、企业行业协会等都有推动参与企业合规的使命；另一方面，企业合规的生动实践尤其需要强有力的监督执行。

第三方监管机制如何启动和运行？《关于建立涉案企业合规第三方监督评估机制的指导意见（试行）》指出，涉案企业、个人及其辩护人、诉讼代理人或者其他相关单位、人员提出适用企业合规制度以及第三方监管机制申请的，检察机关应当依法受理并进行审查。经审查认为涉企犯罪案件符合第三方监管机制适用条件的，可以商请本地区第三方监管机制管委会启动第三方机制。第三方监管机制管委会应当根据案件具体情况以及涉案企业类型，从专业人员名录库中分类随机抽取人员组成第三方组织，并向社会公示。

第三方组织成员履职过程中，要着眼于整改，准确识别出企业经营中的风险点，同时也要从整体上、宏观上提出对企业处理更为妥当的解决方案。一方面，第三方组织要担任评测员，对企业合规计划是否合理、合规整改过程是否有效等进行监督、评估。另一方面，第三方组织还是企业的“健身教练”，对企业日常业务合规计划构建、合规有效性进行监督评估。特别是针对涉案企业的特殊治理需求，做好企业诊断并有针对性地提供合规方案建议，即围绕与企业涉嫌犯罪有密切联系的企业内部治理结构、规章制度、人员管理等方面存在的问题，具体建议制定可行的合规管理规范，构建有效的合规组织体系，健全合规风险防范报告机制，弥补企业制度建设和监督管理漏洞，防止再次发生相同或者类似的违法犯罪。

涉案企业合规制度，尤其是独立监控人概念的引入，为律师提供了新的业务增长点，同时也带来了新知识技能区域的挑战。从部分合规改革试点地方检察院发布的方案和经验来看，针对涉嫌单位犯罪的企业，检察机关设置企业合规独立监控人，独立监控人是指受犯罪嫌疑单位委托，对企业的刑事合规情况进行调查、规划、监督的专业机构，这种专业机构可以是律师事务所。律师作为企业合规独立监控人，不得妨碍案件公正处理，不得泄露案件涉及的有关秘密及犯罪信息，不得随意干扰企业正常生产经营活动或者实施收受财物等违反廉洁纪律的行为，不得损害犯罪嫌疑企业的合法权益。

（三）实质评判

为了提升第三方监管机制的规范化、精细化和实效性，杜绝“合规腐败”，建议抓紧研究制定涉企犯罪的合规考察标准和实施细则。由于长期以来我国企业反腐风控制度存在明显的结构性短板乃至缺失，会导致比较严重的企业腐败现象，所以必须重点关注企业合规建设的实质性。

如果涉案企业仅仅做合规表面文章，仍有被刑事归责的可能性。但只要实质性进行合规建设，就不用担心刑事认定的“穿透”问题。关于实质性合规，时延安提出了七项判断标准：形式不可或缺、人财物配套、机制是否有效、是否有内部举报机制、对发现的问题是否真正整改、主管人员的作用、惩戒机制是否真正运转。

让企业合规落到实处，在企业合规管理中要用到不同维度的工具。法商管理可以作为企业合规的一个有效工具。法商管理是基于效率与公平均衡的价值观和方法论进行有效的主体权益安排,以实现组织健康持续发展的目标。法商管理的核心价值主张是"用规则创造价值",与企业合规异曲同工。基于法商思维的合规风险评估从"治理风险""经济风险""发展风险"三大一级风险指标,以及500多个具体法商风险指标,用算法和模型来评估以及描述企业的法商风险,同样也可以用于企业合规管理。对企业植入"规则意识",增加合规风险指标,完善企业法商风险指标数据库,使法商风险管理评估体系更加科学、完善,通过风险评估帮助企业建立合规风险识别与防控体系。确立有效企业合规基本标准需要考虑企业规模、企业领域、发展阶段等多种因素。合规是有成本的,不同规模企业的有效合规标准应当有所不同。应当根据比例原则鼓励企业量力而行,进行不同程度的合规建设。大型企业的合规建设最为规范,标准也最高,应当为中小企业起到引领、示范作用。在国际上一般不强制中小微企业进行合规建设。目前,我国的企业大多没有建立合规制度,中小微企业更是如此。实践中对中小微企业的合规不起诉是我国开展企业合规的一个独特探索,其合规标准和核心要素与跨国公司不同,还有待检察机关和企业通过一段时间的实际运行予以总结。这是中国企业合规的新现象,也是中国对世界合规的贡献。[1]

(四)配套制度

在企业合规制度构建中,涉及刑事案件的企业毕竟是少数,如果在处理行政违法企业时也推动合规建设,并给予其一定激励,是否效果更好、影响面更大?目前推进的是刑事合规,如果能够将刑事合规与行政合规相衔接,就可以实现企业合规的"全覆盖"。而且,目前企业合规主要是涉嫌刑事犯罪后的事后合规建设,应当在涉嫌犯罪之前,就推动合规建设,从而减少企业违法犯罪行为的发生。

我国有关主管机关推动行政合规的行动比较早,但是由于缺乏相应的激励措施,行政合规并没有得到必要的应有的重视。而涉案企业刑事合规不仅涉及企业的刑事责任问题,而且涉及主管人员、直接责任人员的人身自由等问题,因而更为涉案企业所重视。国外的企业合规其实也多是从刑事合规刑事激励开始的,然后倒逼行政合规行政激励机制的建设。我们也可以先做好刑事合规,

---

〔1〕 参见李玉华:《有效刑事合规的基本标准》,载《中国刑事法杂志》2021年第1期。

再由此推动行政合规。根据《行政和解试点实施办法》，除了一些弹性十足的模糊条件外，可操作的适用条件是案件在事实认定或法律适用等方面属于“疑难案件”，行政相对人愿意交纳高额行政和解金。这里并没有将企业建立合规机制作为适用行政和解的前提条件。而如果涉案企业从来没有建立合规管理机制，就谈不上“改进”或者“完善”合规体系的问题。假如涉案企业与中国证监会已经达成行政和解协议，此时让涉案企业在一片空白的基础上建立合规管理体系，由于没有硬性规定或者激励措施，很难让企业积极有效地预防违法行为或者进行整改。企业合规机制要得到普遍推行，就需要监管部门建立有效的合规激励机制，也就是让那些建立合规计划的企业在适用行政和解程序时处于优先地位，由此才能对潜在的违法违规企业形成一种激励效果，吸引其通过建立合规机制来换取行政和解的机会。而假如监管部门在适用行政和解程序时，根本不将合规机制作为一项前提条件，那么，企业在建立合规管理体系方面，很难保证其有足够的动力。[1]

实践中涉案企业合规的刑事激励与行政激励衔接，主要涉及“刑行衔接”机制的三种情况：一是涉企案件进入检察环节后，涉案企业作出合规承诺，积极进行合规整改，经评估考察后认为达到合规标准，检察机关可以依法作出不起诉决定的同时，如果认为虽然不追究刑事责任但是需要给予行政处罚或者没收其违法所得的，可以根据《刑事诉讼法》第 177 条第 3 款，向有关主管机关提出从轻或从重处罚的检察意见，推动行政激励；二是涉案企业没有积极进行整改或者整改效果不好，检察机关在依法作出起诉决定的同时，提出从重处罚的量刑建议等；三是检察机关通过办案，发现有关行政监管部门在企业监管工作中存在一些普遍性共同性的问题时，可以向有关主管机关提出检察建议，督促有关主管机关加强监管。此外，如果第三方组织监督评估过程中，发现涉案企业或其人员存在其他违法违规情形的，应当依法将案件线索移送有关主管机关、公安机关或者纪检监察机关处理。

“企业合规改革试点应坚持本土化改革方向，不断探索惠企柔性司法新模式。”企业合规作为新兴事物，法学理论研究甚少，立法存在空白，地方检察机关

〔1〕 参见陈瑞华：《行政执法和解和与企业合规》，载《中国律师》2020 年第 6 期。

开展企业合规法律监督试点工作掣肘较多。[1] 有关部门应尽快出台相关法律法规，对检察机关刑事合规激励，如合规不起诉、暂缓起诉、合规从宽适用罪名，以及刑罚、合规法律监督程序、第三方监督评估等问题作出明确规定，给企业合规工作提供法律支撑，从而推动企业合规工作长远发展。[2]

第四节　本章相关法律法规

一、《合规管理体系指南》

为了充分了解我国合规体系的发展现状，现就《合规管理体系指南》中的相关内容予以节选展示，该指南亦奠定了企业合规中国化的研究基础。

引　　言

合规是组织可持续发展的基石。近年来，国际社会和各国政府都致力于建立和维护开放、透明、公平的社会秩序，与此同时我国全面推进依法治国，在这样的背景下，组织越来越多地关注其面临的合规风险以及如何实现合规。合规意味着组织遵守了适用的法律法规及监管规定，也遵守了相关标准、合同、有效治理原则或道德准则。若不合规，组织可能遭受法律制裁、监管处罚、重大财产损失和声誉损失，由此造成的风险，即为合规风险。

组织通过建立有效的合规管理体系，来防范合规风险。组织在对其所面临的合规风险进行识别、分析和评价的基础之上，建立并改进合规管理流程，从而达到对风险进行有效的应对和管控。建立有效的合规管理体系并不能杜绝不合规的发生，但是能够降低不合规发生的风险。在很多国家或地区，当发生不合规时，组织和组织的管理者以组织已经建立并实施了有效的合规管理体系作为减轻、甚至豁免行政、刑事或者民事责任的抗辩，这种抗辩有可能被行政执法机

---

〔1〕 参见陈一良：《全国人大代表黄美娟：推进对企业合规经营的法律监督》，载经济网2021年3月17日，http://www.ceweekly.cn/2021/0317/334921.shtml。

〔2〕 参见《企业合规改革试点：从国情出发，在借鉴中发展——2021企业合规国际论坛述要》，载微信公众号"人民检察"2021年8月13日，https://mp.weixin.qq.com/s/c5h1Cq7－SdrZlxqXFmf1VA。

关或司法机关所接受。这对于国企业无论是在国内还是在境外发展都尤为重要。

本标准以良好治理、比例原则、透明和可持续性原则为基础,可指导未进行合规管理的组织建立、实施、评价和改进合规管理体系,也可对已建立合规管理体系的组织改进合规管理提供指导。本标准的合规管理体系流程与其他管理体系一致,以持续改进原则为基础制定,见图1。

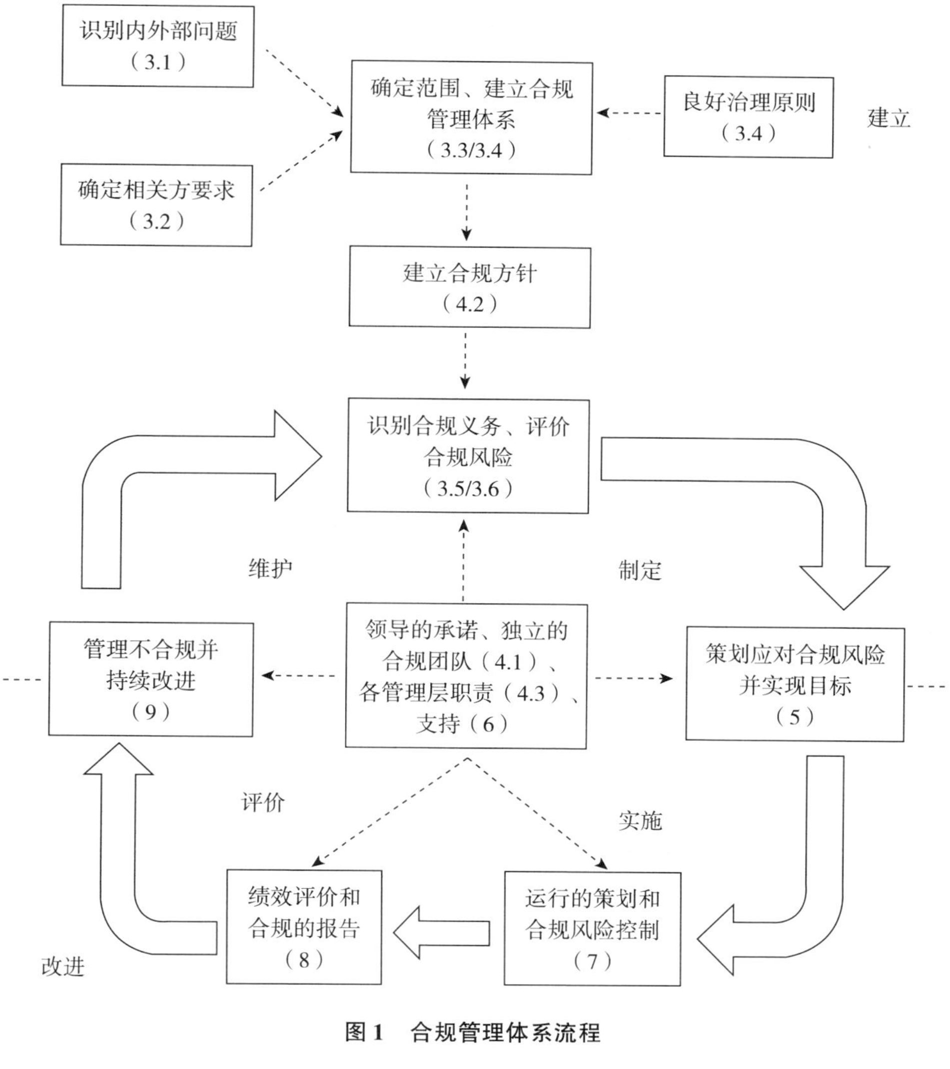

图1　合规管理体系流程

本标准对组织合规管理不提出具体要求,只提供建立合规管理体系的指南和建议做法。本标准除了为合规管理体系提供通用指南外,也为其他管理体系有关合规的要求的具体实施提供框架,并帮助组织改进合规义务的整体管理。本标准能与现行管理体系通用标准(如 GB/T 19001、GB/T 24001、GB/T 22000)以及通用指南(如 GB/T 24353 和 GB/T 36000)结合使用。

合规管理体系指南

1 范围

本标准提供了组织内建立一套有效和及时响应的合规管理体系,并予以制定、实施、评价、维护和改进的指导。

本标准适用于所有类型的组织。本标准的应用程度取决于组织的规模、结构、性质和复杂性。

2 术语和定义

下列术语和定义适用于本文件。

2.1

组织 organization

为实现目标(2.9),由职责、权限和相互关系构成自身功能的一个人或一组人。

注:组织的概念包括,但不限于个体经营者、公司、集团、商行、企事业单位、权力机构、合伙企业、慈善机构或研究机构,或上述组织的部分或组合,无论是否为法人组织,公有的或私有的。

2.2

相关方 interested party

利益相关方 stakeholder

能影响、被影响或认为自己受到某个决定或活动影响的个人或组织(2.1)。

2.3

最高管理者 top management

在最高层指挥和控制组织(2.1)的一个人或一组人。

注 1：最高管理者在组织中拥有授权和提供资源的权力。

注 2：若管理体系(2.7)的范围仅覆盖组织的一部分，则最高管理者是指那些指挥和控制组织该部分的人员。

2.4

治理机构 governing body

对组织(2.1)进行治理、设定方向并对最高管理者(2.3)问责的一个人或一组人。

2.5

员工 employee

国家法律或实践认可的雇佣关系中受雇的个人。

2.6

合规团队 compliance function

负责合规(2.17)管理的一个人(或多个人)。

注：最好指定一个人全面负责合规(2.17)管理。

2.7

管理体系 management system

组织(2.1)建立方针(2.8)和目标(2.9)以及实现这些目标(2.9)的过程(2.10)的相互关联或相互作用的一组要素。

注 1：一个管理体系能涉及一个方面或多个方面。

注 2：体系要素包括组织的结构、角色和职责、策划、运行等。

注 3：管理体系的范围可包括整个组织、该组织具体和确定的职能、该组织具体和确定的部门，或跨组织的一个或多个职能。

2.8

方针 policy

由最高管理者(2.3)正式发布的组织(2.1)的宗旨和方向。

2.9

目标 objective

要实现的结果。

注 1：目标可以是战略的、战术的和/或操作层面的。

注2:目标能与不同方面(如财务、健康与安全及环境的目标)相关,且能应用于不同层面[如:战略层、整个组织、项目、产品和过程(2.10)]。

注3:目标能用其他方式表达,如:预期成果、目的、操作准则,作为合规目标或使用具有相似含义的其他词汇(如:目的、终点或标的)。

注4:在合规管理体系中,合规目标由组织确定,与合规方针保持一致,以实现特定的结果。

2.10

过程 process

将输入转化为输出的相互关联或相互作用的一组活动。

2.11

风险 risk

不确定性对目标(2.9)的影响。

注1:影响是指偏离预期,可以是正面的或负面的。

注2:不确定性指对某事件及其后果或可能性的信息缺失或了解片面的状态。

注3:风险通常以潜在"事件"(GB/T 23694—2013 的 4513)和"后果"(GB/T 23694—2013 的 4613)或二者组合的特征来分析。

注4:风险通常以事件的后果(包括情形的变化)和事件发生的"可能性"(GB/T 23694—2013 的 4611)的组合来表示。

2.12

合规风险 compliance risk

不确定性对于合规目标(2.9)的影响。

注:合规风险以组织合规义务(2.16)的不合规(2.18)发生的可能性和后果表述。

2.13

要求 requirement

明示的、通常隐含的或有义务履行的需求或期望。

注1:"通常隐含"是指组织(2.1)和相关方(2.2)的惯例或一般做法,所考虑的需求或期望是不言而喻的。

注2:规定的要求是指在诸如文件化信息中明示的要求。

2.14

合规要求 compliance requirement

组织(2.1)有义务遵守的要求(2.13)。

2.15

合规承诺 compliance commitment

组织(2.1)选择遵守的要求(2.13)。

2.16

合规义务 compliance obligation

合规要求(2.14)或合规承诺(2.15)。

2.17

合规 compliance

履行组织的全部合规义务(2.16)。

注:通过将合规融入组织(2.1)文化及其工作人员的行为和态度中,使合规具有可持续性。

2.18

不合规 noncompliance

不履行某项合规义务(2.16)。

注:不合规能为单一或多项事件,且可为或可不为不合格(2.33)的结果。

2.19

合规文化 compliance culture

贯穿整个组织(2.1)的价值观、道德规范和信念,与组织的结构和控制系统相互作用,产生有利于合规(2.17)成果的行为准则。

2.20

准则 code

组织(2.1)内部制定或由国际、国家、行业机构或其他组织制定的表述惯例的文件。

注:准则可以是强制性或自愿性。

2.21

组织的和产业的标准 organizational and industry standards

组织(2.1)认为相关的成文的准则(2.20)、良好惯例、章程、技术的和产业的标准。

2.22

监管机构 regulatory authority

负责管制或强制执行法制合规(2.17)和其他要求(2.13)的组织(2.1)。

2.23

能力 competence

应用知识和技能实现预期结果的本领。

2.24

文件化信息 documented information

组织(2.1)需要控制和维护的信息及其载体。

注1:文件化信息能以任何格式和载体存在,且来源不限。

注2:文件化信息指:

——管理体系(2.7),包括的相关过程(2.10);

——组织运行产生的信息(文件);

——已实现结果的证据(记录)。

2.25

程序 procedure

为进行某项活动或过程(2.10)所规定的途径。

2.26

绩效 performance

可测量的结果。

注1:绩效可能与定量的结果相关或与定性的结果相关。

注2:绩效可能与活动、过程(2.10)、产品(包括服务)、体系或组织(2.1)的管理相关。

2.27

持续改进 continual improvement

提高绩效(2.26)的循环活动或过程(2.10)。

2.28

外包 outsource

安排外部组织(2.1)承担组织部分职能或过程(2.10)。

注:尽管外包的职能或过程在管理体系范围内,但外部组织在管理体系(2.7)范围之外。

2.29

监视 monitoring

确定体系、过程(2.10)或活动的状态。

注1:确定状态可能需要检查、监督或密切观察。

注2:监视并非一次性活动,而是对某种情况定期或连续地观察的过程。

2.30

测量 measurement

确定数值的过程(2.10)。

2.31

审核 audit

为获取"审核证据"并对其进行客观的评价,以确定满足"审核准则"的程度所进行的系统的、独立的并形成文件的过程(2.10)。

注1:审核能为内部审核(第一方)或外部审核(第二方或第三方),还能为多体系审核(合并两个或多个领域)。

注2:"审核证据"和"审核准则"的定义见GB/T 19011。

注3:独立性指与正在被审核的活动无责任关系、对其无偏见和利益冲突。

2.32

合格 conformity

满足管理体系要求(2.13)。

2.33

不合格 nonconformity

不满足管理体系要求(2.13)。

注:不合格不一定是不合规(2.18)。

2.34

纠正 correction

为消除已发现的不合格(2.33)或不合规(2.18)所采取的措施。

2.35

纠正措施 corrective action

为消除不合格(2.33)或不合规(2.18)的原因并防止其再发生所采取的措施。

3 组织环境

3.1 理解组织及其环境

组织宜确定内部和外部问题,如那些与合规风险相关、与组织目标相关和影响组织实现合规管理体系预期成果能力的问题。这种情况下,组织宜考虑更大范围的内部和外部因素,如监管、社会和文化环境、经济形势、内部方针、程序、过程和资源。

3.2 理解相关方的需求和期望

组织宜确定:

——合规管理体系的相关方;

——这些相关方的要求。

3.3 确定合规管理体系的范围

组织宜确定合规管理体系的边界和适用性,以确立其范围。

注:合规管理体系的范围旨在阐明应用合规管理体系的地域和/或组织边界,尤其该组织是某大规模组织在给定地点的分支机构时。

确定该范围时,组织宜考虑:

——3.1 提及的内部和外部问题;

——3.2 和 3.5.1 提及的要求。

范围宜作为文件化信息随时可用。

3.4 合规管理体系和良好治理原则

组织宜根据本标准建立、制定、实施、评价、维护和持续改进合规管理体系,包括必需的过程和过程的相互作用,并考虑如下治理原则:

——合规团队与治理机构建立直接联系；

——合规团队的独立性；

——分配给合规团队适当的权限和充足的资源。

合规管理体系宜反映组织的价值观、目标、战略和合规风险。

3.5　合规义务

3.5.1　合规义务的识别

组织宜系统识别其合规义务及这些合规义务对组织活动、产品和服务的影响。组织在建立、制定、实施、评价、维护和改进合规管理体系时，宜考虑这些合规义务。

组织宜以适合其规模、复杂性、结构和运行的方式记录其合规义务。

合规义务的来源宜包括合规要求，并能包含合规承诺。

示例1：合规要求的例子包括：

——法律和法规；

——许可、执照或其他形式的授权；

——监管机构发布的命令、条例或指南；

——法院判决或行政决定；

——条约、惯例和协议。

示例2：合规承诺的例子包括：

——与社会团体或非政府组织签订的协议；

——与公共权力机构和客户签订的协议；

——组织要求，如方针和程序；

——自愿原则或规程；

——自愿性标志或环境承诺；

——与组织签署合同产生的义务；

——相关组织的和产业的标准。

3.5.2　合规义务的维护

组织宜有适当的过程识别新的和变更的法律、法规、准则和其他合规义务，以确保持续合规。组织宜有过程评价已识别的变更和任何变更的实施对合规义务管理的影响。

示例:获取关于法律和其他合规义务变更信息的过程包括:

——列入相关监管部门收件人名单;

——成为专业团体的会员;

——订阅相关信息服务;

——参加行业论坛和研讨会;

——监视监管部门网站;

——与监管部门会晤;

——与法律顾问洽商;

——监视合规义务来源(如监管声明和法院判决)。

3.6　合规风险的识别、分析和评价

组织宜识别并评价其合规风险。该评价能建立在合规风险评估或其他替换方法的基础之上。合规风险评估构成了合规管理体系实施的基础,是有计划地分配适当和充足的资源对已识别合规风险进行管理的基础。

组织识别合规风险,宜把合规义务和它的活动、产品、服务和运行的相关方面联系起来,以识别可能发生不合规的场景。组织宜识别不合规的原因及后果。

组织宜通过考虑不合规的原因、来源、后果的严重程度、不合规及其后果能发生的可能性进行合规风险分析。后果能包括,例如:个人和环境伤害、经济损失、声誉损失和行政责任。

风险评价涉及组织合规风险分析过程中发现的合规风险等级与组织能够并愿意接受的合规风险水平的比较。基于这个比较,能设定优先级,作为确定需要实施的控制及其程度的基础(见5.1)。

发生以下情形,宜对合规风险进行周期性再评估:

——新的或改变的活动、产品或服务;

——组织结构或战略改变;

——重大的外部变化,例如金融经济环境、市场条件、债务和客户关系;

——合规义务改变(见3.5);

——不合规。

注1:合规风险评估细节的程度和水平取决于组织的风险情况、环境、规模

和目标，并能随着具体细分领域（如环境、财务和社会）变化。

注2：基于风险的合规管理方法并不意味着在低合规风险情况下组织接受不合规。它有助于组织集中主要注意力和资源优先处理更高级别风险，最终涵盖所有合规风险。所有已识别的合规风险/情况受制于监视、纠正和纠正措施。

注3：GB/T 24353 提供了风险评估的详细指导。

4　领导作用

4.1　领导作用和承诺

治理机构和最高管理者宜通过下列方式证明其对合规管理体系的领导作用和承诺：

a）确立和坚持组织的核心价值观；

b）确保建立组织的合规方针和合规目标，并与该组织的价值观、目标和战略方向保持一致（见5.2）；

c）确保制定并实施方针、程序和过程，以实现合规目标；

d）确保合规管理体系所需资源可用、予以分配和指派；

e）确保合规管理体系要求融入组织的业务过程；

f）传达合规管理体系的重要性和符合合规管理体系要求的重要性；

g）指挥和支持人员提升合规管理体系的有效性；

h）支持其他相关管理者，使他们在自己担责的领域中展现出合规领导力；

i）确保运行指标和合规义务保持一致；

j）确立并维护问责机制，包括对合规事件和不合规及时报告；

k）确保合规管理体系实现它的预期成果；

l）推进持续改进。

示例：有效合规要求治理机构和最高管理者的积极承诺，并贯穿于整个组织。承诺水平标示为下列事项的实现程度：

——治理机构和所有管理层通过措施和决定，积极证明他们承诺建立、制定、实施、评价、维护和改进的是一个有效和及时响应的合规管理体系；

——合规方针经治理机构正式批准；

——最高管理者承担责任，确保组织关于合规的承诺充分实现；

——所有管理层一致向员工传达一个清晰的信息(通过文字和措施):组织将履行它的合规义务;

——以清晰并令人信服的声明广泛传达关于合规的承诺,并有措施支持;

——合规团队被赋予一定级别的权限,这反映有效合规的重要性且合规团队可直接向治理机构报告;

——通过意识提升活动和培训,分配资源以建立、制定、实施、评价、维护和改进强劲的合规文化;

——方针、程序和过程不仅反映法律要求,还反映自愿性准则和组织的核心价值观;

——组织向其所有管理层级分配合规责任并要求他们负责;

——要求对合规管理体系进行定期评审;

——持续改进组织的合规绩效;

——采取纠正措施。

4.2 合规方针

4.2.1 总则

治理机构和最高管理者(最好与员工协商)宜建立合规方针:

——适合于组织目的;

——为设定合规目标提供框架;

——包括满足适用要求的承诺;

——包括持续改进合规管理体系的承诺。

合规方针宜明确:

——合规管理体系的范围;

——与组织规模、性质、复杂性和运行环境有关的体系运用与体系环境;

——合规与其他职能,如治理、风险、审计和法务的结合程度;

——合规融入运行方针、程序、过程的程度;

——合规团队的独立和自治程度;

——管理和报告合规事项的责任;

——管理内部和外部利益相关方关系的原则;

——所要求的行为和问责的标准;

——不合规的后果。

合规方针宜：

——作为文件化信息可供使用；

——以通俗易懂的语言书写，便于所有员工均能容易地理解原则和目的；

——必要时，翻译为其他语言；

——在组织内明确传达，且所有员工随即可用；

——适宜时，便于相关方获取；

——按要求更新，以保持相关。

建立合规方针宜与组织的价值观、目标和战略保持一致，且宜通过治理机构批准。

合规方针建立组织实现合规的总原则和措施承诺。它设定所要求的责任和绩效水平以及评估措施的期望。方针宜适合于组织活动产生的合规义务。

合规方针不宜是孤立的文件，宜由其他文件支持，包括运行方针、程序和过程。

4.2.2　制定

制定合规方针，宜考虑：

a）国际、区域或本地的特定义务；

b）组织的战略、目标和价值观；

c）组织的结构和治理框架；

d）与不合规有关的风险性质和等级；

e）其他内部方针、标准和准则。

4.3　组织的角色、职责和权限

4.3.1　总则

最高管理者宜确保在组织内分配并传达相关角色的职责和权限。

治理机构和最高管理者宜为合规团队分配职责和权限，以：

a）确保合规管理体系与本标准一致；

b）向治理机构和最高管理者报告合规管理体系的绩效。

注：合规团队的特定责任并不减轻其他员工对可能存在的合规予以报告的职责。

4.3.2 组织内合规职责的分配

治理机构和最高管理者的积极参与和监督是有效合规管理体系不可分割的一部分。这有助于确保员工充分理解组织的方针和运行程序，以及如何将其运用在他们的工作中，并确保他们有效地履行合规义务。

要使合规管理体系有效运行，治理机构和最高管理者需要通过坚持积极地支持合规和合规管理体系来以身作则。

许多组织由专人（如合规官）负责日常的合规管理，有些组织由跨职能的合规委员会协调整个组织的合规工作。

一些组织——取决于其规模——也有人员全面负责合规管理，尽管这可能是其他角色或职能之外的职责，包括现有委员会、组织的内设部门或把部分工作外包给合规专家。

这不宜被视为免除了其他管理层的合规职责，因为所有管理者对合规管理体系都发挥一定的作用。因此，在他们的职务描述中清晰地设定他们各自的职责十分重要。

管理者的合规职责必然地会随着权限、影响力和其他因素的水平而变化，如组织的性质和规模。但是，有些职责有可能是各类组织共有的。

注：本标准并未区分职责和问责的概念。使用“职责”这一术语暗含了问责的含义。

4.3.3 治理机构和最高管理者的角色和职责

治理机构和最高管理者宜：

a）根据4.2建立合规方针。

b）确保维护对合规的承诺，并确保恰当处理不合规和不合规行为。

c）将合规职责列入最高管理者职位描述。

d）任命或提名一个合规团队：

1）具有设计合规管理体系并保持其一致性和完整性的权限和职责。

2）有权直接接触治理机构和最高管理者并获得来自他们的清晰和明确的支持。

3）使其有权接触：

——高级决策制定者并有机会在决策制定过程初期提出意见和建议；

——组织的各个层面；

——执行合规任务所需的所有文件化信息和数据；

——关于相关法律、法规、准则和组织标准的专家建议。

4）通过指出在相关决策过程中所有合规方面的后果，具有实施制衡权力的权限和能力。

e）确保合规团队具备独立采取措施的权限，且该团队不会向与其冲突的优先权妥协，特别是当合规已融入该组织业务的情况下。

最高管理者宜：

——分配充足和适当的资源以建立、制定、实施、评价、维护和改进合规管理体系及绩效成果；

——确保组织分配和传达相关角色的职责和权限；

——确保建立高效及时的报告系统；

——对照合规关键绩效措施或结果被考核；

——分配向治理机构和最高管理者报告合规管理体系绩效的职责。

4.3.4　合规团队

不是所有的组织都会创建独立的合规团队，某些组织可将此职能分配给现有职位。

合规团队宜与管理层合作，负责以下事宜：

a）在相关资源的支持下识别合规义务，并将那些合规义务转化为可执行的方针、程序和过程；

b）将合规义务融入现有的方针、程序和过程；

c）为员工提供或组织持续培训，以确保所有相关员工得到定期培训；

d）促进合规职责列入职务描述和员工绩效管理过程；

e）设定适当的合规报告和文件化体系；

f）制定和实施信息管理过程，如通过热线、举报系统和其他机制进行的投诉和/或反馈；

g）建立合规绩效指标，监视和测量合规绩效；

h）分析绩效以识别需要采取的纠正措施；

i）识别合规风险，并管理与第三方有关的合规风险，如供应商、代理商、分销商、咨询顾问和承包商；

j）确保按计划定期对合规管理体系进行评审；

k）确保合规管理体系的建立、实施和维护能得到适当的专业建议；

l）使员工可以得到与合规相关的程序和参考资料的资源；

m）对合规相关事宜向组织提供客观建议。

注：GB/T 19012 提供了投诉处理的指南。

分配合规管理职责，宜考虑以下内容以确保与合规团队无利益冲突，并已表明：

——诚信和信守合规；

——有效的沟通和影响技能；

——推动其建议和指导被接受的能力和坚定立场；

——相关能力。

4.3.5 管理层职责

管理层宜负责其职责范围内的合规。

这包括：

a）与合规团队合作并支持合规团队，鼓励员工也这样做；

b）个人遵守并被看到遵守方针、程序、过程并参加和支持合规培训活动；

c）在运行中识别和沟通合规风险；

d）积极承担并鼓励指导、辅导和监督员工以促进合规行为；

e）鼓励员工提出其所关注的合规问题；

f）积极参与合规相关事件和问题的管理和解决；

g）提高员工履行合规义务的意识，并指导员工满足培训和能力要求；

h）确保合规列入职务描述；

i）将合规绩效纳入员工绩效考核（如关键绩效指标、目标和晋升准则）；

j）将合规义务纳入他们职责范围内的现有业务实践和程序；

k）与合规团队协力，确保一旦确定需要纠正措施，则予以实施；

l）对外包业务进行监督，确保它们考虑合规义务。

4.3.6 员工职责

包括管理者在内的所有员工宜：

a)坚持履行与其职位和职务有关的组织合规义务；

b)按照合规管理体系要求参与培训；

c)使用作为合规管理体系一部分的、可获得的合规资源；

d)报告合规疑虑、问题和缺陷。

5　策划

5.1　合规风险的应对措施

组织进行合规管理体系策划，宜考虑3.1提及的问题，3.2提及的要求，3.4提及的良好治理原则，3.5识别的合规义务，3.6提及的合规风险评估的结果，已确定需解决的合规风险，以：

——确保合规管理体系能实现预期效果；

——防范、察觉并减少不希望的影响；

——实现持续改进。

组织宜策划：

a)应对合规风险的措施；以及

b)如何：

——将措施纳入合规管理体系过程并实施；

——评价这些措施的有效性。

组织宜保留与合规风险和应对合规风险所策划的措施相关的文件化信息。

5.2　合规目标和实施策划

组织宜在相关部门和各层级建立合规目标。

合规目标宜：

a)与合规方针一致；

b)可测量(如可行)；

c)考虑适用的要求；

d)予以监视；

e)充分沟通；

f)适当时，更新和/或修订。

组织策划如何实现合规目标时，宜确定：

——做什么；
——需要什么资源；
——谁负责；
——何时完成；
——结果如何评价，如根据已识别的合规关键绩效措施和结果。

组织宜保留关于合规目标和实现合规目标所策划的措施的文件化信息。

6 支持

6.1 资源

组织宜确定并提供建立、制定、实施、评价、维护和持续改进合规管理体系的资源，合规管理体系宜适合于组织的规模、复杂性、结构和运行。

最高管理者和各管理层宜确保有效部署必要的资源，以确保满足合规目标，并实现合规。

资源包括财务的和人力的资源，外部建议和专业技能，组织基础设施，关于合规管理和法律义务、专业发展和技术的现时参考资料。

6.2 能力和培训

6.2.1 能力

组织宜：

a）确定员工具有在其控制下影响合规管理体系绩效必备的工作能力；

b）确保这些员工在接受适当的教育、培训和/或工作经验的基础上能胜任工作；

c）适用时，采取措施获得必要的能力，并评价所采取措施的有效性；

d）保存适当的文件化信息，包括能力证明。

注：例如，适用的措施能包括：对员工的培训、指导或调岗；或雇佣或聘用称职人员。

6.2.2 培训

治理机构、管理层和具有合规义务的所有员工都宜具备有效履行合规义务的能力。能通过多种方式获得能力，包括通过教育、培训或工作经历获取必需的技能和知识。

培训项目的目标是确保所有员工有能力以与组织合规文化和对合规的承诺一致的方式履行角色职责。

设计合理并有效执行的培训能为员工提供有效的方式交流之前未识别的合规风险。

对员工的教育和培训宜：

a)针对与员工角色和职责相关的义务和合规风险量身定制；

b)适宜时，以对员工知识和能力缺口的评估为基础；

c)在组织成立时就提供并持续提供；

d)与组织的培训计划一致，并纳入年度培训计划；

e)实用并易于员工理解；

f)与员工的日常工作相关，并且以相关行业、组织或部门的情况作为案例；

g)足够灵活，涉及各种技能，以满足组织和员工的不同需求；

h)评估有效性；

i)按要求更新；

j)记录并保存。

宜考虑合规再培训，每当：

——角色或职责改变；

——内部方针、程序和过程改变；

——组织结构改变；

——合规义务尤其是法律或相关方要求改变；

——活动、产品或服务改变；

——从监视、审核、评审、投诉和不合规，包括利益相关方反馈产生的问题。

6.3　意识

6.3.1　总则

在组织控制下工作的人员宜清楚：

a)合规方针；

b)他们的角色和对合规管理体系有效性的贡献，包括改善合规管理体系绩效的效益；

c)不符合合规管理体系要求的后果。

6.3.2 行为

6.3.2.1 总则

宜鼓励创建和支持合规的行为,不宜容忍危害合规的行为。

6.3.2.2 最高管理者在鼓励合规中的角色

最高管理者的关键职责:

a)调整组织对合规的承诺,以与组织的价值观、目标和战略一致,以便恰当地定位合规;

b)宣传组织对合规的承诺并建立合规意识,以便激励员工接受合规管理体系;

c)鼓励所有员工接受,实现他们所负责或应负责的合规目标的重要性;

d)创造一个鼓励报告不合规并且报告的员工不会受到报复的环境;

e)鼓励员工提有利于合规绩效持续改进的建议;

f)确保合规已融入更广泛的组织文化以及文化改变的计划中;

g)迅速识别并采取措施纠正或解决不合规;

h)确保组织方针、程序和过程支持和鼓励合规;

i)确保运行目标和指标不会危害合规行为。

6.3.2.3 合规文化

发展合规文化要求治理机构、最高管理者和管理层,对组织的各个领域所要求的共同的、已发布的行为标准作出积极的、可见的、一致的和持久的承诺。

例如,支持合规文化发展的因素包括:

——系列已发布的清晰的价值观;

——管理层积极实施和遵守价值观;

——不论职位,处理相似措施时保持一致;

——在监视、辅导和指导过程中以身作则;

——对潜在员工进行适当的就业前评估;

——在入职培训或新员工训练中强调合规和组织价值观;

——持续进行合规培训,包括更新培训内容;

——持续就合规问题进行沟通;

——建立绩效考核体系,考虑对合规行为的评估,并将合规表现与工资挂

钩,以实现合规关键绩效措施和结果;

——对合规管理业绩和结果予以明确认可;

——对故意或因疏忽而违反合规义务的情况给予即时和适当的惩罚;

——在组织战略和个人角色之间建立清晰的联系,反映出合规是实现组织结果所必不可少的;

——就合规进行公开和适当的沟通。

合规文化的形成体现于下列方面的实现程度:

——所有上述事项均得到充分实施;

——利益相关方(尤其是员工)相信上述事项已得到充分实施;

——员工充分了解与其自身活动和所在业务部门活动相关的合规义务相应的合规义务;

——组织各层按要求针对不合规进行"自主"补救,并采取相应措施;

——合规团队所扮演的角色及其目标得到重视;

——员工有能力且受到鼓励向相应的管理层提出其合规疑虑。

6.4　沟通

6.4.1　总则

组织宜确定与合规管理体系相关的内部和外部的沟通需求,包括:

a)沟通内容;

b)沟通时间;

c)沟通对象;

d)沟通方式。

注:8.1.7 和 8.1.8 给出了关于内部和外部合规报告的指南。

6.4.2　内部沟通

组织宜采用适当的沟通方式,以确保全体员工持续获知并理解合规信息。沟通宜明确给出组织对员工的期望,以及不合规将在何种情形下逐级上报给谁。

6.4.3　外部沟通

宜根据组织方针采用实用的方法与所有相关方进行外部沟通。

相关方能包括但不限于:监管机构、客户、承包商、供应商、投资方、紧急服务提供方、非政府组织和邻居。

沟通方式可包括网站和电子邮件、新闻稿、广告和定期简报、年度(或其他定期)报告、非正式讨论、开放日、分组座谈会、社区对话、参与社区活动和热线电话。这些方式能鼓励理解和接受组织对合规的承诺。

6.5 文件化信息

6.5.1 总则

组织的合规管理体系宜包括本标准推荐的和组织确定合规管理体系有效所必需的文件化信息。

例如,文件化信息包括:

——组织的合规方针;

——合规管理体系的目标、指标、结构和内容;

——合规职责和角色分配;

——相关合规义务登记;

——根据合规风险评估过程进行合规风险登记并确定优先处理顺序;

——登记不合规和近乎不合规;

——年度合规计划;

——人事记录,包括但不限于培训记录。

注1:文件化信息能包括与监管报告要求相关的事项。

注2:不同组织合规管理体系文件化信息的程度不同,因为:

——组织规模和它的活动、过程、产品和服务的类型;

——过程和过程间相互作用的复杂性;

——员工的能力;

——合规管理体系的成熟度。

6.5.2 创建和更新

创建和更新文件化信息时,组织宜确保适当的:

——标示和描述(例如:标题、日期、作者、或参考资料或版本号);

——格式(例如:语言、软件版本和图形)和载体(例如:纸张、电子);

——适用性和充分性的评审和批准。

6.5.3　文件化信息的控制

宜对合规管理体系和本标准推荐的文件化信息进行控制，以确保：

a)何时何处需要时，它便于、易于和适于取用；

b)它得到充分地保护（例如：避免泄露机密、不当使用或失去完整性）。

对于文件化信息的控制，如适用，组织宜进行以下活动：

——分发、获取、检索和使用；

——保存和保持，包括字迹的保持；

——对变更的控制（例如：版本控制）；

——保留、处置和处理；

——文件化信息的新建和控制中第三方的角色。

组织确定的对于策划和运行合规管理体系所必需的外部来源的文件化信息，适宜时，宜予以识别和控制。

可本着获取法律建议进而取得法律特权主体的目的来对文件化信息进行编制。

注：获取指关于只允许查看文件化信息的决定或允许并授权查看和更改文件化信息等的决定。

7　运行

7.1　运行的策划和控制

组织宜策划、实施和控制满足合规义务必需的过程，并实施5.1确定的措施，通过：

——确定过程的目标；

——确立过程的准则；

——根据准则实施过程控制；

——记录必要的文件化信息，确信过程已按计划实施。

组织宜控制计划变更，并重新评审计划外变更的后果，必要时采取措施缓解任何不利影响。

7.2　建立控制和程序

宜落实控制措施，管理合规义务和对应的合规风险，实现预期的行为。

采取有效的控制措施确保满足合规义务，能够预防或发现不合规事件并纠正。充分而严格的设计各类、各层次的控制措施，以促进组织的活动和运行环境实现合规义务。在合理的情况下，这些控制措施宜植入常规的组织过程。

示例：控制包括：

——清晰、实用并易于遵循的文件化运行方针、程序、过程和操作指示；

——系统和异常报告；

——审批；

——划分有冲突的角色和职责；

——自动化过程；

——年度合规计划；

——员工绩效计划；

——合规评估和审核；

——管理层的承诺和以身作则和促进合规行为的其他措施；

——对预期的员工行为（标准、价值观和行为准则）进行主动、公开并经常的沟通。

宜维护、定期评价并试验这些控制措施，以确保控制措施的持续有效。

宜确立程序，文件化，执行并维护，以支持合规方针，实践合规义务。

制定这些程序宜考虑：

a）将合规义务整合到程序中，包括计算机系统、表格、报告系统、合同和其他有法律约束力的文件；

b）与组织的其他评审和控制职能保持一致；

c）持续监视和测量；

d）评估和报告（包括管理监督）以确保员工遵守程序；

e）专门安排识别、报告和上报不合规事例和不合规风险。

7.3　外包过程

组织宜确保外包过程受到控制和监视。

组织的运营外包通常不减轻组织的法律职责或合规义务。如果外包，组织需要执行有效的尽职调查，以确保不会降低组织标准和对合规的承诺。宜对承包商进行适当控制，以确保有效遵守合同（例如：第三方绩效考核）。

组织宜考虑与其他第三方相关的过程的合规风险,如产品和服务供应、产品分销,和在必要的情况下的适当控制(例如:合同条款中的合规义务)。

8 绩效评价

8.1 监视、测量、分析和评价

8.1.1 总则

组织宜确定:

a)需要被监视和测量的内容和原因;

b)监视、测量、分析、评价的方法(如适用),以确保有效的结果;

c)何时宜进行监视和测量;

d)何时宜分析、评价和报告监视和测量的结果。

组织宜适当保留文件化信息,作为结果证据。

组织宜评价合规管理体系的绩效和合规管理体系的有效性。

8.1.2 监视

宜监视合规管理体系以确保实现合规绩效。宜制订持续监视计划,设定监视过程、时间表、资源和要收集的信息。

合规监视是为了评估合规管理体系的有效性和组织的合规绩效而收集信息的过程。

典型的合规管理体系监视包括:

——培训的有效性;

——控制的有效性,如:抽样检查测试输出;

——有效分配满足合规义务的职责;

——合规义务的时效性;

——确认原先处理合规缺陷的有效性;

——未如期执行内部合规检查的案例。

典型的合规绩效监视包括:

——不合规和"近乎不合规"(未造成负面影响的事件);

——未履行合规义务的事例;

——未实现目标的事例;

——合规文化的情况；

——确立的领先和滞后指标(见8.1.6)。

8.1.3 合规绩效反馈来源

组织宜建立、实施、评价和维护用以寻求和接收合规绩效反馈信息的程序。合规绩效反馈来源包括：

——员工，如通过举报工具、热线电话、反馈、意见箱；

——客户，如通过投诉处理系统；

——供应商；

——监管部门；

——过程控制日志和活动记录(包括电子版和纸质版)。

示例：合规绩效反馈内容包括：

——合规问题；

——不合规和合规疑虑；

——新出现的合规问题；

——持续的监管和/或组织的变更；

——对合规有效性和合规绩效的评论。

反馈宜作为持续改进合规管理体系的重要依据。

8.1.4 信息收集方法

收集信息的方式有很多。不同情况下，下列每种方法是相关的，宜谨慎选择适用于组织大小、规模、性质和复杂性的工具。

例如，信息收集方法包括：

——出现或确认不合规时的特别报告；

——通过热线电话、投诉和其他反馈(包括举报)所收集的信息；

——非正式讨论、研讨会和分组座谈会；

——抽样和诚信试验，例如神秘购物；

——感知调查的结果；

——直接观察、正式访谈、工厂巡视和检查；

——审核和评审；

——利益相关方质询、培训需要和培训过程中的反馈(尤其是员工的反馈)。

8.1.5　信息分析和分类

对信息的有效分类和管理至关重要。

宜建立信息的分类、存储和检索系统。

示例:信息分类类目包括:

——来源;

——部门;

——不合规描述;

——义务类别;

——指标;

——严重性;

——实际或潜在影响。

信息管理系统宜同时收集问题和投诉,并对合规相关的信息进行分类和分析。

一旦收集了信息,需要对它进行分类、分析和精确评估以识别根本原因和需采取的适当措施。分析宜考虑系统性和反复发生的问题,并进行改正或改进,因为这些可能给组织带来重大并更加难以识别的合规风险。

8.1.6　指标制定

组织制定一系列可测量指标具有十分重要的意义,此类指标会帮助组织对合规目标(见5.2)的实现进行测量,并量化合规绩效。该过程宜考虑合规风险的评估结果(见3.6),以确保各指标与该组织的合规风险特征具有相关性。

示例1:活动类指标包括:

——经过有效培训的员工比例;

——监管部门联系的频率;

——对于每项不合规,采取何种类型的纠正措施。

示例2:反应类指标包括:

——根据类型、区域和频率报告已识别的问题和不合规;

——不合规的后果,包括对经济补偿、罚款和其他处罚、补救成本、声誉或员工时间成本影响的估价;

——报告和采取纠正措施所花费的时间。

示例3：预测类指标包括：

——一定时期的不合规的风险[以目标的潜在损失/收益(收入、健康和安全、声誉等)测量]；

——不合规趋势(基于过去趋势预测合规率)。

8.1.7 合规的报告

治理机构、管理层和合规团队宜确保他们能够及时有效并持续充分地了解合规管理体系绩效，包括所有相关的不合规，并及时和积极地推动这一原则：组织鼓励和支持充分和坦诚报告的文化。内部报告制度的安排宜确保：

a)设定适当的报告准则和义务；

b)确立定期报告时间表；

c)建立便于对新出现的不合规进行特别报告的异常报告系统；

d)建立合适的系统和过程确保信息的准确性和完整性；

e)向组织的恰当职能部门或区域提供准确和完整的信息，以采取预防、纠正和补救的措施；

f)要对向治理机构提交报告的准确性签字确认，包括合规团队的签字。

除非法律另有规定，组织宜选择适合自己情况的内部合规报告的版式、内容和时间。

对合规的报告宜融入组织的常规报告中。

只宜为重大不合规和新出现的问题单独编写报告。

需要对所有不合规做适当报告。尽管系统性和反复出现的问题特别重要，如果一次性不合规非常重大或故意为之，需要予以同等重视。即使一个小缺陷，可表明当前过程和合规管理体系存在严重不足。如果不及时报告，可能导致人们认为缺陷不重要并导致这样的缺陷成为系统性问题。

宜鼓励员工反映并报告不符合法律和其他不合规事件，并将报告视为积极的、不构成威胁的措施，而无须担心遭到报复。

宜在组织的合规方针和程序中清晰地设定报告义务，并通过其他方法加以强化，例如由管理者在日常工作中对员工的非正式强化。

8.1.8 合规报告的内容

合规报告包括：

a)组织按要求向任何监管机构通报的任何事项；

b)合规义务变化及其对组织的影响，以及为了履行新义务，拟采用的措施方案；

c)对合规绩效的测量，包括不合规和持续改进；

d)可能的不合规数量和详细内容和随后对他们的分析；

e)采取的纠正措施；

f)合规管理体系有效性、业绩和趋势的信息；

g)与监管部门的接触和关系进展；

h)审核和监视活动的结果。

合规方针宜促进常规报告时间表范围之外的实质性重大事件的立即报告。

8.1.9　记录

宜维护对组织合规活动的准确、及时的记录，这有助于监视和评审过程，并证明与合规管理体系的一致性。

记录宜包括对投诉、争议、宣称的不合规以及解决它们的步骤的记录和分类。

宜以确保清晰、容易辨认和可检索的方式保存记录。

宜保护这些记录，使其免于被增加、删除、修改、未经授权使用或隐藏。

组织的合规管理体系记录包括：

a)合规绩效信息，包括合规报告；

b)来自相关方的投诉、解决方案和沟通；

c)不合规及纠正和预防的措施的详细内容；

d)对合规管理体系和采取措施的评审和审核的结果。

8.2　审核

组织宜至少在计划的时间间隔内安排审核，以提供信息，确定合规管理体系是否：

a)符合：

1)组织自身的准则；

2)本标准的建议。

b)有效实施和维护。

需要时，也能进行额外审核。

组织宜：

——策划、建立、实施和维护审核方案，包括频率、方法、职责、策划要求和报告。审核方案宜考虑相关过程的重要性和前期审核的结果。

——界定审核准则和每次审核的范围。

——选择审核员，并进行审核，以确保审核过程的客观和公正。

——确保审核结果报告给相关管理层。

——保留文件化信息，作为实施审核方案和审核结果的证据。

8.3 管理评审

最高管理者宜按计划定期评审组织的合规管理体系，以确保其持续的适用性、充分性和有效性。此类评审的实际深度和频率将随组织的性质和方针变化。

管理评审宜考虑：

a）以前管理评审措施的状态。

b）合规方针的充分性。

c）合规目标实现的程度。

d）资源的充分性。

e）与合规管理体系相关的内外部问题的变化。

f）合规绩效信息，包括以下各项体现的趋势：

——不合格、纠正措施和解决的时间表；

——监视和测量的结果；

——与相关方的沟通，包括投诉；

——审核的结果。

g）持续改进的机会。

管理评审的输出宜包括与持续改进机会相关的决定和合规管理体系所需的任何改动。

还宜包括以下方面的建议：

a）合规方针以及与它相关的目标、体系、结构和人员所需的改变；

b）合规过程的改变以确保与运行实践和体系有效整合；

c)需监视的未来潜在不合规的区域;

d)与不合规相关的纠正措施;

e)当前合规体系和长期持续改进的目标之间的差距和不足;

f)认可组织内的示范性合规行为。

组织宜保留文件化信息作为管理评审结果的证据,并宜向治理机构提交副本。

9　改进

9.1　不合格、不合规和纠正措施

9.1.1　总则

发生不合格和/或不合规时组织宜:

a)对不合格和/或不合规做出反应,在适用情况下:

——采取措施控制和纠正它,和/或

——管理这些后果。

b)评价是否需要采取措施,消除不合格和/或不合规的根本原因,以避免再次发生或在其他地方发生,通过:

——评审不合格和/或不合规;

——确定不合格和/或不合规的原因;

——确定是否存在或发生潜在的类似不合格和/或不合规。

c)实施任何必要的措施。

d)评审所采取的任何纠正措施的有效性。

e)如必要,修改合规管理体系。

未能避免或发现一次性不合规并不一定意味着合规管理体系预防和发现不合规总体无效。

纠正措施宜适合于发生的不合格和/或不合规造成的影响。组织宜保留文件化信息,作为以下方面的证据:

——不合格和/或不合规的性质和随后采取的任何措施;

——任何纠正措施的结果。

分析不合格和/或不合规所得的信息能用于考虑:

——评估产品和服务绩效；
——改进和/或重新设计产品和服务；
——改变组织惯例和程序；
——对员工进行再培训；
——对通知相关方的必要性进行再评估；
——对潜在不合规提供早期预警；
——对控制进行重新设计或评审；
——强化通知和上报步骤（内部和外部）。

9.1.2 上报

宜采用并宣传清晰、及时的上报过程，以确保所有不合规都能被提出、报告并最终上报给相关管理层，并确保合规团队得到通知并能够为上报提供支持。在适当的情况下，宜向最高管理者和治理机构上报，其中包括相关委员会。该过程宜详细说明报告的对象、方式和时间以及内部和外部报告的时间表。

当组织需按法律要求报告不合规时，需根据适用法规或其他商定方式，通知监管机构。

即使法律未要求组织报告不合规，组织也可考虑自愿向监管机构自我披露不合规，以减轻不合规的后果。

有效的合规管理体系宜包括一种机制，使组织的员工和/或其他人以保密的方式报告可疑的或实际的不当行为或违反组织合规义务的行为，而无须担心遭到报复。

9.2 持续改进

组织宜设法改进合规管理体系的适用性、充分性和有效性。

宜将合规报告中对已收集信息进行的分析和相应评价作为识别该组织合规绩效改进机会的依据。

二、《中央企业合规管理指引(试行)》(国资发法规〔2018〕106号)

第一章　总　　则

第一条　为推动中央企业全面加强合规管理,加快提升依法合规经营管理水平,着力打造法治央企,保障企业持续健康发展,根据《中华人民共和国公司法》、《中华人民共和国企业国有资产法》等有关法律法规规定,制定本指引。

第二条　本指引所称中央企业,是指国务院国有资产监督管理委员会(以下简称国资委)履行出资人职责的国家出资企业。

本指引所称合规,是指中央企业及其员工的经营管理行为符合法律法规、监管规定、行业准则和企业章程、规章制度以及国际条约、规则等要求。

本指引所称合规风险,是指中央企业及其员工因不合规行为,引发法律责任、受到相关处罚、造成经济或声誉损失以及其他负面影响的可能性。

本指引所称合规管理,是指以有效防控合规风险为目的,以企业和员工经营管理行为为对象,开展包括制度制定、风险识别、合规审查、风险应对、责任追究、考核评价、合规培训等有组织、有计划的管理活动。

第三条　国资委负责指导监督中央企业合规管理工作。

第四条　中央企业应当按照以下原则加快建立健全合规管理体系:

(一)全面覆盖。坚持将合规要求覆盖各业务领域、各部门、各级子企业和分支机构、全体员工,贯穿决策、执行、监督全流程。

(二)强化责任。把加强合规管理作为企业主要负责人履行推进法治建设第一责任人职责的重要内容。建立全员合规责任制,明确管理人员和各岗位员工的合规责任并督促有效落实。

(三)协同联动。推动合规管理与法律风险防范、监察、审计、内控、风险管理等工作相统筹、相衔接,确保合规管理体系有效运行。

(四)客观独立。严格依照法律法规等规定对企业和员工行为进行客观评价和处理。合规管理牵头部门独立履行职责,不受其他部门和人员的干涉。

第二章　合规管理职责

第五条　董事会的合规管理职责主要包括:

（一）批准企业合规管理战略规划、基本制度和年度报告；

（二）推动完善合规管理体系；

（三）决定合规管理负责人的任免；

（四）决定合规管理牵头部门的设置和职能；

（五）研究决定合规管理有关重大事项；

（六）按照权限决定有关违规人员的处理事项。

第六条 监事会的合规管理职责主要包括：

（一）监督董事会的决策与流程是否合规；

（二）监督董事和高级管理人员合规管理职责履行情况；

（三）对引发重大合规风险负有主要责任的董事、高级管理人员提出罢免建议；

（四）向董事会提出撤换公司合规管理负责人的建议。

第七条 经理层的合规管理职责主要包括：

（一）根据董事会决定，建立健全合规管理组织架构；

（二）批准合规管理具体制度规定；

（三）批准合规管理计划，采取措施确保合规制度得到有效执行；

（四）明确合规管理流程，确保合规要求融入业务领域；

（五）及时制止并纠正不合规的经营行为，按照权限对违规人员进行责任追究或提出处理建议；

（六）经董事会授权的其他事项。

第八条 中央企业设立合规委员会，与企业法治建设领导小组或风险控制委员会等合署，承担合规管理的组织领导和统筹协调工作，定期召开会议，研究决定合规管理重大事项或提出意见建议，指导、监督和评价合规管理工作。

第九条 中央企业相关负责人或总法律顾问担任合规管理负责人，主要职责包括：

（一）组织制订合规管理战略规划；

（二）参与企业重大决策并提出合规意见；

（三）领导合规管理牵头部门开展工作；

（四）向董事会和总经理汇报合规管理重大事项；

（五）组织起草合规管理年度报告。

第十条　法律事务机构或其他相关机构为合规管理牵头部门，组织、协调和监督合规管理工作，为其他部门提供合规支持，主要职责包括：

（一）研究起草合规管理计划、基本制度和具体制度规定；

（二）持续关注法律法规等规则变化，组织开展合规风险识别和预警，参与企业重大事项合规审查和风险应对；

（三）组织开展合规检查与考核，对制度和流程进行合规性评价，督促违规整改和持续改进；

（四）指导所属单位合规管理工作；

（五）受理职责范围内的违规举报，组织或参与对违规事件的调查，并提出处理建议；

（六）组织或协助业务部门、人事部门开展合规培训。

第十一条　业务部门负责本领域的日常合规管理工作，按照合规要求完善业务管理制度和流程，主动开展合规风险识别和隐患排查，发布合规预警，组织合规审查，及时向合规管理牵头部门通报风险事项，妥善应对合规风险事件，做好本领域合规培训和商业伙伴合规调查等工作，组织或配合进行违规问题调查并及时整改。

监察、审计、法律、内控、风险管理、安全生产、质量环保等相关部门，在职权范围内履行合规管理职责。

第三章　合规管理重点

第十二条　中央企业应当根据外部环境变化，结合自身实际，在全面推进合规管理的基础上，突出重点领域、重点环节和重点人员，切实防范合规风险。

第十三条　加强对以下重点领域的合规管理：

（一）市场交易。完善交易管理制度，严格履行决策批准程序，建立健全自律诚信体系，突出反商业贿赂、反垄断、反不正当竞争，规范资产交易、招投标等活动。

（二）安全环保。严格执行国家安全生产、环境保护法律法规，完善企业生产规范和安全环保制度，加强监督检查，及时发现并整改违规问题。

（三）产品质量。完善质量体系，加强过程控制，严把各环节质量关，提供优质产品和服务。

（四）劳动用工。严格遵守劳动法律法规，健全完善劳动合同管理制度，规范劳动合同签订、履行、变更和解除，切实维护劳动者合法权益。

（五）财务税收。健全完善财务内部控制体系，严格执行财务事项操作和审批流程，严守财经纪律，强化依法纳税意识，严格遵守税收法律政策。

（六）知识产权。及时申请注册知识产权成果，规范实施许可和转让，加强对商业秘密和商标的保护，依法规范使用他人知识产权，防止侵权行为。

（七）商业伙伴。对重要商业伙伴开展合规调查，通过签订合规协议、要求作出合规承诺等方式促进商业伙伴行为合规。

（八）其他需要重点关注的领域。

第十四条 加强对以下重点环节的合规管理：

（一）制度制定环节。强化对规章制度、改革方案等重要文件的合规审查，确保符合法律法规、监管规定等要求。

（二）经营决策环节。严格落实“三重一大”决策制度，细化各层级决策事项和权限，加强对决策事项的合规论证把关，保障决策依法合规。

（三）生产运营环节。严格执行合规制度，加强对重点流程的监督检查，确保生产经营过程中照章办事、按章操作。

（四）其他需要重点关注的环节。

第十五条 加强对以下重点人员的合规管理：

（一）管理人员。促进管理人员切实提高合规意识，带头依法依规开展经营管理活动，认真履行承担的合规管理职责，强化考核与监督问责。

（二）重要风险岗位人员。根据合规风险评估情况明确界定重要风险岗位，有针对性加大培训力度，使重要风险岗位人员熟悉并严格遵守业务涉及的各项规定，加强监督检查和违规行为追责。

（三）海外人员。将合规培训作为海外人员任职、上岗的必备条件，确保遵守我国和所在国法律法规等相关规定。

（四）其他需要重点关注的人员。

第十六条 强化海外投资经营行为的合规管理：

（一）深入研究投资所在国法律法规及相关国际规则，全面掌握禁止性规定，明确海外投资经营行为的红线、底线。

（二）健全海外合规经营的制度、体系、流程，重视开展项目的合规论证和尽职调查，依法加强对境外机构的管控，规范经营管理行为。

（三）定期排查梳理海外投资经营业务的风险状况，重点关注重大决策、重大合同、大额资金管控和境外子企业公司治理等方面存在的合规风险，妥善处理、及时报告，防止扩大蔓延。

第四章　合规管理运行

第十七条　建立健全合规管理制度，制定全员普遍遵守的合规行为规范，针对重点领域制定专项合规管理制度，并根据法律法规变化和监管动态，及时将外部有关合规要求转化为内部规章制度。

第十八条　建立合规风险识别预警机制，全面系统梳理经营管理活动中存在的合规风险，对风险发生的可能性、影响程度、潜在后果等进行系统分析，对于典型性、普遍性和可能产生较严重后果的风险及时发布预警。

第十九条　加强合规风险应对，针对发现的风险制定预案，采取有效措施，及时应对处置。对于重大合规风险事件，合规委员会统筹领导，合规管理负责人牵头，相关部门协同配合，最大限度化解风险、降低损失。

第二十条　建立健全合规审查机制，将合规审查作为规章制度制定、重大事项决策、重要合同签订、重大项目运营等经营管理行为的必经程序，及时对不合规的内容提出修改建议，未经合规审查不得实施。

第二十一条　强化违规问责，完善违规行为处罚机制，明晰违规责任范围，细化惩处标准。畅通举报渠道，针对反映的问题和线索，及时开展调查，严肃追究违规人员责任。

第二十二条　开展合规管理评估，定期对合规管理体系的有效性进行分析，对重大或反复出现的合规风险和违规问题，深入查找根源，完善相关制度，堵塞管理漏洞，强化过程管控，持续改进提升。

第五章　合规管理保障

第二十三条　加强合规考核评价，把合规经营管理情况纳入对各部门和所属企业负责人的年度综合考核,细化评价指标。对所属单位和员工合规职责履行情况进行评价,并将结果作为员工考核、干部任用、评先选优等工作的重要依据。

第二十四条 强化合规管理信息化建设,通过信息化手段优化管理流程,记录和保存相关信息。运用大数据等工具,加强对经营管理行为依法合规情况的实时在线监控和风险分析,实现信息集成与共享。

第二十五条 建立专业化、高素质的合规管理队伍,根据业务规模、合规风险水平等因素配备合规管理人员,持续加强业务培训,提升队伍能力水平。

海外经营重要地区、重点项目应当明确合规管理机构或配备专职人员,切实防范合规风险。

第二十六条 重视合规培训,结合法治宣传教育,建立制度化、常态化培训机制,确保员工理解、遵循企业合规目标和要求。

第二十七条 积极培育合规文化,通过制定发放合规手册、签订合规承诺书等方式,强化全员安全、质量、诚信和廉洁等意识,树立依法合规、守法诚信的价值观,筑牢合规经营的思想基础。

第二十八条 建立合规报告制度,发生较大合规风险事件,合规管理牵头部门和相关部门应当及时向合规管理负责人、分管领导报告。重大合规风险事件应当向国资委和有关部门报告。

合规管理牵头部门于每年年底全面总结合规管理工作情况,起草年度报告,经董事会审议通过后及时报送国资委。

第六章 附 则

第二十九条 中央企业根据本指引,结合实际制定合规管理实施细则。

地方国有资产监督管理机构可以参照本指引,积极推进所出资企业合规管理工作。

第三十条 本指引由国资委负责解释。

第三十一条 本指引自公布之日起施行。

三、《关于进一步深化法治央企建设的意见》

为深入学习贯彻习近平法治思想，认真落实全面依法治国战略部署，持续深化法治央企建设，更好发挥法治工作对“十四五”时期中央企业改革发展的支撑保障作用，根据《法治中国建设规划（2020－2025年）》《法治社会建设实施纲要（2020－2025年）》等文件精神，现就进一步做好中央企业法治工作提出如下意见：

一、总体要求

（一）指导思想。坚持以习近平新时代中国特色社会主义思想为指导，认真落实习近平法治思想，深入贯彻党的十九大和十九届二中、三中、四中、五中全会精神，按照中央全面依法治国工作会议部署，立足新发展阶段，贯彻新发展理念，构建新发展格局，紧紧围绕国企改革三年行动和中央企业“十四五”发展规划，着力健全领导责任体系、依法治理体系、规章制度体系、合规管理体系、工作组织体系，持续提升法治工作引领支撑能力、风险管控能力、涉外保障能力、主动维权能力和数字化管理能力，不断深化治理完善、经营合规、管理规范、守法诚信的法治央企建设，为加快建设世界一流企业筑牢坚实法治基础。

（二）基本原则。

——坚持融入中心、服务大局。以服务国企改革三年行动和中央企业“十四五”发展规划为目标，牢固树立全局意识和系统观念，法治工作全面融入完善中国特色现代企业制度、深化混合所有制改革、科技创新、国际化经营等重点任务，充分发挥支撑保障作用。

——坚持完善制度、夯基固本。以强化制度建设为基础，坚持尊法、学法、守法、用法，将行之有效的经验做法，及时转化为企业规章制度，嵌入业务流程，加强制度执行情况监督检查，强化制度刚性约束。

——坚持突出重点、全面深化。以落实法治建设第一责任人职责、完善总法律顾问制度、健全法律风险防范机制、强化合规管理为重点，坚持问题导向，在做深做细做实上下更大功夫，真正发挥强管理、促经营、防风险、创价值作用。

——坚持勇于创新、拓展升级。以适应市场化、法治化、国际化发展需要为方向，结合实际拓宽法治工作领域，探索优化法务管理职能，创新工作方式，加快提升信息化、数字化、智能化水平。

（三）总体目标。“十四五”时期，中央企业法治理念更加强化、治理机制更加完善、制度体系更加优化、组织机构更加健全、管理方式更加科学、作用发挥更加有效，法治建设取得更大进展，部分企业率先达到世界一流水平，为企业深化改革、高质量发展提供更加有力的支撑保障。

二、着力健全法治工作体系

（四）着力健全领导责任体系。坚持企业党委（党组）对依法治企工作的全面领导，不断完善党委（党组）定期专题学法、定期听取工作汇报、干部任前法治谈话、述职必述法等制度，切实发挥党委（党组）把方向、管大局、促落实作用。强化董事会定战略、作决策、防风险职能，明确专门委员会推进法治建设职责，把法治建设纳入整体工作统筹谋划，将进展情况作为年度工作报告的重要内容。健全中央企业主要负责人履行推进法治建设第一责任人职责工作机制，党委（党组）书记、董事长、总经理各司其职，对重点问题亲自研究、部署协调、推动解决。将第一责任人职责要求向子企业延伸，把落实情况纳入领导人员综合考核评价体系，将法治素养和依法履职情况作为考察使用干部的重要内容。

（五）着力健全依法治理体系。高度重视章程在公司治理中的统领地位，切实发挥总法律顾问和法务管理机构专业审核把关作用，科学配置各治理主体权利、义务和责任，明晰履职程序和要求，保障章程依法制定、依法实施。多元投资主体企业严格依据法律法规、国有资产监管规定和公司章程，明确股东权利义务、股东会定位与职权，规范议事决策方式和程序，完善运作制度机制，强化决议执行和监督，切实维护股东合法权益。优化董事会知识结构，通过选聘法律专业背景人员担任董事、加强法律培训等方式，提升董事会依法决策水平。落实总法律顾问列席党委（党组）会、董事会参与研究讨论或审议涉及法律合规相关议题，参加总经理办公会等重要决策会议制度，将合法合规性审查和重大风险评估作为重大决策事项必经前置程序。依法对子企业规范行使股东权，认真研究制定子企业章程，严格按照公司治理结构，通过股东（大）会决议、派出董事监事、推荐高级管理人员等方式行权履职，切实防范公司人格混同等风险。

（六）着力健全规章制度体系。明确法务管理机构归口管理职责，健全规章制度制定、执行、评估、改进等工作机制，加强法律审核把关，强化对制度的全生命周期管理。根据适用范围、重要程度、管理幅度等，构建分层分类的制度体系框架，确保结构清晰、内容完整，相互衔接、有效协同，切实提高科学性和系统性。定期开展制度梳理，编制立改废计划，完善重点改革任务配套制度，及时修订重要领域管理规范，不断增强针对性和实效性。加强对规章制度的宣贯培训，定期对执行情况开展监督检查和综合评价，增强制度刚性约束，推动制度有效落实。

（七）着力健全合规管理体系。持续完善合规管理工作机制，健全企业主要负责人领导、总法律顾问牵头、法务管理机构归口、相关部门协同联动的合规管理体系。发挥法务管理机构统筹协调、组织推动、督促落实作用，加强合规制度建设，开展合规审查与考核，保障体系有效运行。强化业务部门、经营单位和项目一线主体责任，通过设置兼职合规管理员、将合规要求嵌入岗位职责和业务流程、抓好重点领域合规管理等措施，有效防范、及时处置合规风险。探索构建法律、合规、内控、风险管理协同运作机制，加强统筹协调，提高管理效能。推动合规要求向各级子企业延伸，加大基层单位特别是涉外机构合规管理力度，到2025年中央企业基本建立全面覆盖、有效运行的合规管理体系。

（八）着力健全工作组织体系。加大企业法律专业领导干部培养选拔力度，在市场化国际化程度较高、法律服务需求大的国有大型骨干企业，推进符合条件的具有法律教育背景或法律职业资格的专业人才进入领导班子。持续完善总法律顾问制度，2022年中央企业及其重要子企业全面写入章程，明确高级管理人员定位，由董事会聘任，领导法务管理机构开展工作。坚持总法律顾问专职化、专业化方向，直接向企业主要负责人负责，2025年中央企业及其重要子企业全面配备到位，具有法律教育背景或法律职业资格的比例达到80%。加强法务管理机构建设，中央企业及其重要子企业原则上独立设置，充实专业力量，配备与企业规模和需求相适应的法治工作队伍。健全法务管理职能，持续完善合同管理、案件管理、普法宣传等职能，积极拓展制度管理、合规管理等业务领域。加强队伍建设，拓宽法务人员职业发展通道，完善高素质法治人才市场化选聘、管理和薪酬制度，采取有效激励方式充分调动积极性、主动性。

三、全面提升依法治企能力

（九）着力提升引领支撑能力。坚持运用法治思维和法治方式深化改革、推动发展，紧盯国企改革三年行动、中央企业“十四五”发展规划重点工作，深入分析对企业提出的新任务新要求，提前研究可能出现的法律合规问题，及时制定应对方案和防范措施。法务人员全程参与混合所有制改革、投资并购等重大项目，加强法律审核把关，坚持依法依规操作，严控法律合规风险。加强对民法典等法律法规的学习研究，深入分析对企业生产经营、业务模式可能产生的影响，推动从健全制度、强化管理等方面及时作出调整。结合企业、行业实际，对相关立法研究提出完善建议，为改革发展创造良好政策环境。

（十）着力提升风险管控能力。持续巩固规章制度、经济合同、重要决策法律审核制度，在确保100%审核率的同时，通过跟进采纳情况、完善后评估机制，反向查找工作不足，持续提升审核质量。常态化开展风险隐患排查处置，针对共性风险通过提示函、案件通报、法律建议书等形式及时开展预警，有效防范化解。加强知识产权管理，完善专利、商标、商号、商业秘密等保护制度，坚决打击侵权行为，切实维护企业无形资产安全和合法权益。严格落实重大法律合规风险事件报告制度，中央企业发生重大法律合规风险事件，应当及时向国资委报告。

（十一）着力提升涉外保障能力。加强涉外法律合规风险防范，健全工作机制，推动在境外投资经营规模较大、风险较高的重点企业、区域或项目设置专门机构，配备专职法务人员，具备条件的设立总法律顾问。完善涉外重大项目和重要业务法务人员全程参与制度，形成事前审核把关、事中跟踪控制、事后监督评估的管理闭环。深入研究、掌握运用所在国法律，加强国际规则学习研究，密切关注高风险国家和地区法律法规与政策变化，提前做好预案，切实防范风险。重视涉外法治人才培养，强化顶层设计，健全市场化选聘和激励制度，形成重视人才、吸引人才、留住人才的良好机制。

（十二）着力提升主动维权能力。加大法律纠纷案件处置力度，综合运用诉讼、仲裁、调解等多种手段妥善解决，探索建立集团内部纠纷调解机制。加强积案清理，健全激励机制，力争2025年中央企业历史遗留重大法律纠纷案件得到妥善解决。深化案件管理“压存控增、提质创效”专项工作,加强典型案件分析,及时发现管理问题,堵塞管理漏洞,推动“以案促管、以管创效”。严格落实案件报告制度,中央企业发生重大法律纠纷案件应当及时报告,按时报送年度法律纠纷案件综合分析报告。

(十三)着力提升数字化管理能力。运用区块链、大数据、云计算、人工智能等新一代信息技术,推动法务管理从信息化向数字化升级,探索智能化应用场景,有效提高管理效能。深化合同管理、案件管理、合规管理等重点领域信息化、数字化建设,将法律审核嵌入重大决策、重要业务管理流程,通过大数据等手段,实现法律合规风险在线识别、分析、评估、防控。推动法务管理系统向各级子企业和重要项目延伸,2025 年实现上下贯通、全面覆盖。推动法务管理系统与财务、产权、投资等系统的互联互通,做好与国资国企在线监管系统的对接,促进业务数据相互融合、风险防范共同响应。

四、保障任务顺利完成

(十四)加强组织领导。充分发挥法治建设领导机构作用,将法治工作纳入中央企业“十四五”发展规划和年度计划统筹谋划、同步推进,加强部门协同,强化人员、资金等保障,形成工作合力。制定本企业未来五年法治建设实施方案,与“十四五”规划相衔接,提出目标任务,明确责任分工,细化工作措施。建立法治工作专项考评制度,将法治建设成效纳入对子企业考核体系。统筹推进法治工作与违规经营投资责任追究等监督工作,完善内部协同机制,提高责任追究体系效能。加大问责力度,对未经法律审核或未采纳正确法律意见、违法违规经营投资决策造成损失或其他严重不良后果的,严肃追究责任。

(十五)持续深化对标。综合分析国际大企业优秀实践,研究归纳世界一流企业法务管理基本要素和具体指标。立足行业特点、发展阶段、管理基础等实际,有针对性地制定对标举措,确保目标量化、任务明确、措施有力。将法务管理对标工作纳入本企业对标世界一流管理提升行动。国资委创建世界一流示范企业和国有资本投资、运营公司要充分发挥引领作用,率先在法治工作上达到世界一流水平。其他中央企业要全面开展对标,努力补齐短板,加快提升依法合规经营管理水平。

（十六）强化指导交流。国资委将根据企业法治建设实施方案，定期组织调研督导，深入了解落实情况，推动解决难点问题。完善法治讲堂、协作组等学习交流机制，聚焦重点难点，创新方式方法，增强交流实效。中央企业要进一步加强对子企业法治建设的督促指导，通过加大考核力度、细化工作要求、定期开展调研等方式，层层传导压力，确保目标任务在子企业真正落实到位。

（十七）厚植法治文化。深入学习宣传习近平法治思想，将培育法治文化作为法治建设的基础工程，使依法合规、守法诚信成为全体员工的自觉行为和基本准则。落实“八五”普法要求，进一步推进法治宣传教育制度化、常态化、多样化，将法治学习作为干部职工入职学习、职业培训、继续教育的必修课，广泛宣传与企业经营管理和职工切身利益密切相关的法律法规。总结法治建设典型做法、成功经验和进展成果，通过开展选树典型、评比表彰、集中宣传等形式，营造学习先进、争当先进、赶超先进的良好氛围。

地方国有资产监督管理机构参照本意见，积极推进所出资企业法治建设。

第二章　企业合规的类型

第一节　概　　述

一、对企业合规的分类方法

（一）主体视角分类法

按照企业合规参与主体的分类，可以把企业合规分为企业视角下的企业合规制度、政府监管视角下的企业合规制度和司法视角下的企业合规制度。这样分类的方法，重点在于利用不同主体的视角去探索开展、完善企业合规制度的方式。

之所以会产生较多合规的概念，甚至出现合规研究的乱象，是因为基于不同主体对合规制度的认识不同。趋利避害、重监管轻管理的思想在传统企业经营中是默认的守则，是导致合规往“最大利益化”方向发展的原因。但是，站在经济学的视角，不能认为企业作为主体这样理解合规是错误的，这仅仅是营利组织体自身的发展需求。

因此，就不同主体之间的合规类型进行分析，能够充分发挥合规制度的价值，使行政监管层面、司法层面严格合规管理与社会治理，在企业层面充分发挥合规的经济价值和企业制度价值，使合规制度成为各方均乐于适用的好制度。

（二）内容视角分类法

1. 普通企业合规

普通企业合规指的就是企业风控管理，是企业管理层面的合规。这样的合规制度既包括企业主动构建的，也包括企业在配合政府机关的视角下进行构建的。事实上，本书所阐述的合规风险之内容，重点指企业管理中的风险管控，是就经营风险治理的方面进行的合规论述。

2. 特殊企业合规

特殊企业合规又称刑事合规制度,是指涉罪企业参与司法机关的企业合规不起诉制度,积极整改企业内部管理体制,规避刑事犯罪风险为重心的合规制度。这样的合规重点主要由司法机关和第三方监控机制进行把握,企业结合自身情况配合整改,重点是将可能存在单位犯罪等犯罪风险予以高度规避。

(三)经营范围视角分类法

根据企业的经营范围,还可以将企业分为境内经营合规制度和跨境经营合规制度,重点侧重于不同的法律法规的合规方向以及所涉及的国际私法、国际经济法方向的统筹问题。[1]

二、上述三种类别之间的联系

上述分类方法,基本是以企业为中心视角而展开的。此处特别强调,部分学者对企业合规的研究过分着重于政府监管视角,由此导致部分制度难以落到实处,或不利于民营经济向好向上发展,是违背企业合规改革试点的初衷的。对于营商环境的保护,首要的就是了解营商主体的真正需求和实际苦楚,以引导式监管的方式对其进行扶持、帮助,并在必要时进行管理。

对于企业视角的合规制度而言,既包含了一般情况一定需要实施的普通合规制度,也蕴含了潜在的特殊合规的需要;既结合自身业务发展定位在境内经营合规,也要根据实际业务开展情况适当开展境外合规的拓展。对于行政监管视角而言,企业合规是在触及犯罪行为之前的及时引导,是利用最大可能引导企业积极在普通合规阶段实现自身发展;企业合规也是需要根据企业经营范围、经营类别加以区分对待的,不能"大一统"式地粗放监管,也不能不提炼总结共性问题。对于司法视角而言,企业合规是对企业治理的监管手段,是企业认罪认罚的重要表现,是规避企业再犯罪风险的风险,因而司法视角下企业合规更多关注的是特殊企业合规问题。

---

[1] Daniel A. Strachman, *The Long and Short of Hedge Funds-A Complete Guide to Hedge Fund Evaluation and Investing*, Wiley, 2018, p. 152 - 153.

第二节　主体视角下的企业合规类型

一、企业视角下的企业合规

(一)自觉合规与被动合规

企业的合规是自觉与被动的合成品。自觉合规实际上是企业道德的体现,这也是企业追求自我价值的表现。[1]

1. 企业的道德与自觉合规

有学者梳理关于道德的含义,包括三层:

第一,道德是由一定社会关系决定的思想关系。道德作为一种特定的社会意识形态属于上层建筑范畴,最终由经济基础决定。[2] 第二,道德是人类精神的自律。马克思说过,"道德的基础是人类精神的自律,而宗教的基础则是人类精神的他律",马克思在这里所说的"自律",是指人类依据自己制定的道德原则、道德规范对自己的言行加以指导和约束。"他律"则指人们的言行受超人类和社会之外的神的力量和神的意志的支配,而人类本身则丧失了对自己支配、控制的精神和能力。这样,马克思通过"自律"和"他律"把社会道德和宗教神学道德对人类精神的不同作用与方式区别开来。第三,道德是社会中各种道德现象的总和。主要包括三部分内容:一是道德活动,包括道德行为、道德教育、道德评价、道德修养等,即怎么做的问题;二是道德意识,包括道德观念、道德信念、道德意识、道德情感、道德理论等,即怎么看的问题;三是道德规范,即国家、阶级、社会要求人们怎么做的问题。[3]

道德是一种社会意识形态,总体而言,道德具有特殊的规范性,具有独特的多层次性,具有更大的稳定性和广泛的社会性。马克思主义道德观认为,道德作为一种特殊的社会意识形态,是由社会经济关系所决定的,是社会经济的反

---

〔1〕 Daniel A. Strachman, *The Fundamentals of Hedge Fund Management-How to Successfully Launch and Operate a Hedge Fund*, Wiley, 2007, p. 5 – 12.

〔2〕 Annukka Jokipi, *Determinants and Consequences of Internal Control in Firms: A Contingency Theory Based Analysis*, Journal of Management Goverance, 2010, p. 6 – 22.

〔3〕 沈开涛主编:《合规与道德》,北京大学出版社 2015 年版,第 58 ~ 59 页。

映。马克思认为,道德既是一个社会范畴,也是一个历史范畴。道德是运动、变化发展的,是随着社会发展而不断变化的历史范畴和动态体系,它的具体形态是和社会发展相一致的。

道德与法律既有区别也存在联系。

关于道德与法律的区别:第一,产生条件和发展趋势不同。从产生和发展来看,道德产生于原始社会,到将来共产主义社会还要存在,而法律只存在于阶级社会。在原始社会里,长时期形成的习俗足以调整人们的行为,道德起到维护整个社会秩序的职能。法律是统治阶级意志的体现,是随着阶级社会的出现而产生的。当社会发展到共产主义公有制阶段时,法律由于不再适应新的经济基础,将被废除并被其他规范替代,这种规范实际上属于道德的范畴。共产主义道德将成为全民的道德,在调整人们行为和关系中起主导作用。第二,依靠的力量不同。法律是以统治阶级政权机关的强制力量为前提的,法律的实行依靠权力机关的惩罚来保证。道德则依靠社会舆论的力量,依靠人们的信念、习惯、传统和教育的力量来维持。人们以善和恶、正义和非正义、公正和偏私、诚实和虚伪等道德观念来评价人们的行为,从而调整人们之间的关系。而道德和法律之间同样存在相当的联系。其中最重要的是道德和法律在调节功能上相互补充;在调解内容上相互渗透;在调解的实施上相互支持。由此我们看出,道德在社会中起到了至关重要的作用。其一,道德具有认识的功能和调节的功能;其二,道德还具有教育功能。道德在社会中对其赖以产生的经济基础的形成、巩固和发展具有促进作用,影响社会生产力发展和科技进步,是进行阶级斗争的重要武器,对社会意识形态具有重大影响。而由道德对社会产生的作用中,可以推导出职业道德的重要性。职业道德是指从业人员在职业活动中应当遵守的具有特定职业特征的道德准则和道德规范的总和,是一定社会的道德原则和道德规范在各种职业活动中的体现和延伸。由于职业分工的不同,在长期的职业实践中,人们往往形成了对职业整体利益的认识,以及对自身职责与社会责任的认识。这些非强制性的规约就是职业道德。可以说,职业道德既是社会道德在职业生活中的具体体现,又带着具体职业或行业活动的特点,是一般道德原则和道德规范的补充。职业道德是公司参与市场经济的基本道德,是社会整体道德的重要组成部分,而以合规的状态展示则是企业遵守职业道德的最直接的表现。[1]

2. 企业被动合规

公司存在风险，就要被动合规整改。

具体而言，公司存在的合规风险包括决策合规风险、产品合规风险、组织合规风险、合同合规风险、销售合规风险、采购合规风险、财税合规风险、知产合规风险、数据合规风险、品牌合规风险、合作合规风险、外贸合规风险。这些合规风险的具体情况，其中前四种，即决策合规风险、产品合规风险、组织合规风险、合同合规风险较为重要，也是企业经常出现的经营风险。有学者梳理如下[2]：

（1）决策合规风险。决策合规风险，是指企业管理层作出违法违规决策的不确定性。该风险主要是由管理者各种经营管理决策行为所致，是企业可能面临的重大的系统性风险之一。基于决策权运行所产生的合规风险，防范对策主要是考虑如何确保决策权运行过程的合法合规性，重点是要防止出现两类违法违规问题：一类是缺乏集体研究的"一言堂"决策，另一类是缺乏调查研究的"武断化"决策。所以防范决策合规风险的指导方针是：集思广益、科学决策。所谓集思广益，是要发挥众人之力，避免独断专行；所谓科学决策，是要确保决策建立在充分的事实和规定基础上。决策合规风险在很大程度上受到决策者价值观的影响，所以它是影响最大的、也可能是最顽固的一类违规行为。

（2）产品合规风险。产品合规风险，是指企业生产销售的产品或者提供的服务存在的违法违规风险。产品是企业的立身之本，所以产品合规风险也是企业重大的、系统性合规风险之一。防范产品合规风险的基本方针是：加强对产品设计研发的合规性审查。企业的产品合规风险既可以体现在有形的产品生产中，也可以体现在无形的服务中，由此产生的一般都是企业重大的、系统性风险，关系到企业能否向市场推出产品，以及产品可能涉嫌的刑事犯罪风险。

（3）组织合规风险。组织合规风险，是指企业在经营授权管理、用工和印章管理中存在的违法违规风险。组织合规风险也是企业的系统性风险之一。防范组织合规风险的基本指导思想：一是经营授权制度清晰，责任界限明确；二是

---

[1] 参见沈开涛主编：《合规与道德》，北京大学出版社2015年版，第60～61页。

[2] 参见姜先良：《企业合规与律师服务》，法律出版社2021年版，第51～105页。

严格做好印章管理;三是确保用工合规,维护员工的合法权益。

(4)合同合规风险。合同合规风险,是指企业在合同制定和履行过程中的违法违规风险。防范这类风险的指导方针:其一,不断总结细化业务标谁;其二,强化合同过程管理。因为企业开展业务的主要抓手是合同,所以合同合规风险同样涉及企业全方面的风险。需要强调的是,一说到合同,人们会很自然地想到这是企业法务部门职责范围内的事情,应由法务部门来管理。合同合规风险和合同法律风险是不同的,它们的区别在于:合同合规风险关注的是企业及其员工在合同签订和履行过程中是否存在违法违规行为;合同法律风险,则关注企业是否因为合同而受到经济和声誉损失,合同法律风险可能由于企业自身的原因产生,也有大量与企业无关,而归属合同相对方的原因。所以,合同合规风险和法律风险是存在交叉的。比如,企业未按照自己订立的合同模板就草率地对外签订合同导致重大违约或者受损,这既有法律风险,也有合规风险。又如,企业未严格遵守合同约定的履行期限导致违约受损,其中也有法律风险,也有合规风险。[1]

二、政府监管视角下的企业合规

对于政府而言,着手合规的主要方式是通过中央和地方政府发布的行业相关政策,以国家限制类、禁止进入类项目或国家鼓励类、支持类项目进行监管。政府将重点实施对环境保护的监管、产品质量监管、广告宣传的监管、对土地使用和工程建设的监管、对外资准入的监管、外汇的监管等。[2] 具体而言,政府通过以下几种方式对企业合规进行监管。

其一,牌照许可类。包括投资立项许可、牌照许可。有学者在梳理互联网公司相关资质牌照时,列举了如下资质条件:

一是 ICP 备案,网络内容服务商(Internet Content Provider, ICP)。目前国内对非经营性互联网信息服务实行备案制度,对于所有企业网站来说,ICP 备案是必备工作,而且,ICP 备案必须以公司名义申请,提供服务器的单位必须有

[1] 参见姜先良:《企业合规与律师服务》,法律出版社 2021 年版,第 51 ~ 105 页。

[2] 刘守德:《增强合规守制意识 聚焦“三个一流”推进法治企业建设》,载《中国石油报》2021 年 10 月 12 日。

DC 或 ISP 证且在当地通管局做过备案。

二是 ICP 经营许可证，目前国内对经营性互联网信息服务实行许可证制度，这个证书就是《ICP 经营许可证》。经营性网站必须办理 ICP 经营许可证，否则就属于非法经营，会面临关闭网站、罚款的风险。ICP 经营许可证的单位名称必须和企业注册名称一致。只要网站上涉及有偿信息服务、电商等，就必须立即向当地的通信管理局申请办理 ICP 经营许可证。

以下是常见行业所需要审批的资质：

• 游戏：《网络文化经营许可证》《游戏版号》。

• 电商团购：若含其他需要提供资质类目下物品时，则需提供相应资质。如商城中含有食品，则需要《食品经营许可证（流通）》。

• 出版经营：《网络出版服务许可证》。

• 音乐娱乐产品：《网络文化经营许可证》，也有可能涉及《网络出版服务许可证》。

• 餐饮/食品：餐饮需《食品经营许可证—餐饮》；食品需《食品经营许可证—食品》；线下零售需《食品经营许可证（流通）》。

• 医疗保健业：《互联网医疗保健服务许可证》；线下门店卖药需办理《药品经营许可证》；医疗器械需办理《医疗器械经营企业许可证》；从事医疗服务需办理《医疗机构执业许可证》。

• 药品信息或交易：《互联网药品服务许可证》《互联网药品交易资格证》。

• 播放、点播、下载音视频：《网络视听节目许可证》。

• 短信、彩信、彩铃等增值电信业务：《移动信息服务经营许可证》（SP 证）。

• 金融：股票类需办理《证券投资咨询业务资格证书》；保险公司需《经营保险业务许可证》《保险业务法人等级证书》。

• 交通运输：物流需要《道路运输许可证》；快递需要《快递业务经营许可证》；加油需要《成品油批发经营批准证书》或《成品油仓储经营批准证书》或《成品油零售经营批准证书》，三选一。

• 娱乐/健身服务：游艺厅/KTV/网吧需办理《娱乐经营许可证》。

• 旅游：旅行社需《旅行社业务经营许可证》；机票/机票代理需《航空公司机票代理资格证》。

• 教育/培训：民办非公立院校需《办学许可证》。

• 职业人才中介：《劳务派遣经营许可证》《人力资源经营许可证》。[1]

其二，商业特许经营类。特许人的主体资格审查和经营备案往往是监管重点。其中需要政府监管的特殊问题是企业的信息披露内容与范围。依照《商业特许经营管理条例》的规定，特许人应当建立并实行完备的信息披露制度，特许人应以书面形式向被特许人技露信息，且信息披露应当真实、准确、完整，不得隐瞒有关信息，或提供虚假信息，否则被特许人可以解除特许经营合同；此外，特许人违反信息披露义务还将面临行政处罚风险。特许人真实、准确、完整地进行信息披露，有利于被特许人在获得充分的信息的基础上，对其投资行为作出准确的判断，切实保护其合法权益，防止特许人欺诈行为的发生。特许经营监管机关则通过对特许人披露的信息进行监督审查，保证特许人的质量，防止违法行为，维护被特许人利益。[2]

其三，反垄断与不正当竞争。我国《反垄断法》不断对新业务和新扩张模式予以规制，避免出现寡头垄断现象。对于垄断行为的认定，包括垄断协议行为、滥用市场支配地位的行为、经营者集中行为等。

一般认为，垄断协议是两个或两个以上的企业以协议方式实施的控制价格、地域、数量等具有限制竞争的共同意思表示。大多数国家都直接以法律规范表达垄断协议的基本内容，而不是用概念的形式表述。也有一些国家的反垄断法只定义垄断协议的上位概念而不定义本概念。这和我国《反垄断法》成了鲜明的对比。我国《反垄断法》第 13 条第 2 款解释了垄断协议："本法所称垄断协议，是指排除、限制竞争的协议、决定或者其他协同行为。"从结构上分析，这个定义似乎是将垄断协议这个概念切割成了"垄断"和"协议"两部分各自对垄断进行解释，即排除、限制竞争；协议，即协议、决定或其他协同行为，然后拼凑在一起而形成。这种"组合"定义法不仅不符合形式逻辑的要求，反而会产生一些形式逻辑问题。

滥用市场相关地位则是一个较为复杂的表述，其中包括相关市场的界定、

---

[1] 战飞扬：《公司合规：创始人避免败局的法商之道》，人民日报出版社 2019 年版，第 45～46 页。

[2] 战飞扬：《公司合规：创始人避免败局的法商之道》，人民日报出版社 2019 年版，第 48～49 页。

市场支配地位的确定以及滥用市场支配地位的行为定性等问题。

经营者集中的本质在于控制权的产生或转移，即经营者通过交易取得对其他经营者的控制权或者能够对其他经营者施加决定性影响。控制权的集中意味着市场力量的增强，市场力量的增强可能改变市场的竞争状况，尤其对竞争者所处竞争环境的不利影响会增大。经营者集中源于资本集中。找照马克思的剩余价值学说，资本积累包括资本积聚和资本集中两种方式，资本积聚是剩余价值资本化的结果，资本集中只是社会总资本在各个资本家之间的重新分配。所说的“不利影响”源于两方面：一方面，它是在社会财富绝对量不增加的情况下产生的竞争环境的改变，缺少公益基础；另一方面，它在转瞬间即可形成一个新的市场竞争结构，不会给竞争者以适应市场变化的准备。这不同于资本积聚存在一个缓慢的市场力量形成过程。马克思在对剩余价值问题进行阶级分析时，指出了资本积聚和资本集中所涉及的阶级关系的差异：资本积聚标志着资本所支配的生产资料和劳动力的增加，因而意味着资本家阶级对无产阶级统治的扩大；资本集中则是一种资本家剥夺资本家的关系。这种分析告诉我们，控制权的集中涉及的核心问题是外部关系而不是内部关系。经营者集中对市场的影响程度既要看参与集中的经营者的资本量的大小，也要评估一定地域和时期内相关市场的合理容积率。这两个因素决定了不是所有的集中都违背竞争原则，也不是所有的竞争都由当事人意思自治。经营者集中所指的控制权，包括单独控制权和共同控制权。控制权的取得，可由经营者直接取得，也可通过其已控制的经营者间接取得。判断经营者是否取得控制权，取决于法律和事实因素。集中协议和其他经营者的章程是重要判断依据，但不是唯一的依据。如果从集中协议和章程中无法判断是否取得了控制权，但由于其他股权分散等原因，赋予了该经营者事实上的控制力量，也属于经营者集中所指的控制权取得。[1]

除此之外，政府监管的重点还包括产品质量、市场营销、电子商务与网络安全、反商业贿赂、贸易管制和经济制裁等内容。上述内容在本书其他部分均会有所涉及，在此主要以典型案例[2]的形式予以列举。

---

〔1〕参见刘继峰：《竞争法学》（第三版），北京大学出版社2018年版，第197～199页。

〔2〕参见战飞扬：《公司合规：创始人避免败局的法商之道》，人民日报出版社2019年版，第61～81页。

典型案例

A集团收购B公司未进行反垄断申报被处罚案。2017年11月11日,A集团与B公司签署收购协议,以总价9.07亿美元收购B公司的全部股份。2017年7月18日,A集团完成上述收购。根据商务部公布的数据,该项交易达到了《国务院关于经营者集中申报标准的规定》规定的申报标准。因此,该交易应该进行申报。但是A集团并未向商务部提交申报。而且在没有获得商务部批准的情况下完成了交易。因此,商务部认为该交易违反了《反垄断法》第21条"经营者集中达到国务院规定的申报标准的,经营者应当事先向国务院反垄断执法机构申报,未申报的不得实施集中"的规定,对A集团处以30万元人民币罚款。这是商务部针对未依法进行反垄断申报公开开出的首张罚单,也是商务部针对国有企业海外并购的反垄断违规行为的首张罚单。

典型案例

C有限公司为了宣传旗下一款节油器V,投入巨额广告费用,并邀请某知名运动员作为代言人,在中央电视台买下了长度30秒的广告时间。广告称,V产品依靠国际领先的油电管理科技,针对全车油电系统进行优化管理,能降低5%~8%的油耗,车辆引擎更高效。短短几年间,该公司缔造出号称中国节油的第一品牌。但是,这款产品销售不久就出现了大规模的退货现象。事实上,这款节油器非但不能达到宣传中的效果,反而还会给安装后的汽车带来破坏性后果。2015年5月,北京市朝阳区人民法院作出判决,C公司5名高级管理人员均以虚假广告罪获一年以上的有期徒刑,以及数万元到十几万元不等的罚金刑。

典型案例

一起由公安部、最高人民检察院督办的特大侵犯个人信息专案,涉及D公司的多名员工。该案被山东警方全面起底,从源头"内鬼"到中转商再到下游适用者,共11家公司牵涉其中。其中,6名员工处于链条中信息流转的重要环节。目前相关人员已被人民检察院移送至法院进行公诉。D公司成立于2011年,并于2014年12月10日在新三板成功上市成为中国大数据行业第一家挂牌新三板的企业。2016年，其市值一度达21亿元。据报道，涉案的D公司作为大数据行业企业，涉及的数据隐私性高。经查，涉案的D公司公司在8个月时间内，日均传输公民个人信息1.3亿余条，累计传输数据压缩后约为4000GB左右，公民个人信息达数百亿条，数据量特别巨大。案件涉及的上网URL数据，包含了手机号、上网基站代码等40余项信息要素，记录手机用户具体的上网行为，甚至部分数据能够直接进入公民个人账号主页，危害巨大。D公司一位高级管理人员表示，公司对该案的发生十分吃惊，已采取停牌措施，各项业务受到很大影响。事件发生后，D公司重新审视了自己的风控体系，为所有业务设定了更高标准的红线。2017年，D公司的产品营销线和金融征信线已被关停，仅剩余人工智能业务维持公司运行。

三、司法视角下的企业合规

刑事合规激励制度一直是中国企业合规研究的热点话题。对于中国刑事合规制度的改革，要注重思考与辩证分析。

有学者认为，刑事合规是企业为避免因相关行为而给企业及企业员工带来刑事责任的合法措施。刑事合规包括所有客观上事前必要的或者事后被刑法认可的规范性、制度性以及技术性的属于某一组织的措施。这些措施的相对人既可以是组织的成员、商业合作者，也可以是国家或者社会大众。这些措施应当能够降低组织或者组织成员实施的与组织有关且违反国内或国外法的经济犯罪行为的风险或者是相应的犯罪嫌疑的风险；或者是与刑事执法机构达成一致而对刑事处罚产生积极影响，并最终借此以提高企业的价值。〔1〕

也有学者认为，从狭义的角度来说，刑事合规主要是指反商业贿赂合规，也就是公司经营活动不违反反商业贿赂方面的法律规范。但是这样的观点已经与目前我国的企业合规改革实践不一致了。〔2〕

---

〔1〕 阚宇、周叶君：《刑事合规与企业反腐败、反舞弊实务指南》，人民法院出版社2021年版，第3～4页。

〔2〕 周振杰：《企业合规的刑法立法问题研究》，载《中国刑事法杂志》2021年第5期。

企业的刑事犯罪风险大致包括涉税犯罪、商业贿赂犯罪、非法经营罪、合同诈骗罪、职务侵占罪、集资型犯罪、侵犯公民个人信息犯罪、骗取贷款罪和贷款诈骗罪、损害商业信誉和商品声誉罪、侵犯商业秘密罪等。

以涉税犯罪为例。涉税犯罪是我国企业涉及罪名数量较为显著的犯罪类型。涉税犯罪涉及的具体罪名如下：骗取出口退税罪（《刑法》第 204 条第 1 款）；虚开增值税专用发票、用于骗取出口退税、抵扣税款发票罪（《刑法》第 205 条）；伪造、出售伪造的增值税专用发票罪（《刑法》第 206 条）；非法出售增值税专用发票罪（《刑法》第 207 条）；非法购买增值税专用发票、购买伪造的增值税专用发票罪（《刑法》第 208 条）；非法制造、出售非法制造的用于骗取出口退税、抵扣税款发票罪（《刑法》第 209 条第 1 款）；非法制造、出售非法制造的发票罪（《刑法》第 209 条第 2 款）；非法出售用于骗取出口退税、抵扣税款发票罪（《刑法》第 209 条第 3 款）；徇私舞弊不征、少征税款罪（《刑法》第 404 条）；徇私舞弊发售发票、抵扣税款、出口退税罪（《刑法》第 405 条第 1 款）；违法提供出口退税凭证罪（《刑法》第 405 条第 2 款）等。[1]

涉罪犯罪的重要合规问题出现在人员管理与公司决策层战略失误。企业要注重对财务人员的培训，保证采购和销售环节发票、合同、交易凭证准确、完整；人员分工要明确，责任到人，避免出现问题时相互推诿、互不认账；相关人员之间要建立相互制约的监督机制。

传统的形式法学多强调刑法解释学，反映在经济刑法上，往往造成经济犯罪不适应的问题。例如，法人犯罪的问题往往受到传统法律解释学的影响，解释的空间不大。关于轻率过失的概念，德国早已规范在经济刑法中，且经济犯罪中经济损害的认定成为经济犯罪认定的关键。为了解决这个问题，德国立法者将轻率过失作为一种构成要件，试图将若干接近故意的经济犯罪行为入罪。其犯罪学中还包含白领犯罪。白领犯罪的定义比较模糊，一般是指受人尊敬及社会职业水平较高之人，在其职业活动过程中所从事的犯罪行为。美国在 1996 年举办了一场有关白领犯罪定义的研讨会，拟定了共识性的白领犯罪定义，由个人或机构所从事有计划的诈骗行为，违法或非伦理行为，通常是社会上受人

[1] 李军强主编：《民营企业合规与法律风险防控读本》，法律出版社 2021 年版，第 213～272 页。

尊敬之人，为了个人或机构而在合法的职业活动中，违反信用或公共信用的行为。

无论是蚂蚁集团在国内上市受阻，还是中兴公司在国外经营被罚，具体的案例背后折射出的，是“刑事合规”迅猛的发展态势以及互联网科技引发的金融创新亟须监管的现状。近年来，“刑事合规”作为一种新的社会组织体的犯罪预防理念和实践，具有独特的技能、内涵，不仅使社会组织的运行发生了重大变化，而且对刑事立法、司法和刑事政策的发展完善都具有深远的影响。

典型案例

Z市L公司、张某甲等人污染环境案

【基本案情】

Z市L化机有限公司（以下简称L公司）系从事不锈钢产品研发和生产的省级高科技民营企业，张某甲、张某乙、陆某某分别系该公司的总经理、副总经理、行政主管。

2018年下半年，L公司在未取得生态环境部门环境评价的情况下建设酸洗池，并于2019年2月私设暗管，将含有镍、铬等重金属的酸洗废水排放至生活污水管，造成严重环境污染。经Z市生态环境局现场检测，L公司排放井内积存水样中总镍浓度为29.4mg/L、总铬浓度为29.2mg/L，分别超过《污水综合排放标准》的29.4倍和19.5倍。2020年6月，张某甲、张某乙、陆某某主动向Z市公安局投案，如实供述犯罪事实，自愿认罪认罚。

2020年8月，Z市公安局以L公司及张某甲等人涉嫌污染环境罪向Z市检察院移送审查起诉。Z市检察院进行办案影响评估并听取L公司合规意愿后，指导该公司开展合规建设。

【企业合规整改情况及处理结果】

检察机关经审查认为，L公司及张某甲等人虽涉嫌污染环境罪，但排放污水量较小，尚未造成实质性危害后果，可以进行合规考察监督并参考考察情况依法决定是否适用不起诉。同时经调查，L公司系省级高科技民营企业，年均纳税400万余元、有员工90余名、拥有专利20余件，部分产品突破国外垄断。

如果公司及其主要经营管理人员被判刑,对国内相关技术领域将造成较大影响。鉴于此,2020 年 10 月,检察机关向 L 公司送达《企业刑事合规告知书》,该公司在第一时间提交了书面合规承诺以及行业地位、科研力量、纳税贡献、承担社会责任等证明材料。

检察机关在认真审查调查报告、听取行政机关意见以及综合审查企业书面承诺的基础上,对 L 公司作出合规考察决定。随后,L 公司聘请律师对合规建设进行初评,全面排查企业合规风险,制订详细合规计划,检察机关委托税务、生态环境、应急管理等部门对合规计划进行专业评估。L 公司每月向检察机关书面汇报合规计划实施情况。2020 年 12 月,组建以生态环境部门专业人员为组长的评估小组,对 L 公司整改情况及合规建设情况进行评估,经评估合格,通过合规考察。同月,检察机关邀请人民监督员、相关行政主管部门、工商联等各界代表,召开公开听证会,参会人员一致建议对 L 公司作不起诉处理。检察机关经审查认为,符合《刑事诉讼法》的相关规定,当场公开宣告不起诉决定,并依法向生态环境部门提出对该公司给予行政处罚的检察意见。2021 年 3 月,Z 市生态环境局根据《水污染防治法》的有关规定,对 L 公司作出行政处罚决定。

通过开展合规建设,L 公司实现了快速转型发展,逐步建立起完备的生产经营、财务管理、合规内控的管理体系,改变了野蛮粗放的发展运营模式,企业家和员工的责任感明显提高,企业抵御和防控经济风险的能力得到进一步增强。2021 年 L 公司一季度销售收入同比增长 275%,缴纳税收同比增长 333%,成为所在地区生产经营增幅最大的企业。

【典型意义】

一是检察机关积极主动发挥合规主导责任。本案中,检察机关在办理涉企犯罪案件时,主动审查是否符合企业合规试点适用条件,并及时征询涉案企业、个人的意见,做好合规前期准备。在企业合规建设过程中,检察机关会同有关部门,对涉案企业合规计划及实施情况进行检查、评估、考察,引导涉案企业实质化合规整改,取得明显成效。

二是检察机关推动企业合规与检察听证、刑行衔接相结合。本案中,检察机关召开公开听证会,听取各方面意见后对涉案企业依法作出不起诉决定,以公开促公正,提升司法公信力。同时,检察机关结合企业合规情况,主动做好刑行衔接工作，提出检察意见移送有关主管机关处理，防止不起诉后一放了之。

典型案例

S市A公司、B公司、关某某虚开增值税专用发票案

【基本案情】

被告单位S市A医疗科技股份有限公司（以下简称A公司）、上海B科技有限公司（以下简称B公司），被告人关某某系A公司、B公司实际控制人。

2016年至2018年，关某某在经营A公司、B公司业务期间，在无真实货物交易的情况下，通过他人介绍，采用支付开票费的方式，让他人为两家公司虚开增值税专用发票共219份，价税合计2887万余元，其中税款419万余元已申报抵扣。2019年10月，关某某到案后如实供述上述犯罪事实并补缴涉案税款。

2020年6月，公安机关以A公司、B公司、关某某涉嫌虚开增值税专用发票罪移送检察机关审查起诉。S市C区检察院受理案件后，走访涉案企业及有关方面了解情况，督促企业作出合规承诺并开展合规建设。

【企业合规整改情况及处理结果】

检察机关走访涉案企业了解经营情况，并向当地政府了解其纳税及容纳就业情况。经调查，涉案企业系我国某技术领域的领军企业、S市高新技术企业，科技实力雄厚，对地方经济发展和增进就业有很大贡献。公司管理人员及员工学历普遍较高，对合规管理的接受度高、执行力强，企业合规具有可行性，检察机关遂督促企业作出合规承诺并开展合规建设。同时，检察机关先后赴多地税务机关对企业提供的纳税材料及涉案税额补缴情况进行核实，并针对关某某在审查起诉阶段提出的立功线索自行补充侦查，认为其具有立功情节。

2020年11月，检察机关以A公司、B公司、关某某涉嫌虚开增值税专用发票罪对其提起公诉并适用认罪认罚从宽制度。12月，S市C区人民法院采纳检察机关全部量刑建议，以虚开增值税专用发票罪分别判处被告单位A公司罚金15万元，B公司罚金6万元，被告人关某某有期徒刑3年，缓刑5年。

法院判决后，检察机关联合税务机关上门回访，发现涉案企业的合规建设仍需进一步完善，遂向其制发检察建议并公开宣告，建议进一步强化合法合规

经营意识，严格业务监督流程，提升税收筹划和控制成本能力。检察机关在收到涉案企业对检察建议的回复后，又及时组织合规建设回头看。经了解，涉案企业已经逐步建立合规审计、内部调查、合规举报等有效合规制度，聘请专业人士进行税收筹划，大幅节约生产经营成本，提高市场占有份额。

【典型意义】

一是检察机关推动企业合规与适用认罪认罚从宽制度相结合。本案中，检察机关在督促企业作出合规承诺并开展合规建设的同时，通过适用认罪认罚从宽制度，坚持和落实能不判实刑的提出判缓刑的量刑建议等司法政策，努力让企业“活下来”“留得住”“经营得好”，取得更好的司法办案效果。

二是检察机关推动企业合规与检察建议相结合。本案中，检察机关会同税务机关在回访过程中，发现涉案企业在预防违法犯罪方面制度不健全、不落实，管理不完善，存在违法犯罪隐患，需要及时消除的，结合合规整改情况，向涉案企业制发检察建议，推动其深化实化合规建设，避免合规整改走过场、流于形式。

典型案例

王某某、林某某、刘某乙对非国家工作人员行贿案

【基本案情】

Z市Y科技股份有限公司（以下简称Y公司）系H智能技术有限公司（以下简称H公司）的音响设备供货商。Y公司业务员王某某为了在H公司音响设备选型中获得照顾，向H公司采购员刘某甲陆续支付好处费25万元，并在刘某甲的暗示下向H公司技术总监陈某行贿24万余元。由王某某通过公司采购流程与Z市A数码科技有限公司（以下简称A公司）签订采购合同，将资金转入A公司账户，A公司将相关费用扣除后，将剩余的资金转入至陈某指定的账户中。Y公司副总裁刘某乙、财务总监林某某对相关款项进行审核后，王某某从公司领取行贿款项实施行贿。

2019年10月，H公司向Z市公安局N分局报案，王某某、林某某、刘某乙及刘某甲、陈某相继到案。2020年3月，Z市公安局N分局以王某某、林某某、

刘某乙涉嫌对非国家工作人员行贿罪,刘某甲、陈某涉嫌非国家工作人员受贿罪向Z市N区检察院移送审查起诉。

2020年4月,检察机关对王某某依据《刑事诉讼法》第一百七十七条第二款作出不起诉决定,对林某某、刘某乙依据《刑事诉讼法》第一百七十七条第一款作出不起诉决定,以陈某、刘某甲涉嫌非国家工作人员受贿罪向Z市N区人民法院提起公诉。同月,Z市N区人民法院以非国家工作人员受贿罪判处被告人刘某甲有期徒刑6个月,判处被告人陈某拘役5个月。法院判决后,检察机关于2020年7月与Y公司签署合规监管协议,协助企业开展合规建设。

【企业合规整改情况及处理结果】

检察机关在司法办案过程中了解到,Y公司属于Z市N区拟上市的重点企业,该公司在专业音响领域处于国内领先地位,已经在开展上市前辅导,但本案暴露出Y公司在制度建设和日常管理中存在较大漏洞。检察机关与Y公司签署合规监管协议后,围绕与商业贿赂犯罪有密切联系的企业内部治理结构、规章制度、人员管理等方面存在的问题,制定可行的合规管理规范,构建有效的合规组织体系,健全合规风险防范报告机制,弥补企业制度建设和监督管理漏洞,防止再次发生相同或者类似的违法犯罪。Y公司对内部架构和人员进行了重整,着手制定企业内部反舞弊和防止商业贿赂指引等一系列规章制度,增加企业合规的专门人员。检察机关通过回访Y公司合规建设情况,针对企业可能涉及的知识产权等合规问题进一步提出指导意见,推动企业查漏补缺并重启了上市申报程序。

【典型意义】

本案中,检察机关积极推动企业合规与依法适用不起诉相结合。依法对涉案企业负责人作出不起诉决定,不是简单一放了之,而是通过对企业提出整改意见,推动企业合规建设,进行合规考察等后续工作,让涉案企业既为违法犯罪付出代价,又吸取教训建立健全防范再犯的合规制度,维护正常经济秩序。

典型案例

X市J公司等建筑企业串通投标系列案

【基本案情】

2013年以来,D省X市J工程有限公司(以下简称J公司)等6家建筑企业,迫于张某黑社会性质组织的影响力,被要挟参与该涉黑组织骨干成员李某某(新城建筑工程公司经理,犯串通投标罪被判处有期徒刑一年零六个月)组织的串通投标。李某某"暗箱操作"统一制作标书、统一控制报价,导致X市涉及管道节能改造、道路维修、楼房建设等全市13个建设工程项目均由新城建筑工程公司中标。由张某黑社会性质组织案带出的5起串通投标案件,涉及该市1家民营企业、2家国有企业、3家集体企业,均为当地建筑业"龙头"企业,牵涉面广,社会关注度高。

2020年3月、4月,公安机关将上述5起串通投标案件移送X市检察院审查起诉。检察机关受理案件后,通过自行补充侦查进一步查清案件事实,同时深入企业开展调查,于2020年5月召开公开听证会,对J公司等6家企业作出不起诉决定。

【企业合规整改情况及处理结果】

检察机关通过自行补充侦查,查清J公司等6家企业被胁迫陪标的案件事实。6家企业案发时均受到涉黑组织骨干成员李某某的要挟,处于张某黑社会性质组织控制范围内,被迫出借建筑资质参与陪标,且没有获得任何非法利益。同时,检察机关实地到6家企业走访调查,掌握企业疫情防控常态化下复工复产情况及存在的困难问题;多次到住建部门座谈,了解到6家企业常年承接全市重点工程项目,年创税额均达1000万元以上,其中1家企业年创税1亿余元,在繁荣地方经济、城乡建设、劳动力就业等方面作出了突出贡献。如作出起诉决定,6家企业三年内将无法参加任何招投标工程,并被列入银行贷款黑名单,将对企业发展、劳动力就业和全市经济社会稳定造成一定的影响。

2020年5月,X市两级检察机关邀请人民监督员等各界代表召开公开听证会,参会人员一致同意对J公司等6家企业及其负责人作不起诉处理。检察机关当场公开宣告不起诉决定,并依法向住建部门提出对6家企业给予行政处罚的检察意见，同时建议对近年来建筑行业的招投标情况进行全面细致的摸排自查，净化建筑业招投标环境。听证会结束后，检察机关组织当地10家建筑企业，连同6家涉案企业负责人召开专题座谈会，宣讲企业合规知识，用身边案例警醒企业依法规范经营，从而实现了“办理一案、教育一片、治理社会面”的目的。

检察机关还向6家涉案企业发出检察建议，要求企业围绕所涉罪名及相关领域开展合规建设，并对合规建设情况进行跟踪监督，最后举办检察建议落实情况公开回复会，对合规建设情况进行验收，从源头上避免再发生类似违法犯罪问题。在合规建设过程中，6家涉案企业缴纳171万余元行政罚款，并对公司监事会作出人事调整，完善公司重大法务风险防控机制。此后6家被不起诉企业积极扩大就业规模，安置就业人数2000余人，先后中标20余项重大民生工程，中标工程总造价20亿余元。

【典型意义】

本案中，检察机关充分履行自行补充侦查职权，全面查清案件事实，开展社会调查，为适用企业合规提供充分依据。同时，检察机关推动企业合规与不起诉决定、检察听证、检察意见、检察建议等相关工作紧密结合，既推动对企业违法犯罪行为依法处罚、教育、矫治，使企业能够改过自新、合规守法经营，又能减少和预防企业再犯罪，使企业更主动地承担社会责任，同时推动当地建筑行业深层次问题的解决，为企业合规建设提供了生动的检察实践。

第三节　经营视角下的企业合规

一、经济学视角看待企业合规制度

抽象地说，经济学和法学所适用的分析方法具有相当的共同性。具体而言，这种分析方法可以称为“基准点分析法”。这种分析方法包含两重成分：其一，有一个作为分析和比较评估基础的“基准点”或“参考坐标”。其二，有一种作为取舍的“价值”。这两种因素必须同时具备，才能进行含有价值判断的分析。[1] 比如,以 0 作为基准点,1 和 0 不同;可是,如果没有价值的成分,就不能在 0 和 1 之间作出价值的选择。如果加上一种价值作为评估的依据,就能在 1 和 0 之间分出高低。在经济学里,最常使用的两个基准点当然是“均衡”和“效率”。具体而言,“均衡”不但作为一种分析的参考坐标,同时还隐含了相对稳定、相对能被环境中的条件所支持、相对更有效率的价值。而且,根据“均衡”这个参考坐标,可以作比较静态分析,并推导出各种实际上可以验证的“假说”。同样地,“效率”几乎是经济学里无处不见的参考坐标,而隐含的价值就是资源运用较好的状态。当然,经济学者并不一定以“效率”和“均衡”作为基准点,而可能以其他的价值作为论述的基准点。[2]

和经济学相比,法学研究更是明显的采取“基准点分析法”。[3] 具体而言,法学论述里有三种主要的基准点。第一种是正义,这是等级最高的基准点;第二种是以“功利主义”、“实证主义”和“务实主义”等思想上的立场作为基准点,再作论述和分析;第三种基准点是处理具体案件时更细微的各种原则。在不同层次的法学论述里,会直接或间接地反映这三种基准点。总体而言,一般法学研究所采取的分析法,可以说是以某种基准点的学理式分析。

关于经济学在分析方法上的特色,主要有以下几点:其一,虽然在一定程度上,经济学和法学都采用“基准点分析法”,但是在性质上,两者采取的参考坐标和价值却有重要的差别。在经济学中,效率作为参考系是由人的行为所归纳的,因此在性质上是自然属性和实证属性的结合。相比之下,在法学中,各种参考坐标是由道德哲学、法学思想或法律条文所归纳出来的。其二,既然经济学主要是实证性的,所以对于人的行为特质有更为深切的探讨和掌握。同时,经济学已经发展出一套完整的理论,能解释且预测人的行为。相比而言,既然法学主要是规范性的,所以对于人的行为特质并没有特别的关注。对经济学而言,以效率来评估资源运用的状态,几乎是天经地义的事。可是对于法律学者

---

〔1〕 参见邵华:《略议“法律经济分析”》,载《经济法论坛》2008 年;徐婷婷:《企业合规管理与内控体系建设整合策略研究》,载《上海商业》2021 年第 10 期。

〔2〕 参见高建刚:《解读法经济学的兴起》,载《华中科技大学学报(社会科学版)》2009 年第 4 期。

〔3〕 Joseph S. Nye Jr., *Multinational Corporations in World Politics*, Foreign Affairs, Vol. 53:1, p. 74 – 121(1974).

而言，这却似乎是荒诞无稽的论点，这使其相当程度地减缓了法律学者对法律经济学的接纳。在此笔者将利用上述的论点，特别是基准点分析法的概念来说明，这种歧义其实是可以避免的。当经济学者刚进入法学研究的领域时很兴奋，也很急切地宣称有许多法律原则，虽然用的是不同的术语，却都隐含效率的考虑，比如，侵权法的最后防范原则，很清楚地反映出由具有最后的机会和适当能力的人来承担防范意外的责任是成本较低的做法，这是以效率或财富极值来说服法律学者的，事实上是欲速则不达。经济学者可以采取“两步走”的论述方式，第一步，说明法律学者所采取的是基准点分析法，以正义或其他主义和原则作为参考坐标，找到正义或其他主义和原则所隐含的价值。作为取舍判断的依据，则不论参考坐标和所认定的价值为何，经济学都可以分析以哪一种方式比较容易达到这种目标，所以成本较低。完成第一步之后，再进行第二步，第二步说明法学论述里的诸多价值，其实和经济学里的效率相通。因此，即使法律学者不同意第二步在第一步的范畴里，这个观点经济学者还是可以发挥相当的功能，比如，对于主张天赋人权的学者，经济学者可以由机会成本的角度提出一连串的问题。对于财富极大这个概念，等于是把两个步骤合为一步。强调第一步的基准点分析法与强调第二步的价值相同。对于法律学者而言，因为习惯以正义和其他原则作为参考坐标，而不习惯接受效率成本和价格这些概念，因此自然对第二步排斥，但是因为两步合为一步，所以连带地也排斥了第一步。[1]

因此，在法律分析的过程中不能忽略经济学分析，在对企业合规进行分析的时候更不能忽略企业作为经济个体的重要经济行为的表现方式和背后原理。

二、境内经营企业合规及跨境经营企业合规

本章前述内容大多涉及境内经营企业合规，在此不再赘述。此处重点分析涉及跨境经营的企业需要注意的合规风险和对应的合规管理方法。由于此部分涉及较多涉外法律基础知识，因此择取典型案例予以概括性阐述，从中分析经营角度企业合规的特点。

---

〔1〕 参见谢哲腾主编：《法律经济学》，台北，五南图书出版股份有限公司2007年版，第29～36页。

典型案例

【基本案情】

G银行是美国最大的银行之一，向许多客户提供金融产品和服务，包括储蓄与支票账户、信用卡、借记卡和网上银行服务。近年来，该银行为了取得在行业内的领导地位，向已有客户“交叉销售”金融产品和服务。“交叉销售”本是广为接受的行业惯例，即基于较高的客户满意度和卓越的客户服务，在现有的客户中发展出更多的业务。本案中，该银行对其员工设立了薪酬激励计划，以此来鼓励他们为现有客户注册储蓄账户、信用卡、借记卡和网上银行，但是该银行未能对该计划的实施尽到足够的监管注意义务。受销售目标和薪酬激励制度的刺激，G银行的员工秘密为客户开设新账户，并在未获得用户的知情和同意的前提下将客户原有已授权账户的资金转移到新开设的秘密账户中，而新账户产生的相应费用和手续费也日益累加。

【争议焦点】

《多德—弗兰克法案》与美国《消费者保护法》禁止不公平的、具有欺诈性的、滥用职权的行为和操作。G银行的违法违规行为包括：(1)未经客户授权开设储蓄账户并转移资金：根据银行自身的分析，该行员工在未经客户授权的情况下先私自开设了约150万个储蓄账户，后将客户已授权账户的资金临时转移到新账户中。该行员工通过普遍运用该种方式从开设新账户中获得了利益，在赚取额外报酬的同时也完成了银行的销售目标。但是，由于客户原账户的资金被转移，银行会因原账户中存款不足或者透支而向客户收取费用，所以客户的利益经常受到损害。(2)未经客户授权申请信用卡：根据银行自身的分析，G银行的员工在未经客户授权的情况下私自代其申领了约56.5万个信用卡账户，许多客户由于这些秘密信用卡账户支付了年费以及信贷费、利息等关联费用。(3)未经授权签发并激活借记卡：未经客户的知情和同意，G银行的员工以客户的名义申请并签发了秘密的新借记卡，甚至在未告知客户的情况下为新借记卡设立了密码。(4)用假的邮箱地址秘密注册用户的网上银行服务：G银行的员工使用假的不属于客户的邮箱地址，在未经客户知情和同意的前提下，擅自以客户名义注册网上银行服务。

【案件结果】

根据《多德—弗兰克法案》和美国《消费者保护法》，美国消费者金融保护局有权对违反消费者金融保护法律法规的金融机构采取行动。G银行违反法律法规的事实在于其实施了不公平、具有欺诈性、滥用职权的行为或操作。消费者金融保护局对G银行签发的行政命令具体包括：向客户进行全额赔偿：G银行必须向所有受影响的客户返还所有的月管理费、因余额不足产生的费用、透支费以及其他因开设未经授权的秘密账户而产生的费用。须返还给用户的费用总计至少250万美元。遭受损失的客户无须就其应得的赔偿再采取任何法律行动。

面对新形势，必须要认识到数据合规的重要性，特别是涉及互联网等处理个人信息的企业，需要全面重视数据合规。[1] 具体而言，企业境外法律风险体现在以下五个方面：

1. 公司治理结构

制定行之有效的公司章程，建立起防控企业法律风险的内部管理制度，培养员工的法制观念是必要的环节。[2]

2. 合同风险防控制度

3. 知识产权侵权法律风险防控制度

4. 人力资源保障制度

5. 应对新形势的改变

典型案例

【基本案情】

H控股有限公司（以下简称H，为一家总部设在伦敦的英国公司）与美国F银行（以下简称F，为一家总部设在弗吉尼亚州麦克莱恩市的联邦特许银行），两家银行（以下合称T）同意就其违反美国《银行保密法》、《国际紧急经济权力

〔1〕 姚明：《数据安全立法助推隐私计算技术的应用与创新》，载《国际品牌观察》2021年第26期。
〔2〕 卞传山：《企业合规风险预警机制的构建》，载《江苏经济报》2021年10月27日。

法》和《敌对贸易法》支付 12.56 亿美元的罚款，并与美国司法部达成暂缓起诉协议。根据法院文件，从 2006 年至 2010 年，F 的反洗钱合规部门严重缺乏人手，且未能实施有效的反洗钱计划，从而未能监测到 H 隶属机构（特别是 F 旗下拥有最多墨西哥客户的银行 X 分行）从事的可疑交易和活动，如客户从这些隶属机构购买数亿美元现金的可疑行为。尽管有证据显示发生在墨西哥的交易存在严重的洗钱风险，但从 2006 年到 2009 年，F 都将墨西哥评为"标准"风险国，也就是其银行评级系统中反洗钱风险最低的一档。因此，F 未能监测到在此期间来自 X 分行的超过 6700 亿美元的电汇以及墨西哥客户购买超过 94 亿美元现金的可疑交易。X 分行自身对反洗钱控制的松懈使其成为贩毒集团和洗黑钱者的首选金融机构。相当比例的被洗白的贩毒收益是通过黑市交易转移出去的，这一复杂的洗钱体系被用于将美国境内的毒品收益转移至美国境外，通常转移到哥伦比亚。因 F 的反洗钱漏洞，至少有 8.81 亿美元的贩毒收益通过汇丰美国被洗白，其中包括墨西哥的西纳罗亚集团和哥伦比亚北河谷集团的贩毒收益。H 承认，尽管知道 X 分行存在问题，以及这些问题可能导致违法资金通过 F 被转移出境，但其未将如此严重的反洗钱系统疏漏告知 F。根据法院文件，自 2008 年起，由美国国土安全局下属机关移民及海关执法局协同美国纽约东区检察官办公室共同组建的"埃尔多拉多（意为'理想中的黄金国'）特别小组"发现了 X 分行多个银行账户涉及黑市比索交易（Black Market Peso Exchange，BMPE），这些交易活动显示毒贩每天将大批量的、成千上万的美元存入 X 分行账户中。

【争议焦点】

T 受到的刑事指控如下：(1) 因有意不去维持一个有效的反洗钱运行机制，从而触犯了《美国法典》第 31 章节第 5318(b) 条以及据此发布的相关规定；(2) 因有意不去对为外国人代持的资金往来银行账户进行并保持尽职调查，从而触犯了《美国法典》第 31 章节第 5318(i) 条以及据此发布的相关规定；(3) 有意违反以及企图违反《敌国贸易法案》，从而触犯了《美国法典》附录第 50 章节第 3、5、15 项以及据此发布的相关规定；(4) 有意违反以及企图违反《国际紧急经济权力法》，从而触犯了《美国法典》第 50 章节第 1702 项和第 1705 项以及据此发布的相关规定。

T承认了自身的犯罪行为,承担其自身及员工的责任,并且签署了5年的暂缓起诉协议(Deferred Prosecution Agreement)。根据暂缓起诉协议,美国纽约东区地方法院就上述内容起诉T的刑事检举书将被登记在案。另外,在暂缓起诉协议中,T承认并允诺将会为其被刑事检举书起诉的以及前述"事实陈述"(作为暂缓起诉协议附件A援引)中列明的执行官、董事、雇员以及代理机构的行为负责,并确认在刑事检举书中列明的指控以及附件A中列明的事实是真实准确的。如果美国司法部决定继续追究T在协议中被暂缓起诉的责任,T同意其将不会拒绝接受审理,也不会在任何诉讼程序(包括有罪答辩、量刑)中否认事实陈述中的内容。鉴于T支付了罚金、与司法部合作、采取了暂缓起诉协议中规定的整改措施,司法部同意将暂缓起诉期设定为5年,也即如果T在该期间内的行为能够符合暂缓起诉协议的合规要求,那么司法部将会撤回记录在案的刑事检举书。暂缓起诉书列明了T需要采取的一些整改措施:(1)为T在北美的运营安置一个新的领导层,包括一名新的首席执行官、法律总顾问、首席合规官、反洗钱机制总监、副首席合规官和全球制裁项目的副主任。(2)为T的众多最高级别的反洗钱高管与合规高管(包括首席合规官、反洗钱机制总监和首席执行官)设立延迟红利的回拨机制。(3)在2011年,F在反洗钱项目上花费了2.44亿美元,金额大约为其在2009年花费的10倍之多。(4)F增加了在反洗钱方面的员工,由2010年1月时的92名全职雇员和25名顾问增加到了2012年5月的880名全职雇员和267名顾问。(5)F通过下列举措重新调整了其反洗钱部门,以强化其汇报关系,并在内部整体机制中提高其地位:①分立法务部和合规部;②要求反洗钱机制总监直接向首席合规官汇报;③使反洗钱机制负责人就F的《保密法》和反洗钱机制的实施情况直接向董事和高管进行常规汇报。(6)F改制了其"了解你的客户"(Know Your Customer)项目,将H的分支机构与其他所有客户一视同仁,现在都要进行同样的尽职调查。(7)F实施了新的客户风险评级方法,对客户的考察因素包括客户所在国、客户使用的产品和服务、客户的法人结构以及客户的商业类型。(8)F出于风险考虑,退出了109项业务往来。(9)F有一套自动化监控系统。新系统监控经过F的每一笔电汇。这个系统同时也追踪某笔电汇的发起人、发送人和受益人,使汇丰美国能够知悉其客户的客户。(10)F在整改措施上花费了超过2.9亿美元。(11)其他改变。

除了暂缓起诉协议中需要交纳的12.56亿美元的罚款外,F还同意为其反洗钱机制的违规支付6.65亿美元的民事罚金,包括向美国货币监理署支付5亿美元,以及向美联储支付1.65亿美元。

第四节　本章相关法律法规

一、《关于全面推进法治央企建设的意见》(国资发法规〔2015〕166号)

央企合规整改是我国企业合规改革的重点内容,对于央企的特殊性而言,企业合规制度的搭建与完善具有其特殊性,特别是同时涉及境外业务的央企。因此,在企业合规类型的划分中,需要特别考虑央企的特殊地位与制度的中国特色,下面节选部分内容予以说明。

党的十八届三中、四中全会作出全面深化改革和全面推进依法治国的重大战略部署。习近平总书记强调,要把全面依法治国放在“四个全面”战略布局中来把握。中央企业是我国国民经济的重要支柱,是落实全面依法治国战略的重要主体,应当在建设社会主义法治国家中发挥重要作用。近年来,中央企业深入推进法治建设,依法经营管理水平不断提升,依法治企能力明显增强,为改革发展提供了重要的支撑保障。但与此同时,中央企业法治工作与全面依法治国的要求相比还有不小差距。新形势下,全面建设法治央企,是贯彻落实全面依法治国战略的重要内容,是进一步深化国企改革的必然要求,也是提升企业核心竞争力,做强做优做大中央企业的迫切需要。为此,现就全面推进法治央企建设提出以下意见:

一、总体要求

(一)指导思想。认真贯彻落实党的十八届三中、四中、五中全会精神和习近平总书记系列重要讲话精神,按照全面依法治国战略部署,围绕中央企业改革发展总体目标,适应市场化、现代化、国际化发展需要,坚持依法治理、依法经营、依法管理共同推进,坚持法治体系、法治能力、法治文化一体建设,加强制度创新，以健全公司法人治理结构为基础，以促进依法经营管理为重点，以提升企业法律管理能力为手段，切实加强对企业法治建设的组织领导，大力推动企业治理体系和治理能力现代化，促进中央企业健康可持续发展。

（二）基本原则。

——坚持围绕中心，服务发展大局。紧紧围绕中央企业改革发展中心任务，充分发挥法治在推进分类改革、完善现代企业制度、发展混合所有制经济、强化监督防止国有资产流失等重点改革任务中的重要作用，支撑企业实施自主创新、转型升级等重大发展战略，为中央企业改革发展提供坚实的法治保障。

——坚持全面覆盖，突出工作重点。把依法治企要求全面融入企业决策运营各个环节，贯穿各业务领域、各管理层级、各工作岗位，努力实现法治工作全流程、全覆盖，同时突出依法治理、依法合规经营、依法规范管理等重点领域法治建设。

——坚持权责明确，强化协同配合。切实加强对法治央企建设的组织领导，明确企业主要负责人、总法律顾问、法律事务机构、其他部门在推进法治建设中的责任，有效整合资源，增强工作合力，形成上下联动、部门协同的法治建设大格局。

——坚持领导带头，确保全员参与。牢牢抓住领导干部这个“关键少数”，大力提升领导干部的法治思维和依法办事能力，充分发挥领导干部尊法学法守法用法的示范作用，进一步强化普法宣传教育，提高全员法治素养，充分调动职工的积极性和主动性，努力形成全员守法的良好氛围。

（三）总体目标。到 2020 年，中央企业依法治理能力进一步增强，依法合规经营水平显著提升，依法规范管理能力不断强化，全员法治素质明显提高，企业法治文化更加浓厚，依法治企能力达到国际同行业先进水平，努力成为治理完善、经营合规、管理规范、守法诚信的法治央企。

二、切实增强依法治理能力

（四）充分发挥章程在公司治理中的统领作用。根据企业行业特点、管理架构等实际，依法完善公司章程，合理配置股东权利义务，明确议事规则和决策机制。突出章程在规范各治理主体权责关系中的基础性作用，依法厘清股东（大）

会、董事会、监事会、经理层的职责边界,明确履职程序。依据章程建立健全企业各项基本制度、管理机制和工作体系,细化董事会、经理层工作规则等配套办法。把加强党的领导和完善公司治理统一起来,明确党组织在公司治理结构中的法定地位,将党建工作总体要求纳入公司章程。加强对章程落实情况的监督,坚决纠正与章程不符的规定和行为。高度重视子企业章程制定工作,依法依章程对子企业规范行使股东权,处理好维护出资人权益与尊重子企业经营自主权的关系。充分发挥总法律顾问和法律事务机构在章程制定、执行和监督中的重要作用,确保章程依法制定、依法实施。

(五)完善各治理主体依法履职保障机制。按照《公司法》、《企业国有资产法》等法律法规,进一步完善公司法人治理结构,提升治理主体依法履职能力。优化董事会知识结构,通过加强法律培训、选拔法律专业人员担任董事等方式,提升董事会依法决策水平。明确负责推进企业法治建设的专门委员会,对经理层依法治企情况进行监督,并将企业法治建设情况作为董事会年度工作报告的重要内容。董事会审议事项涉及法律问题的,总法律顾问应列席会议并提出法律意见。加大监事会对依法治企情况和董事、高级管理人员依法履职情况的监督力度,配备具有法律专业背景的专职监事,将企业合规经营、依法管理作为当期监督的重要内容。总法律顾问应当全面参与经理层的经营管理活动,充分发挥法律审核把关作用。健全党组织参与重大决策机制,强化党组织对企业领导人员依法行权履职的监督,确保企业决策部署及其执行过程符合党和国家方针政策、法律法规。

三、着力强化依法合规经营

(六)健全依法决策机制。进一步完善"三重一大"等决策制度,细化各层级决策范围、事项和权限。健全依法决策程序,严格落实职工参与、专家论证、风险评估、法律审核、集体决策等程序要求。完善重大决策合法性审查机制,未经合法性审查或者经审查不合法的,不得提交决策会议讨论。高度重视对重大改革事项的法律论证,切实防范法律风险,确保各项改革措施于法有据。中央企业报请国资委审批事项涉及法律问题的,应当出具总法律顾问签字的法律意见书。依法健全以职工代表大会为基本形式的企业民主管理制度,规范职工董事、职工监事产生的程序，切实发挥其在参与决策和公司治理中的作用。

（七）依法参与市场竞争。严格执行有关反垄断、安全生产、环境保护、节能减排、产品质量、知识产权、劳动用工等国家法律法规和市场规则，坚决杜绝违法违规行为。崇尚契约精神，重合同、守信用，公平参与市场竞争，自觉维护市场秩序。认真履行社会责任，切实维护消费者和其他利益相关方的合法权益。明确法律事务机构的合同管理职责，严格落实合同法律审核制度，充分发挥法律审核在规范市场竞争、防止违法违规行为中的重要作用。提升依法维权能力，加大对侵权行为的追责力度，妥善解决法律纠纷案件，切实维护自身合法权益。

（八）依法开展国际化经营。在实施走出去战略、参与“一带一路”建设、推进国际产能和装备制造合作过程中，严格按照国际规则、所在国法律和我国相关法律法规开展境外业务，有效防范法律风险。建立境外重大项目法律顾问提前介入工作机制，将法律论证与市场论证、技术论证、财务论证有机结合，实现从可行性论证到立项决策、从谈判签约到项目实施全程参与，确保法律风险防范全覆盖。突出境外法律风险防范重点，高度重视国家安全审查、反垄断审查、反倾销反补贴调查和知识产权等领域的法律风险，深入做好尽职调查，组织拟定防范预案。建立健全涉外重大法律纠纷案件预警和应对机制。完善境外法治工作组织体系，推动境外重要子企业或业务相对集中的区域设立法律事务机构或配备专职法律顾问。

四、进一步加强依法规范管理

（九）完善企业规章制度体系。根据国家法律法规和国有资产监管制度，结合企业实际，进一步完善财务管理、劳动用工、物资采购等各项规章制度。完善规章制度制定工作机制，广泛吸纳业务骨干、专家学者等共同参与规章制度的研究制定，加强对规章制度的法律审核，确保各项制度依法合规。健全规章制度实施机制，提高制度执行力，通过加强宣贯培训、纳入业务流程、明确岗位守则等方式，确保各项制度得到有效落实。探索建立规章制度评估机制，定期开展规章制度梳理工作，对规章制度执行情况进行评价，及时堵塞制度漏洞，形成制度体系完整闭环。强化规章制度落实监督机制，法律、审计、纪检和相关业务部门定期对制度落实情况进行监督检查，对违规行为严格督促整改、开展责任追究。

(十)依法规范重点领域和关键环节管理。加强对企业投资融资、改制重组、对外担保、产权流转、物资采购、招标投标等重点领域的管理，通过信息化手段，确保流程规范、公开透明，坚决杜绝"暗箱操作"。在推进混合所有制、员工持股、股权激励等改革过程中，坚持依法规范操作，确保法律事务机构全程参与，严控法律风险，防止国有资产流失。高度重视对企业内部审批、执行等关键环节的管理，强化对权力集中、资金密集、资源富集、资产聚集的部门和岗位的监督，实行分事行权、分岗设权、分级授权，定期轮岗，强化内部流程控制，防止权力滥用。严格执行信息披露制度，依法加大信息公开力度，积极打造阳光央企。完善企业内部监督体系，形成法律与审计、纪检监察、巡视、财务等部门的监督合力。

(十一)大力提升法律管理水平。进一步深化法律风险防范机制，加快促进法律管理与经营管理的深度融合，将法律审核嵌入管理流程，使法律审核成为经营管理的必经环节，在确保规章制度、经济合同、重要决策法律审核率100%的同时，通过开展后评估等方式，不断提高审核质量。加快提升合规管理能力，建立由总法律顾问领导，法律事务机构作为牵头部门，相关部门共同参与、齐抓共管的合规管理工作体系，研究制定统一有效、全面覆盖、内容明确的合规制度准则，加强合规教育培训，努力形成全员合规的良性机制。探索建立法律、合规、风险、内控一体化管理平台。加强知识产权管理，强化知识产权保护，为企业自主创新、转型升级、品牌建设提供有力支撑。健全完善法律风险防范、纠纷案件处理等各项法律管理制度，探索创新法律管理方式方法，大力推进信息化建设，提高管理效能。

五、加强组织领导

(十二)强化领导责任。企业主要负责人充分发挥"关键少数"作用，认真履行推进本企业法治建设第一责任人职责，把法治建设作为谋划部署全局工作的重要内容，对工作中的重点难点问题，亲自研究、亲自部署、亲自协调、亲自督办。明确法治建设领导机构，加快形成企业主要负责人负总责、总法律顾问牵头推进、法律事务机构具体实施、各部门共同参与的工作机制。研究制定本企业法治央企建设实施方案，将中央企业法制工作新五年规划各项要求作为重要内容，与企业“十三五”规划相衔接，同步实施、同步推进。积极为企业法治建设提供必要的制度、人员、机构和经费等保障。

（十三）完善激励约束机制。将合规经营等依法治企情况纳入对中央企业领导人员的考核体系。完善企业领导班子知识结构，在相同条件下，优先提拔使用法治素养好、依法办事能力强的干部。建立法治工作激励机制，对于在法治建设中作出突出贡献，有效防范重大法律风险、避免或挽回重大损失的集体或个人，应当予以表彰和奖励。落实问责制度，企业重大经营活动因未经法律审核，或者虽经审核但未采纳正确法律意见而造成重大损失的，追究企业相关领导人员责任；经过法律审核，但因重大失职未发现严重法律风险造成重大损失的，追究相关法律工作人员责任。对因违法违规发生重大法律纠纷案件造成企业重大损失的，或者违反规定、未履行或未正确履行职责造成企业资产损失的，在业绩考核中扣减分值，并按照有关规定追究相关人员责任。实行重大法律风险事项报告制度，中央企业对可能引发重大法律纠纷案件、造成重大资产损失的法律风险事项，应当及时向国资委报告。

（十四）加强法治工作队伍建设。在中央企业及其重要子企业全面推行总法律顾问制度，并在公司章程中予以明确。总法律顾问应当具有法学专业背景或者法律相关职业资格。设立董事会的中央企业，总法律顾问可以由董事会聘任。总法律顾问作为企业高级管理人员，全面领导企业法律管理工作，统一协调处理经营管理中的法律事务，全面参与重大经营决策，领导企业法律事务机构开展相关工作。建立健全总法律顾问述职制度。对标同行业世界一流企业，加快健全企业法治工作体系，中央企业及其重要子企业设立独立的法律事务机构，配备与经营管理需求相适应的企业法律顾问。建立健全企业法律顾问职业发展规划，将企业法律顾问纳入人才培养体系，提升企业法律顾问队伍专职化、专业化水平。建立健全企业法律顾问专业人员评价体系，完善职业岗位等级评审制度，实行与职级和专业技术等级相匹配的差异化薪酬分配办法。

（十五）打造企业法治文化。大力推进法治文化建设，弘扬法治精神，增强法治理念，努力使全体员工成为法治的忠实崇尚者、自觉践行者、坚定捍卫者。

全面开展普法宣传教育，加强法律、宣传与各业务部门的协同联动，推进法治宣传教育制度化、常态化。完善学法用法制度，将法治学习作为企业党委（党组）中心组学习、管理培训、员工教育的必修课，形成全员尊法学法守法用法的良好氛围。积极树立推进法治央企建设中涌现出的优秀企业、集体和个人典型，充分发挥引领带动作用。

地方国有资产监督管理机构参照本意见，积极推进所出资企业法治建设。

二、《民营企业境外投资经营行为规范》（发改外资〔2017〕2050号）

一、总则

（一）国家支持有条件的民营企业"走出去"，对民营企业"走出去"与国有企业"走出去"一视同仁。

（二）民营企业要根据自身条件和实力有序开展境外投资，参与"一带一路"建设，推进国际产能和装备制造合作，服务于供给侧结构性改革和转型升级。

（三）民营企业开展境外投资应坚持企业主体、市场运作，自主决策、自负盈亏，量力而行、审慎而为，着力提高企业创新能力、核心竞争力和国际化经营能力。

（四）民营企业在境外投资经营活动中应遵守我国和东道国（地区）的法律法规，遵守有关条约规定和其他国际惯例，依法经营、合规发展，加强境外风险防控。

（五）民营企业要以和平合作、开放包容、互学互鉴、互利共赢为指引，按照共商、共建、共享的原则，与东道国（地区）有关机构、企业开展务实合作，实现共同发展。

二、完善经营管理体系

（六）完善境外投资管理规章制度。民营企业要结合本企业实际，明确境外投资管理部门和职责，细化境外投资决策程序，建立健全境外企业设立和授权管理制度及境外投资风险管控制度。

（七）开展绩效管理。民营企业要坚持规模、质量和效益并重，完善境外经营评价、考核和激励办法，提高境外投资绩效水平。

（八）加强财务监督。民营企业要加强对境外分支机构在资金调拨、融资、股权和其他权益转让、再投资及担保等方面的监督和管理，审慎开展高杠杆投资，规范境外金融衍生品投资活动。

（九）加强人才队伍建设。民营企业要加强国际化经营人才培养，选聘境内外优秀管理人员，建立健全派出人员管理制度，对派出人员出国前开展必要教育，帮助派出人员了解当地法律法规、安全环境等知识，增强派出人员遵法守法以及安全风险防范意识和能力。

三、依法合规诚信经营

（十）履行国内申报程序。民营企业境外投资应按照相关规定，主动申请备案或核准。境外投资涉及敏感国家和地区、敏感行业的，须获核准；其他情形的，须申请备案。不得以虚假境外投资非法获取外汇、转移资产和进行洗钱等活动。

（十一）依规承诺对外融资。民营企业在境外跟踪拟使用中国金融机构信贷保险的项目，未取得有关金融机构出具的承贷、承保意向函前不得做出对外融资或保险承诺。

（十二）开展公平竞争。民营企业境外投资经营应坚持公平竞争，坚决抵制商业贿赂，不得向当地公职人员、国际组织官员和关联企业相关人员行贿。不得串通投标，不得诋毁竞争对手，不得虚假宣传业绩或采取其他不正当竞争手段。

（十三）履行合同约定。民营企业及其境外分支机构与境外相关方订立书面合同，须明确双方权利与义务，并严格按照合同履约。不得以欺诈手段订立虚假合同。

（十四）保证项目和产品质量。民营企业境外分支机构应认真执行东道国（地区）有关项目及产品质量管理的标准和规定，加强项目质量管理，严控产品质量。

（十五）保护知识产权。民营企业境外分支机构应根据东道国（地区）法律、相关条约的规定,认真开展知识的创造、运用、管理和知识产权保护工作。应根据境外业务发展需要,适时办理专利申请、商标注册、著作权登记等,明确商业秘密的保护范围、责任主体和保密措施。民营企业境外分支机构开展经营活动,应尊重其他组织和个人知识产权,依法依规获取他方技术和商标使用许可。

(十六)消费者权益保护。民营企业在境外投资经营应依法保护消费者权益,避免侵犯消费者隐私,不得有虚假广告、商业欺诈等行为。

(十七)依法纳税。民营企业境外分支机构应按照东道国(地区)法律纳税,不得偷税漏税。

(十八)维护国家利益。民营企业在境外开展投资和经营活动应有助于维护我国家主权、安全和社会公共利益,维护我国与有关国家(地区)关系。

(十九)避免卷入别国内政。民营企业境外投资经营应避免卷入当地政治、经济利益集团的纷争,不介入当地政治派别活动。

四、切实履行社会责任

(二十)加强属地化经营。民营企业要根据实际需要确定国内派出人员,依法依规聘用东道国(地区)员工,积极为当地创造就业机会。

(二十一)尊重文化传统。民营企业派驻境外人员要努力适应东道国(地区)社会环境,尊重当地文化、宗教和风俗习惯。民营企业应积极开展中外文化交流,相互借鉴,增进理解。

(二十二)加强社会沟通。民营企业及其境外分支机构要与东道国(地区)政府保持良好关系,注意加强与当地工会组织、媒体、宗教人士、族群首领、非政府组织等社会各界的沟通与交流。

(二十三)热心公益事业。民营企业境外分支机构要坚持义利并重,积极参与当地教育、卫生、社区发展等公益事业,造福当地民众,树立服务社会的良好企业形象。

(二十四)推动技术进步。民营企业境外分支机构要加强与东道国(地区)高等院校、科研机构、有关企业等的合作,共同推动我国和东道国(地区)产业技术交流。

（二十五）完善信息披露。鼓励民营企业境外分支机构建立健全企业社会责任信息披露机制，及时披露社会责任信息和绩效，定期发布社会责任或可持续发展报告。

五、注重资源环境保护

（二十六）保护资源环境。鼓励民营企业在境外坚持资源节约、环境友好的经营方式，将资源环境保护纳入企业发展战略和生产经营计划，建立健全资源环境保护规章制度。

（二十七）开展环境影响评价。民营企业在境外项目建设前，要对拟选址建设区域开展环境监测和评估，掌握项目所在地及其周围区域的环境本底状况。

民营企业在收购境外企业前，要对目标企业开展环境尽职调查，重点评估其在历史经营活动中形成的危险废物、土壤和地下水污染等情况以及目标企业与此相关的环境债务。

民营企业境外分支机构要对其开发建设和生产经营活动开展环境影响评价，并根据环境影响评价结果，采取合理措施降低可能产生的不利影响。

（二十八）申请环保许可。民营企业境外建设和运营的项目，要依照东道国（地区）环保法律法规定，申请项目建设相关许可。对于暂时没有环保法律的国家或地区，可借鉴国际组织或多边机构的环保标准，采取有利于东道国（地区）生态发展的环保措施。必要时可聘请第三方进行环保评估。

（二十九）制定环境事故应急预案。民营企业境外分支机构要对可能存在的环境事故风险制定应急预案，并建立与当地政府及社会公众的沟通机制。

（三十）开展清洁生产。民营企业境外分支机构要开展清洁生产，推进循环利用，对排放的主要污染物开展监测，减少生产、服务和产品使用过程中污染物的产生和排放。

（三十一）重视生态修复。对于由生产经营活动造成的生态影响，民营企业境外分支机构要根据东道国（地区）法律法规要求或者行业通行做法，做好生态修复。

六、加强境外风险防控

（三十二）加强全面风险防控。民营企业要自觉维护国家经济、产业、技术安全,境外投资经营需加强与国家利益相关风险防范。同时要加强对东道国(地区)政治经济形势、民族宗教矛盾、社会治安、恐怖主义、负面舆情民情、灾害疫情等信息的关注,项目启动前做好全面风险评估,投资经营活动中与我国驻当地使领馆、东道国(地区)政府有关部门建立经常性沟通渠道,最大限度保护企业人员和资产安全。

(三十三)防范法律风险。鼓励民营企业选聘国内外专业的法律、评估、信用评级等相关机构,严格执行重大决策、交易的合规性审核,做好境外投资业务相关的监管规则跟踪分析和合规培训,加强与东道国(地区)监管部门沟通,积极配合监管工作。

(三十四)完善安全保障。民营企业境外分支机构要强化安全风险意识,建立健全安全保障制度。根据不同的安全风险,有针对性地制定安保措施,并把安全防护费用计入投资成本,保障安保工作的人力、物力、财力投入。采用符合国际惯例的合同条款,把安全保障条款纳入项目协议或合同,明确双方安保责任。

(三十五)建立健全应急处置机制。民营企业及其境外分支机构要建立完善境外突发安全事故应急处置机制,制定安全事故应急预案,并通过定期演练不断提高应急处置能力。

(三十六)安全事故处理。境外安全事故发生后,民营企业境外分支机构应在第一时间向当地政府有关部门及我国驻当地使领馆报告,并立即采取必要有效的紧急救助措施,防止事故扩大,减少人员伤亡和财产损失。积极开展事故调查,妥善做好事故处理、赔付和善后工作。

三、《中央企业违规经营投资责任追究实施办法(试行)》(国务院国有资产监督管理委员会令第37号)

第一章　总　　则

第一条　为加强和规范中央企业违规经营投资责任追究工作,进一步完善国有资产监督管理制度,落实国有资产保值增值责任,有效防止国有资产流失,根据《中华人民共和国公司法》、《中华人民共和国企业国有资产法》、《企业国有资产监督管理暂行条例》和《国务院办公厅关于建立国有企业违规经营投资责任追究制度的意见》等法律法规和文件，制定本办法。

第二条　本办法所称中央企业是指国务院国有资产监督管理委员会（以下简称国资委）代表国务院履行出资人职责的国家出资企业。

第三条　本办法所称违规经营投资责任追究（以下简称责任追究）是指中央企业经营管理有关人员违反规定，未履行或未正确履行职责，在经营投资中造成国有资产损失或其他严重不良后果，经调查核实和责任认定，对相关责任人进行处理的工作。

前款所称规定，包括国家法律法规、国有资产监管规章制度和企业内部管理规定等。前款所称未履行职责，是指未在规定期限内或正当合理期限内行使职权、承担责任，一般包括不作为、拒绝履行职责、拖延履行职责等；未正确履行职责，是指未按规定以及岗位职责要求，不适当或不完全行使职权、承担责任，一般包括未按程序行使职权、超越职权、滥用职权等。

第四条　责任追究工作应当遵循以下原则：

（一）坚持依法依规问责。以国家法律法规为准绳，按照国有资产监管规章制度和企业内部管理规定等，对违反规定、未履行或未正确履行职责造成国有资产损失或其他严重不良后果的企业经营管理有关人员，严肃追究责任，实行重大决策终身问责。

（二）坚持客观公正定责。贯彻落实“三个区分开来”重要要求，结合企业实际情况，调查核实违规行为的事实、性质及其造成的损失和影响，既考虑量的标准也考虑质的不同，认定相关人员责任，保护企业经营管理有关人员干事创业的积极性，恰当公正地处理相关责任人。

（三）坚持分级分层追责。国资委和中央企业原则上按照国有资本出资关系和干部管理权限，界定责任追究工作职责，分级组织开展责任追究工作，分别对企业不同层级经营管理人员进行追究处理，形成分级分层、有效衔接、上下贯通的责任追究工作体系。

（四）坚持惩治教育和制度建设相结合。在对违规经营投资相关责任人严肃问责的同时，加大典型案例总结和通报力度，加强警示教育，发挥震慑作用，推动中央企业不断完善规章制度，堵塞经营管理漏洞，提高经营管理水平，实现国有资产保值增值。

第五条 在责任追究工作过程中，发现企业经营管理有关人员违纪或职务违法的问题和线索，应当移送相应的纪检监察机构查处；涉嫌犯罪的，应当移送国家监察机关或司法机关查处。

第二章 责任追究范围

第六条 中央企业经营管理有关人员违反规定，未履行或未正确履行职责致使发生本办法第七条至第十七条所列情形，造成国有资产损失或其他严重不良后果的，应当追究相应责任。

第七条 集团管控方面的责任追究情形：

（一）违反规定程序或超越权限决定、批准和组织实施重大经营投资事项，或决定、批准和组织实施的重大经营投资事项违反党和国家方针政策、决策部署以及国家有关规定。

（二）对国家有关集团管控的规定未执行或执行不力，致使发生重大资产损失对生产经营、财务状况产生重大影响。

（三）对集团重大风险隐患、内控缺陷等问题失察，或虽发现但没有及时报告、处理，造成重大资产损失或其他严重不良后果。

（四）所属子企业发生重大违规违纪违法问题，造成重大资产损失且对集团生产经营、财务状况产生重大影响，或造成其他严重不良后果。

（五）对国家有关监管机构就经营投资有关重大问题提出的整改工作要求，拒绝整改、拖延整改等。

第八条 风险管理方面的责任追究情形：

（一）未按规定履行内控及风险管理制度建设职责，导致内控及风险管理制度缺失，内控流程存在重大缺陷。

（二）内控及风险管理制度未执行或执行不力，对经营投资重大风险未能及时分析、识别、评估、预警、应对和报告。

（三）未按规定对企业规章制度、经济合同和重要决策等进行法律审核。

（四）未执行国有资产监管有关规定，过度负债导致债务危机，危及企业持续经营。

（五）恶意逃废金融债务。

（六）瞒报、漏报、谎报或迟报重大风险及风险损失事件，指使编制虚假财务报告，企业账实严重不符。

第九条　购销管理方面的责任追究情形：

（一）未按规定订立、履行合同，未履行或未正确履行职责致使合同标的价格明显不公允。

（二）未正确履行合同，或无正当理由放弃应得合同权益。

（三）违反规定开展融资性贸易业务或“空转”“走单”等虚假贸易业务。

（四）违反规定利用关联交易输送利益。

（五）未按规定进行招标或未执行招标结果。

（六）违反规定提供赊销信用、资质、担保或预付款项，利用业务预付或物资交易等方式变相融资或投资。

（七）违反规定开展商品期货、期权等衍生业务。

（八）未按规定对应收款项及时追索或采取有效保全措施。

第十条　工程承包建设方面的责任追究情形：

（一）未按规定对合同标的进行调查论证或风险分析。

（二）未按规定履行决策和审批程序，或未经授权和超越授权投标。

（三）违反规定，无合理商业理由以低于成本的报价中标。

（四）未按规定履行决策和审批程序，擅自签订或变更合同。

（五）未按规定程序对合同约定进行严格审查，存在重大疏漏。

（六）工程以及与工程建设有关的货物、服务未按规定招标或规避招标。

（七）违反规定分包等。

（八）违反合同约定超计价、超进度付款。

第十一条　资金管理方面的责任追究情形：

（一）违反决策和审批程序或超越权限筹集和使用资金。

（二）违反规定以个人名义留存资金、收支结算、开立银行账户等。

（三）设立“小金库”。

（四）违反规定集资、发行股票或债券、捐赠、担保、委托理财、拆借资金或开立信用证、办理银行票据等。

（五）虚列支出套取资金。

（六）违反规定超发、滥发职工薪酬福利。

（七）因财务内控缺失或未按照财务内控制度执行，发生资金挪用、侵占、盗取、欺诈等。

第十二条 转让产权、上市公司股权、资产等方面的责任追究情形：

（一）未按规定履行决策和审批程序或超越授权范围转让。

（二）财务审计和资产评估违反相关规定。

（三）隐匿应当纳入审计、评估范围的资产，组织提供和披露虚假信息，授意、指使中介机构出具虚假财务审计、资产评估鉴证结果及法律意见书等。

（四）未按相关规定执行回避制度。

（五）违反相关规定和公开公平交易原则，低价转让企业产权、上市公司股权和资产等。

（六）未按规定进场交易。

第十三条 固定资产投资方面的责任追究情形：

（一）未按规定进行可行性研究或风险分析。

（二）项目概算未按规定进行审查，严重偏离实际。

（三）未按规定履行决策和审批程序擅自投资。

（四）购建项目未按规定招标，干预、规避或操纵招标。

（五）外部环境和项目本身情况发生重大变化，未按规定及时调整投资方案并采取止损措施。

（六）擅自变更工程设计、建设内容和追加投资等。

（七）项目管理混乱，致使建设严重拖期、成本明显高于同类项目。

（八）违反规定开展列入负面清单的投资项目。

第十四条 投资并购方面的责任追究情形：

（一）未按规定开展尽职调查，或尽职调查未进行风险分析等，存在重大疏漏。

（二）财务审计、资产评估或估值违反相关规定。

（三）投资并购过程中授意、指使中介机构或有关单位出具虚假报告。

（四）未按规定履行决策和审批程序，决策未充分考虑重大风险因素，未制定风险防范预案。

（五）违反规定以各种形式为其他合资合作方提供垫资，或通过高溢价并购等手段向关联方输送利益。

（六）投资合同、协议及标的企业公司章程等法律文件中存在有损国有权益的条款，致使对标的企业管理失控。

（七）违反合同约定提前支付并购价款。

（八）投资并购后未按有关工作方案开展整合，致使对标的企业管理失控。

（九）投资参股后未行使相应股东权利，发生重大变化未及时采取止损措施。

（十）违反规定开展列入负面清单的投资项目。

第十五条　改组改制方面的责任追究情形：

（一）未按规定履行决策和审批程序。

（二）未按规定组织开展清产核资、财务审计和资产评估。

（三）故意转移、隐匿国有资产或向中介机构提供虚假信息，授意、指使中介机构出具虚假清产核资、财务审计与资产评估等鉴证结果。

（四）将国有资产以明显不公允低价折股、出售或无偿分给其他单位或个人。

（五）在发展混合所有制经济、实施员工持股计划、破产重整或清算等改组改制过程中，违反规定，导致发生变相套取、私分国有资产。

（六）未按规定收取国有资产转让价款。

（七）改制后的公司章程等法律文件中存在有损国有权益的条款。

第十六条　境外经营投资方面的责任追究情形：

（一）未按规定建立企业境外投资管理相关制度，导致境外投资管控缺失。

（二）开展列入负面清单禁止类的境外投资项目。

（三）违反规定从事非主业投资或开展列入负面清单特别监管类的境外投资项目。

（四）未按规定进行风险评估并采取有效风险防控措施对外投资或承揽境外项目。

（五）违反规定采取不当经营行为，以及不顾成本和代价进行恶性竞争。

（六）违反本章其他有关规定或存在国家明令禁止的其他境外经营投资行为的。

第十七条 其他违反规定，未履行或未正确履行职责造成国有资产损失或其他严重不良后果的责任追究情形。

第三章 资产损失认定

第十八条 对中央企业违规经营投资造成的资产损失，在调查核实的基础上，依据有关规定认定资产损失金额，以及对企业、国家和社会等造成的影响。

第十九条 资产损失包括直接损失和间接损失。直接损失是与相关人员行为有直接因果关系的损失金额及影响；间接损失是由相关人员行为引发或导致的，除直接损失外、能够确认计量的其他损失金额及影响。

第二十条 中央企业违规经营投资资产损失500万元以下为一般资产损失，500万元以上5000万元以下为较大资产损失，5000万元以上为重大资产损失。涉及违纪违法和犯罪行为查处的损失标准，遵照相关党内法规和国家法律法规的规定执行。

前款所称的“以上”包括本数，所称的“以下”不包括本数。

第二十一条 资产损失金额及影响，可根据司法、行政机关等依法出具的书面文件，具有相应资质的会计师事务所、资产评估机构、律师事务所、专业技术鉴定机构等专业机构出具的专项审计、评估或鉴证报告，以及企业内部证明材料等，进行综合研判认定。

第二十二条 相关违规经营投资虽尚未形成事实资产损失，但确有证据证明资产损失在可预见未来将发生，且能可靠计量资产损失金额的，经中介机构评估可以认定为或有损失，计入资产损失。

第四章 责任认定

第二十三条 中央企业经营管理有关人员任职期间违反规定，未履行或未正确履行职责造成国有资产损失或其他严重不良后果的，应当追究其相应责任。违规经营投资责任根据工作职责划分为直接责任、主管责任和领导责任。

第二十四条 直接责任是指相关人员在其工作职责范围内，违反规定，未履行或未正确履行职责，对造成的资产损失或其他严重不良后果起决定性直接作用时应当承担的责任。

企业负责人存在以下情形的，应当承担直接责任：

（一）本人或与他人共同违反国家法律法规、国有资产监管规章制度和企业内部管理规定。

（二）授意、指使、强令、纵容、包庇下属人员违反国家法律法规、国有资产监管规章制度和企业内部管理规定。

（三）未经规定程序或超越权限，直接决定、批准、组织实施重大经济事项。

（四）主持相关会议讨论或以其他方式研究时，在多数人不同意的情况下，直接决定、批准、组织实施重大经济事项。

（五）将按有关法律法规制度应作为第一责任人（总负责）的事项、签订的有关目标责任事项或应当履行的其他重要职责，授权（委托）其他领导人员决策且决策不当或决策失误等。

（六）其他应当承担直接责任的行为。

第二十五条　主管责任是指相关人员在其直接主管（分管）工作职责范围内，违反规定，未履行或未正确履行职责，对造成的资产损失或其他严重不良后果应当承担的责任。

第二十六条　领导责任是指企业主要负责人在其工作职责范围内，违反规定，未履行或未正确履行职责，对造成的资产损失或其他严重不良后果应当承担的责任。

第二十七条　中央企业所属子企业违规经营投资致使发生本条第二款、第三款所列情形的，上级企业经营管理有关人员应当承担相应的责任。

上一级企业有关人员应当承担相应责任的情形包括：

（一）发生重大资产损失且对企业生产经营、财务状况产生重大影响的。

（二）多次发生较大、重大资产损失，或造成其他严重不良后果的。

除上一级企业有关人员外，更高层级企业有关人员也应当承担相应责任的情形包括：

（一）发生违规违纪违法问题，造成资产损失金额巨大且危及企业生存发展的。

（二）在一定时期内多家所属子企业连续集中发生重大资产损失，或造成其他严重不良后果的。

第二十八条 中央企业违反规定瞒报、漏报或谎报重大资产损失的，对企业主要负责人和分管负责人比照领导责任和主管责任进行责任认定。

第二十九条 中央企业未按规定和有关工作职责要求组织开展责任追究工作的，对企业负责人及有关人员比照领导责任、主管责任和直接责任进行责任认定。

第三十条 中央企业有关经营决策机构以集体决策形式作出违规经营投资的决策或实施其他违规经营投资的行为，造成资产损失或其他严重不良后果的，应当承担集体责任，有关成员也应当承担相应责任。

第五章 责任追究处理

第三十一条 对相关责任人的处理方式包括组织处理、扣减薪酬、禁入限制、纪律处分、移送国家监察机关或司法机关等，可以单独使用，也可以合并使用。

（一）组织处理。包括批评教育、责令书面检查、通报批评、诫勉、停职、调离工作岗位、降职、改任非领导职务、责令辞职、免职等。

（二）扣减薪酬。扣减和追索绩效年薪或任期激励收入，终止或收回其他中长期激励收益，取消参加中长期激励资格等。

（三）禁入限制。五年直至终身不得担任国有企业董事、监事、高级管理人员。

（四）纪律处分。由相应的纪检监察机构查处。

（五）移送国家监察机关或司法机关处理。依据国家有关法律规定，移送国家监察机关或司法机关查处。

第三十二条 中央企业发生资产损失，经过查证核实和责任认定后，除依据有关规定移送纪检监察机构或司法机关处理外，应当按以下方式处理：

（一）发生一般资产损失的，对直接责任人和主管责任人给予批评教育、责令书面检查、通报批评、诫勉等处理，可以扣减和追索责任认定年度50%以下的绩效年薪。

（二）发生较大资产损失的，对直接责任人和主管责任人给予通报批评、诫勉、停职、调离工作岗位、降职等处理，同时按照以下标准扣减薪酬：扣减和追索责任认定年度50%～100%的绩效年薪、扣减和追索责任认定年度（含）前三年50%～100%的任期激励收入并延期支付绩效年薪，终止尚未行使的其他中长期激励权益、上缴责任认定年度及前一年度的全部中长期激励收益、五年内不得参加企业新的中长期激励。

对领导责任人给予通报批评、诫勉、停职、调离工作岗位等处理，同时按照以下标准扣减薪酬：扣减和追索责任认定年度30%～70%的绩效年薪、扣减和追索责任认定年度（含）前三年30%～70%的任期激励收入并延期支付绩效年薪，终止尚未行使的其他中长期激励权益、三年内不得参加企业新的中长期激励。

（三）发生重大资产损失的，对直接责任人和主管责任人给予降职、改任非领导职务、责令辞职、免职和禁入限制等处理，同时按照以下标准扣减薪酬：扣减和追索责任认定年度100%的绩效年薪、扣减和追索责任认定年度（含）前三年100%的任期激励收入并延期支付绩效年薪，终止尚未行使的其他中长期激励权益、上缴责任认定年度（含）前三年的全部中长期激励收益、不得参加企业新的中长期激励。

对领导责任人给予调离工作岗位、降职、改任非领导职务、责令辞职、免职和禁入限制等处理，同时按照以下标准扣减薪酬：扣减和追索责任认定年度70%～100%的绩效年薪、扣减和追索责任认定年度（含）前三年70%～100%的任期激励收入并延期支付绩效年薪，终止尚未行使的其他中长期激励权益、上缴责任认定年度（含）前三年的全部中长期激励收益、五年内不得参加企业新的中长期激励。

第三十三条　中央企业所属子企业发生资产损失，按照本办法应当追究中央企业有关人员责任时，对相关责任人给予通报批评、诫勉、停职、调离工作岗位、降职、改任非领导职务、责令辞职、免职和禁入限制等处理，同时按照以下标准扣减薪酬：扣减和追索责任认定年度30%～100%的绩效年薪、扣减和追索责任认定年度（含）前三年30%～100%的任期激励收入并延期支付绩效年薪，终止尚未行使的其他中长期激励权益、上缴责任认定年度（含）前三年的全部中长期激励收益、三至五年内不得参加企业新的中长期激励。

第三十四条 对承担集体责任的中央企业有关经营决策机构，给予批评教育、责令书面检查、通报批评等处理；对造成资产损失金额巨大且危及企业生存发展的，或造成其他特别严重不良后果的，按照规定程序予以改组。

第三十五条 责任认定年度是指责任追究处理年度。有关责任人在责任追究处理年度无任职或任职不满全年的，按照最近一个完整任职年度执行；若无完整任职年度的，参照处理前实际任职月度（不超过12个月）执行。

第三十六条 对同一事件、同一责任人的薪酬扣减和追索，按照党纪处分、政务处分、责任追究等扣减薪酬处理的最高标准执行，但不合并使用。

第三十七条 相关责任人受到诫勉处理的，六个月内不得提拔、重用；受到调离工作岗位、改任非领导职务处理的，一年内不得提拔；受到降职处理的，两年内不得提拔；受到责令辞职、免职处理的，一年内不安排职务，两年内不得担任高于原任职务层级的职务；同时受到纪律处分的，按照影响期长的规定执行。

第三十八条 中央企业经营管理有关人员违规经营投资未造成资产损失，但造成其他严重不良后果的，经过查证核实和责任认定后，对相关责任人参照本办法予以处理。

第三十九条 有下列情形之一的，应当对相关责任人从重或加重处理：

（一）资产损失频繁发生、金额巨大、后果严重的。

（二）屡禁不止、顶风违规、影响恶劣的。

（三）强迫、唆使他人违规造成资产损失或其他严重不良后果的。

（四）未及时采取措施或措施不力导致资产损失或其他严重不良后果扩大的。

（五）瞒报、漏报或谎报资产损失的。

（六）拒不配合或干扰、抵制责任追究工作的。

（七）其他应当从重或加重处理的。

第四十条 对中央企业经营管理有关人员在企业改革发展中所出现的失误，不属于有令不行、有禁不止、不当谋利、主观故意、独断专行等的，根据有关规定和程序予以容错。有下列情形之一的，可以对违规经营投资相关责任人从轻或减轻处理：

（一）情节轻微的。

（二）以促进企业改革发展稳定或履行企业经济责任、政治责任、社会责任为目标，且个人没有谋取私利的。

（三）党和国家方针政策、党章党规党纪、国家法律法规、地方性法规和规章等没有明确限制或禁止的。

（四）处置突发事件或紧急情况下，个人或少数人决策，事后及时履行报告程序并得到追认，且不存在故意或重大过失的。

（五）及时采取有效措施减少、挽回资产损失并消除不良影响的。

（六）主动反映资产损失情况，积极配合责任追究工作的，或主动检举其他造成资产损失相关人员，查证属实的。

（七）其他可以从轻或减轻处理的。

第四十一条　对于违规经营投资有关责任人应当给予批评教育、责令书面检查、通报批评或诫勉处理，但是具有本办法第四十条规定的情形之一的，可以免除处理。

第四十二条　对违规经营投资有关责任人减轻或免除处理，须由作出处理决定的上一级企业或国资委批准。

第四十三条　相关责任人已调任、离职或退休的，应当按照本办法给予相应处理。

第四十四条　相关责任人在责任认定年度已不在本企业领取绩效年薪的，按离职前一年度全部绩效年薪及前三年任期激励收入总和计算，参照本办法有关规定追索扣回其薪酬。

第四十五条　对违反规定，未履行或未正确履行职责造成国有资产损失或其他严重不良后果的中央企业董事、监事以及其他有关人员，依照国家法律法规、有关规章制度和本办法等对其进行相应处理。

第六章　责任追究工作职责

第四十六条　国资委和中央企业原则上按照国有资本出资关系和干部管理权限，组织开展责任追究工作。

第四十七条　国资委在责任追究工作中的主要职责：

（一）研究制定中央企业责任追究有关制度。

（二）组织开展中央企业发生的重大资产损失或产生严重不良后果的较大资产损失，以及涉及中央企业负责人的责任追究工作。

（三）认为有必要直接组织开展的中央企业及其所属子企业责任追究工作。

（四）对中央企业存在的共性问题进行专项核查。

（五）对需要中央企业整改的问题，督促企业落实有关整改工作要求。

（六）指导、监督和检查中央企业责任追究相关工作。

（七）其他有关责任追究工作。

第四十八条 国资委内设专门责任追究机构，受理有关方面按规定程序移交的中央企业及其所属子企业违规经营投资的有关问题和线索，初步核实后进行分类处置，并采取督办、联合核查、专项核查等方式组织开展有关核查工作，认定相关人员责任，研究提出处理的意见建议，督促企业整改落实。

第四十九条 中央企业在责任追究工作中的主要职责：

（一）研究制定本企业责任追究有关制度。

（二）组织开展本级企业发生的一般或较大资产损失，二级子企业发生的重大资产损失或产生严重不良后果的较大资产损失，以及涉及二级子企业负责人的责任追究工作。

（三）认为有必要直接组织开展的所属子企业责任追究工作。

（四）指导、监督和检查所属子企业责任追究相关工作。

（五）按照国资委要求组织开展有关责任追究工作。

（六）其他有关责任追究工作。

第五十条 中央企业应当明确相应的职能部门或机构，负责组织开展责任追究工作，并做好与企业纪检监察机构的协同配合。

第五十一条 中央企业应当建立责任追究工作报告制度，对较大和重大违规经营投资的问题和线索，及时向国资委书面报告，并按照有关工作要求定期报送责任追究工作开展情况。

第五十二条 中央企业未按规定和有关工作职责要求组织开展责任追究工作的，国资委依据相关规定，对有关中央企业负责人进行责任追究。

第五十三条 国资委和中央企业有关人员，对企业违规经营投资等重大违规违纪违法问题，存在应当发现而未发现或发现后敷衍不追、隐匿不报、查处不力等失职渎职行为的，严格依纪依规追究纪律责任；涉嫌犯罪的，移送国家监察机关或司法机关查处。

第七章　责任追究工作程序

第五十四条　开展中央企业责任追究工作一般应当遵循受理、初步核实、分类处置、核查、处理和整改等程序。

第五十五条　受理有关方面按规定程序移交的违规经营投资问题和线索，并进行有关证据、材料的收集、整理和分析工作。

第五十六条　国资委专门责任追究机构受理下列企业违规经营投资的问题和线索：

（一）国有资产监督管理工作中发现的。

（二）审计、巡视、纪检监察以及其他有关部门移交的。

（三）中央企业报告的。

（四）其他有关违规经营投资的问题和线索。

第五十七条　对受理的违规经营投资问题和线索，及相关证据、材料进行必要的初步核实工作。

第五十八条　初步核实的主要工作内容包括：

（一）资产损失及其他严重不良后果的情况。

（二）违规违纪违法的情况。

（三）是否属于责任追究范围。

（四）有关方面的处理建议和要求等。

第五十九条　初步核实的工作一般应于30个工作日内完成，根据工作需要可以适当延长。

第六十条　根据初步核实情况，对确有违规违纪违法事实的，按照规定的职责权限和程序进行分类处置。

第六十一条　分类处置的主要工作内容包括：

（一）属于国资委责任追究职责范围的，由国资委专门责任追究机构组织实施核查工作。

(二)属于中央企业责任追究职责范围的,移交和督促相关中央企业进行责任追究。

(三)涉及中管干部的违规经营投资问题线索,报经中央纪委国家监委同意后,按要求开展有关核查工作。

(四)属于其他有关部门责任追究职责范围的,移送有关部门。

(五)涉嫌违纪或职务违法的问题和线索,移送纪检监察机构。

(六)涉嫌犯罪的问题和线索,移送国家监察机关或司法机关。

第六十二条 国资委对违规经营投资事项及时组织开展核查工作,核实责任追究情形,确定资产损失程度,查清资产损失原因,认定相关人员责任等。

第六十三条 结合中央企业减少或挽回资产损失工作进展情况,可以适时启动责任追究工作。

第六十四条 核查工作可以采取以下工作措施核查取证:

(一)与被核查事项有关的人员谈话,形成核查谈话记录,并要求有关人员作出书面说明。

(二)查阅、复制被核查企业的有关文件、会议纪要(记录)、资料和账簿、原始凭证等相关材料。

(三)实地核查企业实物资产等。

(四)委托具有相应资质的专业机构对有关问题进行审计、评估或鉴证等。

(五)其他必要的工作措施。

第六十五条 在核查期间,对相关责任人未支付或兑现的绩效年薪、任期激励收入、中长期激励收益等均应暂停支付或兑现;对有可能影响核查工作顺利开展的相关责任人,可视情况采取停职、调离工作岗位、免职等措施。

第六十六条 在重大违规经营投资事项核查工作中,对确有工作需要的,负责核查的部门可请纪检监察机构提供必要支持。

第六十七条 核查工作一般应于6个月内完成,根据工作需要可以适当延长。

第六十八条 核查工作结束后,一般应当听取企业和相关责任人关于核查工作结果的意见,形成资产损失情况核查报告和责任认定报告。

第六十九条 国资委根据核查工作结果,按照干部管理权限和相关程序对相关责任人追究处理，形成处理决定，送达有关企业及被处理人，并对有关企业提出整改要求。

第七十条　被处理人对处理决定有异议的，可以在处理决定送达之日起15个工作日内，提出书面申诉，并提供相关证明材料。申诉期间不停止原处理决定的执行。

第七十一条　国资委或中央企业作出处理决定的，被处理人向作出该处理决定的单位申诉；中央企业所属子企业作出处理决定的，向上一级企业申诉。

第七十二条　国资委和企业应当自受理申诉之日起30个工作日内复核，作出维持、撤销或变更原处理决定的复核决定，并以适当形式告知申诉人及其所在企业。

第七十三条　中央企业应当按照整改要求，认真总结吸取教训，制定和落实整改措施，优化业务流程，完善内控体系，堵塞经营管理漏洞，建立健全防范经营投资风险的长效机制。

第七十四条　中央企业应在收到处理决定之日起60个工作日内，向国资委报送整改报告及相关材料。

第七十五条　国资委和中央企业应当按照国家有关信息公开规定，逐步向社会公开违规经营投资核查处理情况和有关整改情况等，接受社会监督。

第七十六条　积极运用信息化手段开展责任追究工作，推进相关数据信息的报送、归集、共享和综合利用，逐步建立违规经营投资损失和责任追究工作信息报送系统、中央企业禁入限制人员信息查询系统等，加大信息化手段在发现问题线索、专项核查、责任追究等方面的运用力度。

第八章　附　　则

第七十七条　中央企业应根据本办法，结合本企业实际情况，细化责任追究的范围、资产损失程度划分标准等，研究制定责任追究相关制度规定，并报国资委备案。

第七十八条　各地区国有资产监督管理机构可以参照本办法，结合实际情况制定本地区责任追究相关制度规定。

第七十九条　国有参股企业责任追究工作，可参照本办法向国有参股企业股东会提请开展责任追究工作。

第八十条 对发生生产安全、环境污染责任事故和不稳定事件的，按照国家有关规定另行处理。

第八十一条 本办法由国资委负责解释。

第八十二条 本办法自2018年8月30日起施行。《中央企业资产损失责任追究暂行办法》（国资委令第20号）同时废止。

四、《中央企业合规管理指引（试行）》（国资发法规〔2018〕106号）

第一章 总 则

第一条 为推动中央企业全面加强合规管理，加快提升依法合规经营管理水平，着力打造法治央企，保障企业持续健康发展，根据《中华人民共和国公司法》、《中华人民共和国企业国有资产法》等有关法律法规规定，制定本指引。

第二条 本指引所称中央企业，是指国务院国有资产监督管理委员会（以下简称国资委）履行出资人职责的国家出资企业。

本指引所称合规，是指中央企业及其员工的经营管理行为符合法律法规、监管规定、行业准则和企业章程、规章制度以及国际条约、规则等要求。

本指引所称合规风险，是指中央企业及其员工因不合规行为，引发法律责任、受到相关处罚、造成经济或声誉损失以及其他负面影响的可能性。

本指引所称合规管理，是指以有效防控合规风险为目的，以企业和员工经营管理行为为对象，开展包括制度制定、风险识别、合规审查、风险应对、责任追究、考核评价、合规培训等有组织、有计划的管理活动。

第三条 国资委负责指导监督中央企业合规管理工作。

第四条 中央企业应当按照以下原则加快建立健全合规管理体系：

（一）全面覆盖。坚持将合规要求覆盖各业务领域、各部门、各级子企业和分支机构、全体员工，贯穿决策、执行、监督全流程。

（二）强化责任。把加强合规管理作为企业主要负责人履行推进法治建设第一责任人职责的重要内容。建立全员合规责任制，明确管理人员和各岗位员工的合规责任并督促有效落实。

（三）协同联动。推动合规管理与法律风险防范、监察、审计、内控、风险管理等工作相统筹、相衔接，确保合规管理体系有效运行。

（四）客观独立。严格依照法律法规等规定对企业和员工行为进行客观评价和处理。合规管理牵头部门独立履行职责，不受其他部门和人员的干涉。

第二章　合规管理职责

第五条　董事会的合规管理职责主要包括：

（一）批准企业合规管理战略规划、基本制度和年度报告；

（二）推动完善合规管理体系；

（三）决定合规管理负责人的任免；

（四）决定合规管理牵头部门的设置和职能；

（五）研究决定合规管理有关重大事项；

（六）按照权限决定有关违规人员的处理事项。

第六条　监事会的合规管理职责主要包括：

（一）监督董事会的决策与流程是否合规；

（二）监督董事和高级管理人员合规管理职责履行情况；

（三）对引发重大合规风险负有主要责任的董事、高级管理人员提出罢免建议；

（四）向董事会提出撤换公司合规管理负责人的建议。

第七条　经理层的合规管理职责主要包括：

（一）根据董事会决定，建立健全合规管理组织架构；

（二）批准合规管理具体制度规定；

（三）批准合规管理计划，采取措施确保合规制度得到有效执行；

（四）明确合规管理流程，确保合规要求融入业务领域；

（五）及时制止并纠正不合规的经营行为，按照权限对违规人员进行责任追究或提出处理建议；

（六）经董事会授权的其他事项。

第八条　中央企业设立合规委员会，与企业法治建设领导小组或风险控制委员会等合署，承担合规管理的组织领导和统筹协调工作，定期召开会议，研究决定合规管理重大事项或提出意见建议，指导、监督和评价合规管理工作。

第九条 中央企业相关负责人或总法律顾问担任合规管理负责人，主要职责包括：

（一）组织制订合规管理战略规划；

（二）参与企业重大决策并提出合规意见；

（三）领导合规管理牵头部门开展工作；

（四）向董事会和总经理汇报合规管理重大事项；

（五）组织起草合规管理年度报告。

第十条 法律事务机构或其他相关机构为合规管理牵头部门，组织、协调和监督合规管理工作，为其他部门提供合规支持，主要职责包括：

（一）研究起草合规管理计划、基本制度和具体制度规定；

（二）持续关注法律法规等规则变化，组织开展合规风险识别和预警，参与企业重大事项合规审查和风险应对；

（三）组织开展合规检查与考核，对制度和流程进行合规性评价，督促违规整改和持续改进；

（四）指导所属单位合规管理工作；

（五）受理职责范围内的违规举报，组织或参与对违规事件的调查，并提出处理建议；

（六）组织或协助业务部门、人事部门开展合规培训。

第十一条 业务部门负责本领域的日常合规管理工作，按照合规要求完善业务管理制度和流程，主动开展合规风险识别和隐患排查，发布合规预警，组织合规审查，及时向合规管理牵头部门通报风险事项，妥善应对合规风险事件，做好本领域合规培训和商业伙伴合规调查等工作，组织或配合进行违规问题调查并及时整改。

监察、审计、法律、内控、风险管理、安全生产、质量环保等相关部门，在职权范围内履行合规管理职责。

第三章 合规管理重点

第十二条 中央企业应当根据外部环境变化，结合自身实际，在全面推进合规管理的基础上，突出重点领域、重点环节和重点人员，切实防范合规风险。

第十三条　加强对以下重点领域的合规管理：

（一）市场交易。完善交易管理制度，严格履行决策批准程序，建立健全自律诚信体系，突出反商业贿赂、反垄断、反不正当竞争，规范资产交易、招投标等活动；

（二）安全环保。严格执行国家安全生产、环境保护法律法规，完善企业生产规范和安全环保制度，加强监督检查，及时发现并整改违规问题；

（三）产品质量。完善质量体系，加强过程控制，严把各环节质量关，提供优质产品和服务；

（四）劳动用工。严格遵守劳动法律法规，健全完善劳动合同管理制度，规范劳动合同签订、履行、变更和解除，切实维护劳动者合法权益；

（五）财务税收。健全完善财务内部控制体系，严格执行财务事项操作和审批流程，严守财经纪律，强化依法纳税意识，严格遵守税收法律政策；

（六）知识产权。及时申请注册知识产权成果，规范实施许可和转让，加强对商业秘密和商标的保护，依法规范使用他人知识产权，防止侵权行为；

（七）商业伙伴。对重要商业伙伴开展合规调查，通过签订合规协议、要求作出合规承诺等方式促进商业伙伴行为合规；

（八）其他需要重点关注的领域。

第十四条　加强对以下重点环节的合规管理：

（一）制度制定环节。强化对规章制度、改革方案等重要文件的合规审查，确保符合法律法规、监管规定等要求；

（二）经营决策环节。严格落实"三重一大"决策制度，细化各层级决策事项和权限，加强对决策事项的合规论证把关，保障决策依法合规；

（三）生产运营环节。严格执行合规制度，加强对重点流程的监督检查，确保生产经营过程中照章办事、按章操作；

（四）其他需要重点关注的环节。

第十五条　加强对以下重点人员的合规管理：

（一）管理人员。促进管理人员切实提高合规意识，带头依法依规开展经营管理活动，认真履行承担的合规管理职责，强化考核与监督问责；

（二）重要风险岗位人员。根据合规风险评估情况明确界定重要风险岗位，有针对性加大培训力度，使重要风险岗位人员熟悉并严格遵守业务涉及的各项规定，加强监督检查和违规行为追责；

（三）海外人员。将合规培训作为海外人员任职、上岗的必备条件，确保遵守我国和所在国法律法规等相关规定；

（四）其他需要重点关注的人员。

第十六条 强化海外投资经营行为的合规管理：

（一）深入研究投资所在国法律法规及相关国际规则，全面掌握禁止性规定，明确海外投资经营行为的红线、底线；

（二）健全海外合规经营的制度、体系、流程，重视开展项目的合规论证和尽职调查，依法加强对境外机构的管控，规范经营管理行为。

（三）定期排查梳理海外投资经营业务的风险状况，重点关注重大决策、重大合同、大额资金管控和境外子企业公司治理等方面存在的合规风险，妥善处理、及时报告，防止扩大蔓延。

第四章 合规管理运行

第十七条 建立健全合规管理制度，制定全员普遍遵守的合规行为规范，针对重点领域制定专项合规管理制度，并根据法律法规变化和监管动态，及时将外部有关合规要求转化为内部规章制度。

第十八条 建立合规风险识别预警机制，全面系统梳理经营管理活动中存在的合规风险，对风险发生的可能性、影响程度、潜在后果等进行系统分析，对于典型性、普遍性和可能产生较严重后果的风险及时发布预警。

第十九条 加强合规风险应对，针对发现的风险制定预案，采取有效措施，及时应对处置。对于重大合规风险事件，合规委员会统筹领导，合规管理负责人牵头，相关部门协同配合，最大限度化解风险、降低损失。

第二十条 建立健全合规审查机制，将合规审查作为规章制度制定、重大事项决策、重要合同签订、重大项目运营等经营管理行为的必经程序，及时对不合规的内容提出修改建议，未经合规审查不得实施。

第二十一条 强化违规问责，完善违规行为处罚机制，明晰违规责任范围，细化惩处标准。畅通举报渠道，针对反映的问题和线索，及时开展调查，严肃追究违规人员责任。

第二十二条　开展合规管理评估，定期对合规管理体系的有效性进行分析，对重大或反复出现的合规风险和违规问题，深入查找根源，完善相关制度，堵塞管理漏洞，强化过程管控，持续改进提升。

第五章　合规管理保障

第二十三条　加强合规考核评价，把合规经营管理情况纳入对各部门和所属企业负责人的年度综合考核，细化评价指标。对所属单位和员工合规职责履行情况进行评价，并将结果作为员工考核、干部任用、评先选优等工作的重要依据。

第二十四条　强化合规管理信息化建设，通过信息化手段优化管理流程，记录和保存相关信息。运用大数据等工具，加强对经营管理行为依法合规情况的实时在线监控和风险分析，实现信息集成与共享。

第二十五条　建立专业化、高素质的合规管理队伍，根据业务规模、合规风险水平等因素配备合规管理人员，持续加强业务培训，提升队伍能力水平。

海外经营重要地区、重点项目应当明确合规管理机构或配备专职人员，切实防范合规风险。

第二十六条　重视合规培训，结合法治宣传教育，建立制度化、常态化培训机制，确保员工理解、遵循企业合规目标和要求。

第二十七条　积极培育合规文化，通过制定发放合规手册、签订合规承诺书等方式，强化全员安全、质量、诚信和廉洁等意识，树立依法合规、守法诚信的价值观，筑牢合规经营的思想基础。

第二十八条　建立合规报告制度，发生较大合规风险事件，合规管理牵头部门和相关部门应当及时向合规管理负责人、分管领导报告。重大合规风险事件应当向国资委和有关部门报告。

合规管理牵头部门于每年年底全面总结合规管理工作情况，起草年度报告，经董事会审议通过后及时报送国资委。

第六章　附　　则

第二十九条　中央企业根据本指引，结合实际制定合规管理实施细则。

地方国有资产监督管理机构可以参照本指引，积极推进所出资企业合规管理工作。

第三十条　本指引由国资委负责解释。

第三十一条　本指引自公布之日起施行。

五、《企业境外经营合规管理指引》（发改外资〔2018〕1916号）

第一章　总　　则

第一条　目的及依据

为更好服务企业开展境外经营业务，推动企业持续加强合规管理，根据国家有关法律法规和政策规定，参考GB/T 35770—2017《合规管理体系指南》及有关国际合规规则，制定本指引。

第二条　适用范围

本指引适用于开展对外贸易、境外投资、对外承包工程等“走出去”相关业务的中国境内企业及其境外子公司、分公司、代表机构等境外分支机构（以下简称“企业”）。

法律法规对企业合规管理另有专门规定的，从其规定。行业监管部门对企业境外经营合规管理另有专门规定的，有关行业企业应当遵守其规定。

第三条　基本概念

本指引所称合规，是指企业及其员工的经营管理行为符合有关法律法规、国际条约、监管规定、行业准则、商业惯例、道德规范和企业依法制定的章程及规章制度等要求。

第四条　合规管理框架

企业应以倡导合规经营价值观为导向，明确合规管理工作内容，健全合规管理架构，制定合规管理制度，完善合规运行机制，加强合规风险识别、评估与处置，开展合规评审与改进，培育合规文化，形成重视合规经营的企业氛围。

第五条 合规管理原则

（一）独立性原则。企业合规管理应从制度设计、机构设置、岗位安排以及汇报路径等方面保证独立性。合规管理机构及人员承担的其他职责不应与合规职责产生利益冲突。

（二）适用性原则。企业合规管理应从经营范围、组织结构和业务规模等实际出发，兼顾成本与效率，强化合规管理制度的可操作性，提高合规管理的有效性。同时，企业应随着内外部环境的变化持续调整和改进合规管理体系。

（三）全面性原则。企业合规管理应覆盖所有境外业务领域、部门和员工，贯穿决策、执行、监督、反馈等各个环节，体现于决策机制、内部控制、业务流程等各个方面。

第二章 合规管理要求

第六条 对外贸易中的合规要求

企业开展对外货物和服务贸易，应确保经营活动全流程、全方位合规，全面掌握关于贸易管制、质量安全与技术标准、知识产权保护等方面的具体要求，关注业务所涉国家（地区）开展的贸易救济调查，包括反倾销、反补贴、保障措施调查等。

第七条 境外投资中的合规要求

企业开展境外投资，应确保经营活动全流程、全方位合规，全面掌握关于市场准入、贸易管制、国家安全审查、行业监管、外汇管理、反垄断、反洗钱、反恐怖融资等方面的具体要求。

第八条 对外承包工程中的合规要求

企业开展对外承包工程，应确保经营活动全流程、全方位合规，全面掌握关于投标管理、合同管理、项目履约、劳工权利保护、环境保护、连带风险管理、债务管理、捐赠与赞助、反腐败、反贿赂等方面的具体要求。

第九条 境外日常经营中的合规要求

企业开展境外日常经营，应确保经营活动全流程、全方位合规，全面掌握关于劳工权利保护、环境保护、数据和隐私保护、知识产权保护、反腐败、反贿赂、反垄断、反洗钱、反恐怖融资、贸易管制、财务税收等方面的具体要求。

第三章　合规管理架构

第十条　合规治理结构

企业可结合发展需要建立权责清晰的合规治理结构，在决策、管理、执行三个层级上划分相应的合规管理责任。

（一）企业的决策层应以保证企业合规经营为目的，通过原则性顶层设计，解决合规管理工作中的权力配置问题。

（二）企业的高级管理层应分配充足的资源建立、制定、实施、评价、维护和改进合规管理体系。

（三）企业的各执行部门及境外分支机构应及时识别归口管理领域的合规要求，改进合规管理措施，执行合规管理制度和程序，收集合规风险信息，落实相关工作要求。

第十一条　合规管理机构

企业可根据业务性质、地域范围、监管要求等设置相应的合规管理机构。合规管理机构一般由合规委员会、合规负责人和合规管理部门组成。尚不具备条件设立专门合规管理机构的企业，可由相关部门（如法律事务部门、风险防控部门等）履行合规管理职责，同时明确合规负责人。

（一）合规委员会

企业可结合实际设立合规委员会，作为企业合规管理体系的最高负责机构。合规委员会一般应履行以下合规职责：

1. 确认合规管理战略，明确合规管理目标。

2. 建立和完善企业合规管理体系，审批合规管理制度、程序和重大合规风险管理方案。

3. 听取合规管理工作汇报，指导、监督、评价合规管理工作。

（二）合规负责人

企业可结合实际任命专职的首席合规官，也可由法律事务负责人或风险防控负责人等担任合规负责人。首席合规官或合规负责人是企业合规管理工作具体实施的负责人和日常监督者，不应分管与合规管理相冲突的部门。首席合规官或合规负责人一般应履行以下合规职责：

1. 贯彻执行企业决策层对合规管理工作的各项要求，全面负责企业的合规管理工作。

2. 协调合规管理与企业各项业务之间的关系，监督合规管理执行情况，及时解决合规管理中出现的重大问题。

3. 领导合规管理部门，加强合规管理队伍建设，做好人员选聘培养，监督合规管理部门认真有效地开展工作。

（三）合规管理部门

企业可结合实际设置专职的合规管理部门，或者由具有合规管理职能的相关部门承担合规管理职责。合规管理部门一般应履行以下合规职责：

1. 持续关注我国及业务所涉国家（地区）法律法规、监管要求和国际规则的最新发展，及时提供合规建议。

2. 制定企业的合规管理制度和年度合规管理计划，并推动其贯彻落实。

3. 审查评价企业规章制度和业务流程的合规性，组织、协调和监督各业务部门对规章制度和业务流程进行梳理和修订。

4. 组织或协助业务部门、人事部门开展合规培训，并向员工提供合规咨询。

5. 积极主动识别和评估与企业境外经营相关的合规风险，并监管与供应商、代理商、分销商、咨询顾问和承包商等第三方（以下简称"第三方"）相关的合规风险。为新产品和新业务的开发提供必要的合规性审查和测试，识别和评估新业务的拓展、新客户关系的建立以及客户关系发生重大变化等所产生的合规风险，并制定应对措施。

6. 实施充分且具有代表性的合规风险评估和测试，查找规章制度和业务流程存在的缺陷，并进行相应的调查。对已发生的合规风险或合规测试发现的合规缺陷，应提出整改意见并监督有关部门进行整改。

7. 针对合规举报信息制定调查方案并开展调查。

8. 推动将合规责任纳入岗位职责和员工绩效管理流程。建立合规绩效指标，监控和衡量合规绩效，识别改进需求。

9. 建立合规报告和记录的台账，制定合规资料管理流程。

10. 建立并保持与境内外监管机构日常的工作联系，跟踪和评估监管意见和监管要求的落实情况。

第十二条 合规管理协调

(一)合规管理部门与业务部门分工协作

合规管理需要合规管理部门和业务部门密切配合。境外经营相关业务部门应主动进行日常合规管理工作,识别业务范围内的合规要求,制定并落实业务管理制度和风险防范措施,组织或配合合规管理部门进行合规审查和风险评估,组织或监督违规调查及整改工作。

(二)合规管理部门与其他监督部门分工协作

合规管理部门与其他具有合规管理职能的监督部门(如审计部门、监察部门等)应建立明确的合作和信息交流机制,加强协调配合,形成管理合力。企业应根据风险防控需要以及各监督部门的职责分工划分合规管理职责,确保各业务系统合规运营。

(三)企业与外部监管机构沟通协调

企业应积极与境内外监管机构建立沟通渠道,了解监管机构期望的合规流程,制定符合监管机构要求的合规制度,降低在报告义务和行政处罚等方面的风险。

(四)企业与第三方沟通协调

企业与第三方合作时,应做好相关的国别风险研究和项目尽职调查,深入了解第三方合规管理情况。企业应当向重要的第三方传达自身的合规要求和对对方的合规要求,并在商务合同中明确约定。

第四章 合规管理制度

第十三条 合规行为准则

合规行为准则是最重要、最基本的合规制度,是其他合规制度的基础和依据,适用于所有境外经营相关部门和员工,以及代表企业从事境外经营活动的第三方。合规行为准则应规定境外经营活动中必须遵守的基本原则和标准,包括但不限于企业核心价值观、合规目标、合规的内涵、行为准则的适用范围和地位、企业及员工适用的合规行事标准、违规的应对方式和后果等。

第十四条 合规管理办法

企业应在合规行为准则的基础上,针对特定主题或特定风险领域制定具体的合规管理办法,包括但不限于礼品及招待、赞助及捐赠、利益冲突管理、举报管理和内部调查、人力资源管理、税务管理、商业伙伴合规管理等内容。

企业还应针对特定行业或地区的合规要求,结合企业自身的特点和发展需要,制定相应的合规风险管理办法。例如金融业及有关行业的反洗钱及反恐怖融资政策,银行、通信、医疗等行业的数据和隐私保护政策等。

第十五条　合规操作流程

企业可结合境外经营实际,就合规行为准则和管理办法制定相应的合规操作流程,进一步细化标准和要求。也可将具体的标准和要求融入到现有的业务流程当中,便于员工理解和落实,确保各项经营行为合规。

第五章　合规管理运行机制

第十六条　合规培训

企业应将合规培训纳入员工培训计划,培训内容需随企业内外部环境变化进行动态调整。境外经营相关部门和境外分支机构的所有员工,均应接受合规培训,了解并掌握企业的合规管理制度和风险防控要求。决策层和高级管理层应带头接受合规培训,高风险领域、关键岗位员工应接受有针对性的专题合规培训。合规培训应做好记录留存。

第十七条　合规汇报

合规负责人和合规管理部门应享有通畅的合规汇报渠道。

合规管理部门应当定期向决策层和高级管理层汇报合规管理情况。汇报内容一般包括但不限于合规风险评估情况,合规培训的组织情况和效果评估,发现的违规行为以及处理情况,违规行为可能给组织带来的合规风险,已识别的合规漏洞或缺陷,建议采取的纠正措施,合规管理工作的整体评价和分析等。

如发生性质严重或可能给企业带来重大合规风险的违规行为,合规负责人或合规管理部门应当及时向决策层和高级管理层汇报,提出风险警示,并采取纠正措施。

第十八条　合规考核

合规考核应全面覆盖企业的各项管理工作。合规考核结果应作为企业绩效考核的重要依据,与评优评先、职务任免、职务晋升以及薪酬待遇等挂钩。

境外经营相关部门和境外分支机构可以制定单独的合规绩效考核机制，也可将合规考核标准融入到总体的绩效管理体系中。考核内容包括但不限于按时参加合规培训，严格执行合规管理制度，积极支持和配合合规管理机构工作，及时汇报合规风险等。

第十九条　合规咨询与审核

境外经营相关部门和境外分支机构及其员工在履职过程中遇到合规风险事项，应及时主动寻求合规咨询或审核支持。

企业应针对高合规风险领域规定强制合规咨询范围。在涉及重点领域或重要业务环节时，业务部门应主动咨询合规管理部门意见。合规管理部门应在合理时间内答复或启动合规审核流程。

对于复杂或专业性强且存在重大合规风险的事项，合规管理部门应按照制度规定听取法律顾问、公司律师意见，或委托专业机构召开论证会后再形成审核意见。

第二十条　合规信息举报与调查

企业应根据自身特点和实际情况建立和完善合规信息举报体系。员工、客户和第三方均有权进行举报和投诉，企业应充分保护举报人。

合规管理部门或其他受理举报的监督部门应针对举报信息制定调查方案并开展调查。形成调查结论以后，企业应按照相关管理制度对违规行为进行处理。

第二十一条　合规问责

企业应建立全面有效的合规问责制度，明晰合规责任范围，细化违规惩处标准，严格认定和追究违规行为责任。

第六章　合规风险识别、评估与处置

第二十二条　合规风险

合规风险，是指企业或其员工因违规行为遭受法律制裁、监管处罚、重大财产损失或声誉损失以及其他负面影响的可能性。

第二十三条　合规风险识别

企业应当建立必要的制度和流程，识别新的和变更的合规要求。企业可围绕关键岗位或者核心业务流程，通过合规咨询、审核、考核和违规查处等内部途径识别合规风险，也可通过外部法律顾问咨询、持续跟踪监管机构有关信息、参加行业组织研讨等方式获悉外部监管要求的变化，识别合规风险。

企业境外分支机构可通过聘请法律顾问、梳理行业合规案例等方式动态了解掌握业务所涉国家（地区）政治经济和法律环境的变化，及时采取应对措施，有效识别各类合规风险。

第二十四条　合规风险评估

企业可通过分析违规或可能造成违规的原因、来源、发生的可能性、后果的严重性等进行合规风险评估。

企业可根据企业的规模、目标、市场环境及风险状况确定合规风险评估的标准和合规风险管理的优先级。

企业进行合规风险评估后应形成评估报告，供决策层、高级管理层和业务部门等使用。评估报告内容包括风险评估实施概况、合规风险基本评价、原因机制、可能的损失、处置建议、应对措施等。

第二十五条　合规风险处置

企业应建立健全合规风险应对机制，对识别评估的各类合规风险采取恰当的控制和处置措施。发生重大合规风险时，企业合规管理机构和其他相关部门应协同配合，依法及时采取补救措施，最大程度降低损失。必要时，应及时报告有关监管机构。

第七章　合规评审与改进

第二十六条　合规审计

企业合规管理职能应与内部审计职能分离。企业审计部门应对企业合规管理的执行情况、合规管理体系的适当性和有效性等进行独立审计。审计部门应将合规审计结果告知合规管理部门，合规管理部门也可根据合规风险的识别和评估情况向审计部门提出开展审计工作的建议。

第二十七条　合规管理体系评价

企业应定期对合规管理体系进行系统全面的评价，发现和纠正合规管理贯彻执行中存在的问题，促进合规体系的不断完善。合规管理体系评价可由企业合规管理相关部门组织开展或委托外部专业机构开展。

企业在开展效果评价时，应考虑企业面临的合规要求变化情况，不断调整合规管理目标，更新合规风险管理措施，以满足内外部合规管理要求。

第二十八条　持续改进

企业应根据合规审计和体系评价情况，进入合规风险再识别和合规制度再制定的持续改进阶段，保障合规管理体系全环节的稳健运行。

企业应积极配合监管机构的监督检查，并根据监管要求及时改进合规管理体系，提高合规管理水平。

第八章　合规文化建设

第二十九条　合规文化培育

企业应将合规文化作为企业文化建设的重要内容。企业决策层和高级管理层应确立企业合规理念，注重身体力行。企业应践行依法合规、诚信经营的价值观，不断增强员工的合规意识和行为自觉，营造依规办事、按章操作的文化氛围。

第三十条　合规文化推广

企业应将合规作为企业经营理念和社会责任的重要内容，并将合规文化传递至利益相关方。企业应树立积极正面的合规形象，促进行业合规文化发展，营造和谐健康的境外经营环境。

第三章　企业合规中国化的理论基础

第一节　企业合规刑事激励的价值所在

美国以刑罚手段鼓励企业合规建设的做法是针对美国联邦法院的传统而做的无可奈何的折中，其具有先天不足，并不值得我们照搬。不可否认的是，在我国拟建立刑事合规制度初期，对外国已有制度的调查借鉴及其本土化进路的研究是十分必要的，但是随着学术研究的不断推进、营商环境的发展、法律实践的需要以及社会观念的转变，对企业合规制度进行下一维度更为细致的讨论和研究，便不可避免，更是大势所趋。[1] 赵赤教授在中国国际贸易促进委员会举办的“2021 企业合规国际论坛”中曾接受《人民检察》的记者提问，表达的相关观点值得共同学习探讨：

一是体现了刑事政策观念上的预防拓展理念。从学理上看，预防性拓展意味着需要从传统的倚重事后惩罚转向更多地注重预防，这就需要思考和兑现预防性制度的拓展延伸。习近平法治思想就包含“完善预防性法律制度”这一根本遵循和重大指引。这就要求，在企业涉嫌构成犯罪的情况下，只要企业承诺并致力于违法犯罪预防尤其是有效合规计划，就应当给予企业及其相关责任人更多的出罪处理，以彰显预防性指向并激励自身并示范和带动其他企业切实履行社会责任并做好内控合规。

二是契合了我国企业文化及企业法治进程的历史背景。历史考察及务实分析我国企业发展的历史条件及其法律文化环境，有助于支撑指向给到企业的宽容乃至谅解。一方面，从历史来看，由于我国反腐败法律制度尤其是企业反腐风控制度还存在明显的结构性短板乃至缺失，这会导致比较严重的企业腐败

---

〔1〕 李奋飞：《论企业合规检察建议》，载《中国刑事法杂志》2021 年第 1 期。

现象。另一方面,现有企业风控反腐制度未能真正聚焦违法犯罪预防,尤其是未能符合内控合规的组织化特征及体系化要求,难免形成“虚假安全感”的外观效果。由上可见,对于主要由于法律制度不够健全以及合规文化尚未成为社会风尚这一宏观背景原因而产生的企业腐败现象,针对涉案企业予以宽容及轻缓化处理不失为稳妥务实之策。

三是符合刑法发展注重出罪设计的战略方向和领域指向。我国刑法及世界各国刑法朝着犯罪化的路径方向不断迈进,刑法中的出罪制度设计未能得到应有关注。21 世纪之初以来,世界各国刑法在反思刑法发展战略的同时逐渐注重刑法出罪制度设计,其中企业合规就是旨在支撑企业出罪的标志性重大制度。就我国而言,在当前着力探索企业合规的同时已经基本达成推进法治模式之企业合规的认知共识。可以说,在我国探索推进企业合规建设之时针对涉案企业及其责任人予以出罪或者轻缓化处理,符合刑法发展注重出罪设计的战略方向。

四是彰显了结构性区分自然人和企业单位刑事责任内涵的反思精神和创新思维。犯罪学研究表明:企业等组织单位有着与自然人显著不同的犯罪原因、责任内涵及预防路径。自然人犯罪传统上以街头犯罪为标志,其犯罪原因主要源于人格环境,如家庭环境、同伴交友、学校教育等,性质上具有回溯性和非当前控制性;与此不同,企业等单位犯罪属于组织性犯罪,其犯罪原因除体制机制、社会环境等宏观原因之外,主要由于企业内控合规及企业文化等组织性内部因素,这些内部致罪因素具有当前性和可控制性。[1] 以上分析得出两个启示:一是需要结构性审视和区分自然人犯罪及企业犯罪的犯罪原因及其刑事责任内涵,尤其是聚焦组织特点构建企业犯罪的刑事责任制度;二是聚焦企业违法犯罪防控的预防性制度即企业合规法律制度。以上分析表明,我国探索实践中针对涉罪企业及其责任人予以出罪或者轻缓化处理,体现了专业的犯罪学思维和刑法发展的战略考量。

五是符合世界各国企业法治发展的普遍做法及共同趋势。全球考察,始于美国 1977 年出台的《反海外腐败法》(FCPA)及此后众多国际性、地区性企业反

---

〔1〕 刘纪鹏、刘彪:《混合所有制改革要重视风险控制与合规建设》,载《经济》2021 年第 10 期。

腐规约（如亚太、欧盟、OECD、泛美、非洲的反腐规约）的推动，当下世界各国基本上已经普遍出台了企业刑事合规法律制度，企业刑事合规已经成为普遍做法和全球趋势。实际上，各国在企业合规法律制度出台之后依据合规计划就涉罪企业予以出罪之外，在企业合规法律制度出台之前更是针对涉罪企业予以刑事赦免处理。[1]

笔者系统梳理我国目前与企业合规，特别是与检察机关参与的司法领域的企业合规改革相关的研究内容，并结合新时代检察机关法律监督工作的实践经验，促进我国企业合规试点工作稳中有序地推进、完善。

企业合规不仅是法律问题，更是经济问题。企业的生命在于参与市场经济行为，企业合规的目的也是企业能够稳定、长期地参与市场经济，获得盈利。因此分析企业合规的治理方式、完善企业合规的制度构建，在经济学视角下探究企业合规的目的性、行为关系则至关重要。

检察机关主导企业合规改革是大势所趋，是我国检察机关主动参与国家社会治理的时代选择。从企业合规制度试点运行，企业合规第三方监管机制的构建，到企业合规计划标准的制定，我国检察机关始终处于主导地位，积极推动相关试点有效运行。从特殊合规模式刑事合规开始切入企业合规的中国化进程，全面激励我国企业自发、主动合规，参与社会治理构建。

企业合规更是参与国家治理体系和治理能力现代化的重要方式。检察机关以往常常通过检察建议等方式参与社会治理，实际上与自身司法机关追诉犯罪的职能关系有一定关联。而企业合规是直接切身参与到单位犯罪等刑事追诉问题之中的，是检察机关充分调动自身职能，全面参与社会经济治理的重要方式。

中国企业合规改革动态是不断变化的，结合域外改革经验，充分发挥检察机关职能特点，对现有相关制度进行梳理归纳，对现有法理观点进行汇编总结，对重要问题单独讨论并联系全面进行思考，从而提出了数据合规、第三方监督评估机制构建、有效合规标准制定三个企业合规面临的新挑战。谨以此书，紧跟新时代检察机关改革潮流，为企业合规试点改革提供参考意见。

---

〔1〕 参见刘金林：《企业合规改革试点：从国情出发，在借鉴中发展——2021 企业合规国际论坛述要》，载微信公众号“人民检察”2021 年 8 月 13 日，https://mp. weixin. qq. com/s/c5h1Cq7 - SdrZlxqXFmf1VA。

第二节 检察机关探索刑事合规业务的注意点

一、检察机关践行刑事合规的现行做法

（一）制发检察建议

检察官查阅案卷材料、走访涉案企业，在查阅企业文件资料，询问相关人员的基础上，出具合规检察建议，结合企业现有的合规制度，指出企业管理方面存在的合规漏洞，提出设置专门合规管理部门、制定合规政策和程序、开展合规风险评估、组织合规培训、进行第三方尽职调查等企业刑事合规整改的方向性建议。[1]

（二）要求企业提供合规整改承诺

涉案的企业具有悔罪表现，有意愿进行刑事合规整改，向检察官作出合规整改承诺，保证一定期限内递交合规整改方案。检察官通过给予一定时间的自行整改期（检察机关基本不介入企业治理）后，待企业整改完毕作从宽处理。[2]

（三）派驻合规监督员进驻企业

检察官办理涉企案件时，对于认罪认罚的企业应主动走访，征求是否具有合规经营意愿，企业有意愿作出合规承诺的，检察官选定合规监督员（可以来源于体制外的专业人员或体制内的监管部门人员）派驻企业，确定合规整改方案。整改期内，合规监督员需持续指导监督整改进度并定期报告检察官。整改期满经公开听证（合规监督员应在场接受询问），检察官汇总各方意见后视情形从宽处理。简单而言，审查起诉阶段：企业认罪认罚+出具合规承诺+确定整改方案+合规监督员进驻+……整改考察期……+公开听证+从宽处理+行政争议实质性化解。

---

〔1〕 郭全中：《互联网平台经济反垄断的动因、现状与未来思路探析》，载《新闻爱好者》2021年第9期。

〔2〕 范辉：《合规管理融入企业管理体系探析》，载《石油化工管理干部学院学报》2020年第5期。

二、检察机关践行刑事合规的注意点

结合相关学者的梳理[1],笔者在此探讨关于刑事合规实地落实的问题:

一是适用对象不仅仅是民企/国企,还可以是集体企业、合伙组织、个体工商户等。同时刑事合规业务对于宣告刑三年以上的企业来讲,其实更具有吸引力和激励度。

二是适用对象不仅仅是涉案企业。对检察机关认为不构成犯罪但确实存在刑事风险的企业及受到犯罪侵害希望建立合规制度的企业,也可以践行刑事合规(如制发刑事合规风险告知书)。不是只有企业犯罪了才适用。从这一方面看来,刑事合规其实是在向民事合规与行政合规方面进行靠近(因为部分案件刑事与行政的界限不是很清晰,检察机关有权认为情节显著轻微不构成犯罪)。这也是为下一步行政合规业务特别是行政公益合规业务或民事公益合规业务(如污染环境案件)的开展在探索。

三是时间节点不仅仅在审查起诉阶段。提前介入(调查/侦查)阶段、审查逮捕阶段、审理阶段,检察官都可以要求企业进行整改合规方案落实情况纳入涉案企业刑罚执行监督内容。提交并执行合规整改方案的企业被判处刑罚的,合规整改方案执行情况应纳入检察官减刑、假释、暂予监外执行监督的审查内容。

四是刑事合规与追诉追漏工作有效结合。对涉案企业而言,对违法违规行为的发生负有责任的员工或高管,企业应作出处分(涉嫌违法犯罪的主动移交、配合办案部门调查)。

五是合规整改周期需要灵活处理。周期最好为 6 个月至 3 年,可适当延展,具体根据犯罪的性质、情节、后果等综合评估。特别是针对需要“回炉重塑”的企业,整改期需要很长的时间。具体如何实现上述整改周期,在立法未修改前需要检察官发挥主观能动性与各个办案部门进行沟通配合。案件办理过程中,企业可以自行提交合规承诺书或整改方案作为申请保证人保证/对涉案财

[1] 顾宁:《企业合规辩护——涉企辩护的全新、基本技术》,载微信公众号“盈宁法服”2020 年 12 月 16 日,https://www.163.com/dy/article/FU534MV90551MJH8.html。

物尽可能少采取强制性措施(如少扣押冻结企业资产)的依据。

六是合规监督员的类型化。合规监督员是与涉案企业无关联,在合规整改期协助企业修定整改方案并监督执行的人员。合规监督员的工作目标是帮助企业建立执行一套有效完备的合规方案,监督实现刑事风险的事前预防和事中应对。实践中可聘请体制外专业人员(需要支付聘请费用),也可能是商请体制内监管部门人员,也可以乡贤类型的人员(如虽已退休但专业技术能力很强的体制内人员),从而起到强化相互制衡合规监督员的作用。涉案企业可以推荐合规监督员,检察机关应重点审查考量。

七是合规监督员费用。一般而言,费用由检察院出具较为合适。初期实践中,也可以考虑涉案企业缴纳一定比例费用给检察院或第三方(如工商联),分期支付一定比例的合规监督员费用。对于费用支出一定要严格留痕化、台账化。同时,需要注意的是,体制外合规监督员及所在事务所应在案件办结后两年内不得担任企业顾问或其他形式与企业存在经济往来(竞业禁止),且在合规考察期间应保守企业相应的秘密。

八是与监管部门的联动。合规整改期间,检察机关应主动邀请与案件具体涉及的监管部门也派员指导整改,同时定期抄送整改考察报告;应积极邀请监管部门参与企业合规整改的考察;公开听证过程中,应主动邀请监管部门。最终检察机关应积极促成行政和解、减轻处罚等监管部门与企业的行政争议的实质性解决,实现监管部门的从宽处罚。如某省市场监督管理局、某省药品监督管理局《关于行政处罚裁量权行使的指导意见》规定,全省各级市场监督管理部门根据违法行为的性质、事实、情节、社会危害程度、当事人主观过错等因素,依法适用不予行政处罚、减轻行政处罚、从轻行政处罚、一般行政处罚、从重行政处罚等裁量阶次。其中,主动消除或者减轻违法行为危害后果的,应当依法从轻或者减轻行政处罚。该规定就为检察机关建议减轻处罚提供了直接依据。此外,某省市场监管局、某省司法厅《关于在市场监管领域实施轻微违法行为告知承诺制的意见》对67种轻微违法行为实施告知承诺制:对市场主体首次、轻微且没有造成明显危害后果的违法行为建立容错机制,给予当事人改正的机会。具体而言,市场监管部门在日常监督检查、"双随机"抽查以及通过投诉举报、部门移送、上级交办等掌握案件线索后开展的执法检查过程中,初步认定并告知当事人存在轻微违法行为，经批评教育，当事人自愿签署承诺书承诺及时纠正或在约定时间内纠正，则市场监管部门不再予以查处的一种制度。该制度也为检察机关下一步行政合规与公益诉讼合规的探索提供了强有力的支撑：当检察机关自行或者从监管部门获悉（信息共享）发现企业存在行政违法或针对公共利益的违法，可以要求合规整改，在考察合格后建议行政机关不再予以查处或减轻处罚。

九是整改方案需要标准化。方案应重点围绕合规风险因素展开并及时修正，内容应包括且不限于：

1. 建立合规部门、具体确定人员（可由纪检人员担任）。

2. 合规整改期限。

3. 协助合规监管。不得妨碍合规监督员的工作；为合规监督员开展尽职调查、内部调查、反舞弊调查、证据保全等行为积极提供便利；严格执行合规监督员提出的要求建议。

4. 改善经营工作。完善决策程序；对违规行为进行自查整改（如经营是否遵循相应标准、账目是否完备）；根据合规风险因素调整生产、就业、纳税等方案。

5. 监管风险部门（如税务、财务、信贷、知识产权、市场运营、后勤）。

6. 强化内部处分、加强合规考核培训。对违法违规行为的发生负有责任的员工或管理者作出处分（涉嫌违法犯罪的移交相应部门）；对培训处分工作全面留痕并加强考核。

7. 持续配合调查。为监管部门办理案件提供便利，协助配合监管部门找寻了解情况的员工。

8. 参与公益事业。向与相关犯罪矫治有关的公益组织提供资助；要求管理者与员工积极参与公益活动。

9. 承诺禁止作出与整改方案宗旨相矛盾的行为。

10. 最终处理的类型。依托认罪认罚制度最终不起诉、起诉但层报最高人民法院（对国家和社会有其他重大贡献等表现的，应当认定为有重大立功表现，建议减轻处罚）争取法定刑下减轻处罚；缓刑建议或减免罚金建议（罚金在判决指定的期限内分期缴纳);减刑、假释、暂予监外执行。[1]

第三节 我国企业合规试点改革的推进

推动涉案企业合规改革试点工作是一件"难且正确"的事情,充分体现了检察机关充分履行检察职能,促进经济社会高质量发展的责任担当。但推动企业合规改革并非检察机关一家的责任,需要多个领域、多个部门、多个机关共同参与,共同协作,共同努力。一是进一步完善顶层设计。一方面,将试点地区的成功经验在检察机关内部做一些推广,有效指导非试点地区检察机关开展工作;另一方面,针对涉金融、互联网等领域相关犯罪,加强跨地区、跨部门的交流合作,形成良好的联动机制。二是希望工商联进一步加强平台建设,构建关于企业合规和第三监督评估机制的宣讲平台,通过交流研讨、课程培训等方式促进民营企业和国有企业对企业合规的了解,提高非试点地区对第三方监督评估机制的认识。三是希望进一步探索合规业务模式。加强企业合规改革领域的政府购买服务探索,区分大型国有企业与中小微企业的合规业务模式和合规收费标准,激励更多专业人才投入到企业合规改革中去,在成本投入和收费回报之间寻求利益平衡。

目前企业合规改革依然处于试点阶段,实践中依然存在一些现实问题有待解决。一是在刑事合规方面,目前仍有很多律师并不清楚刑事合规该如何去做,如对刑事合规的有效标准把握不清、缺乏事先刑事合规出罪机制的规定等。建议进一步加强企业合规实务研究,总结试点地区形成的经验成果,提出企业刑事合规指导性意见,为企业刑事合规建设提供更具实操性的指引。二是在平等保护民营经济方面,需要进一步平衡好保护国有资产和保护民营企业交易安全之间的关系,平衡好保障民营企业稳定预期和执行最新法律规定之间的关系,切实维护广大民营企业和企业家的合法权益,让民营企业发展无后顾之忧。

《关于建立涉案企业合规第三方监督评估机制的指导意见(试行)》是中国

---

[1] 参见顾宁:《企业合规辩护——涉企辩护的全新、基本技术》,载微信公众号"盈宁法服"2020年12月16日,https://www.163.com/dy/article/FU534MV90551MJH8.html。

企业合规刑事激励机制在吸收了国内外企业合规最新理论研究和实践探索的基础上形成的最新成果，是贯彻落实习近平总书记“要千方百计将市场主体保护好，为经济发展积蓄重要力量”重要指示精神，扎实做好“六稳”工作，全面落实“六保”任务的最新制度安排。《关于建立涉案企业合规第三方监督评估机制的指导意见（试行）》所确立的企业合规制度有以下特点：一是适用范围广；二是既挽救企业，又挽救企业家，突破了西方国家挽救企业、严罚责任人的惯例；三是没有采用国际上对涉案企业动辄处以巨额罚款以免除刑事处罚的常规。《关于建立涉案企业合规第三方监督评估机制的指导意见（试行）》深刻体现了政治担当、法治担当、检察担当，相信企业合规制度全面铺开之后，中国的民营企业和民营企业家将迎来一个空前友好的营商环境。建议进一步做好以下工作：第一，为推动《关于建立涉案企业合规第三方监督评估机制的指导意见（试行）》的有效落实和实施，需要注意把握以下两点：一是建议根据不同犯罪情节设定合规考察期限，协调好考察期限与刑事诉讼办案期限之间的关系；二是承认企业在犯罪行为发生前合规建设的出罪价值，更好地激励企业进行合规建设。第二，尽快制定第三方监督评估机制的评估指南和指标体系，明确第三方监督评估的范围，避免第三方监督评估的随意性，维护法律适用的统一性。第三，充分发挥律师在第三方监督评估机制中的专业优势，建议检察机关健全与律师协会、律师的联席会议机制，共同做好涉案企业合规第三方监督评估机制的各项工作。

一、制度的执行注意事项

第一，企业合规改革试点首先必须依法。习近平总书记多次强调，重大改革创新试点要于法有据。企业合规改革试点是检察工作的改革创新，更加不能随意突破法律。试点既要勇于创新实践，又不能违反法律和政策，必须在法律框架和政策界限内进行。开展企业合规建设，目前主要涉及适用依法能不捕的不捕、能不诉的不诉、能不判实刑的提出判缓刑的量刑建议、变更强制措施等检察政策，这些都必须在法定办案期限内进行。一些民营企业，尤其是家族式企业，如果负责人被依法采取逮捕等强制措施，企业可能很快就垮了，同时会给国家和社会带来损失。这种情况下，检察机关要坚持真“严管”、真“厚爱”，协助企业开展合规建设,促进企业守法合规经营、建立现代企业管理制度,促进“严管”制度化,不让“厚爱”被滥用,切实保障涉案企业合法权益,实现政治效果、社会效果、法律效果的有机统一。比如,涉企业犯罪附条件不起诉,得有个考察期、考验期,效果会更好。但这是未来的发展方向,需要修改法律后才能做,现在检察机关要立足“四大检察”职能,在法律规定的框架内开展工作。比如,可以充分用好取保候审措施,在办案期限内进行考察,看看是否必须提起公诉,还是可以做相对不起诉。总之,试点应严格按照法律规定,按最高人民检察院下发的试点方案要求,有规划、分步骤推进。未经立法授权,不得突破法律规定试行涉企业犯罪附条件不起诉(暂缓起诉)等做法。

第二,对涉案企业要有针对性地监管规制。促进涉案企业在自己的短板、弱项方面强化、规范、落实更严格的管理措施就是“合规”。因此,需要有针对性地从严加以监管规制。合规的内容不只限于刑事问题,也包括涉及的行政管理、企业管理等方面。因此,检察机关企业合规改革试点没有用“刑事合规”这个概念,这样从社会效果上,让企业能够更好接受。合规管理一定要有针对性地体现“严管”的具体规则和举措,防止企业在被考察中、不起诉后,再次违法犯罪,这是宏观、总体要求。要推动建立健全涉案企业法律顾问机制,在加强第三方监督、考察的同时,促进企业加强内部监督,及时发现和纠正不规范行为。这在将来可以作为企业合规经营的一部分内容。如何规制,联合有关部门拿出一些不同违法犯罪案件类型的合规管理范本。通过规制,如果涉案企业经营合规了,就可以依法从宽处理。但不是放任不管,事后还要再监管一段时间,促进企业形成合规自觉。对于未能做到合规经营的涉案企业及人员,要从严起诉,或者移交给相关行政主管部门依法从重处罚。企业合规管理,不是一个“可伸缩、没有牙齿”的制度机制。

第三,会同相关职能部门探索推进第三方监管机制。对企业的合规监管,不是只有检察机关一家就能完成的。加强对企业的正常监管,应当会同涉及的行政主管部门共同建立第三方监管机制。制定第三方监管机制的具体工作规范,充分发挥人民监督员、人大代表、政协委员、律师、注册会计师、税务师等的作用,形成社会合力,促进企业践行合规承诺。在这个机制下,检察机关可以协同管理委员会组织“飞行监管”,采取不定期、不定时、不定方式到涉案企业监督落实合规情况,并研究解决第三方监管执行过程中过宽或过严的问题,及时完善相关监管机制。

第四,用好合规改革试点中正反两方面经验。合规试点中,要研究、分析正反两方面的案例,发现问题,解决问题,及时报送相关职能部门,推动试点工作取得实效。比如,涉税的企业犯罪案例,要送给承担直接管理职责的税务部门。相关案例总结、分析以后,还可以发送给存在违法经营、偷漏税潜在风险的市场主体,敲警钟、明底线、划红线,警示企业规范管理,防止发生违纪、违法、违规行为,这就是"诉源管理"。

提及诉源管理,必须介绍关于社会治理与诉源治理的相关内容。包括检察机关在内的各类国家机关,在推进实施第三方监督评估机制过程中,要以正确的理念指导企业合规的工作实践,大力弘扬企业合规文化,营造全社会支持合规建设的良好氛围。要加大对企业法治宣传和法治教育,引导企业完善内部治理结构,建立合规风险防范应对处置机制,提升企业合规建设水平。要大力宣传合规建设的典型案例,通过案例引导符合适用条件的企业用好政策,督促企业守法经营,落实合规整改方案,依法有序地开展合规建设,帮助企业把好事办好,把制度落实好,达到"办理一案、教育一片"的目标。

(一)社会治理现代化的实践背景

党的十八届三中全会召开以来,全面深化改革的总目标中推进国家治理体系和治理能力现代化便始终作为一项重要工作有序推进,其中基层治理体系和治理能力现代化建设是关键一环,具有体系基础地位。党的十九大报告进一步明确社会治理的规划,也对改革现状提出了更高要求。2021 年 1 月 28 日,中共中央政治局会议审议通过了《关于加强基层治理体系和治理能力现代化建设的意见》,印证了新时代下城市化进程中基层治理的重要性与紧迫性。

基层治理改革现状是从基层末梢向地域治理跃升,基层治理创新最初集中于社区层面,随着街道体制改革、点与点之间联系密切,随后出现了县域集成改革创新,在改革逐步推进下,单一级别的基层治理开始转向圈层构造上下联动的"市—区—街—社"模式。在习近平新时代中国特色社会主义思想的指导下,以"枫桥经验"为典型,全国各地先后开展了社会治理现代化的改革试点,积累了丰富的实践经验,例如,北京市东城区于 2004 年开始试点城市网格化管理改革,“枫桥经验”展现了从矛盾纠纷源头上提升维护稳定的能力和水平的重要性。网格化的管理和服务、完善社会矛盾纠纷多元预防调处化解综合机制,成为各地广泛借鉴的经验,并利用互联网优势创造性建设社会治理多元主体信息共享平台、工作联动机制、意见采纳机制等。

但是对照社会治理现代化中实现公平正义的核心要义,发展中仍存在一些问题。其一,社会治理多元主体的参与度、协同性不平衡。根据社会治理的主体要求,党委领导、政府负责、社会协同、公众参与、法治保障应当统筹共进,以各自特色优势发挥作用。但是我国经历了较长时间的社会管理阶段,行政机关对社会事务的“管理”色彩很难在短时间内去除,这亦导致社会组织、公众个人等其他主体间互动较弱。同时,司法机关在诉后审查裁判角度相对成熟,而尚未形成完善的诉源治理机制,其参与非诉讼型社会事务的经验不足,同时缺乏完善的制度保障。其二,社会治理主体间信息共享渠道实效不佳。实践中大多数城市公众参与社会治理的方式多集中于投诉和报案,而社会治理过程、社会治理效果的监督等环节对多元共治机制的运用付之阙如,信息共享平台实质仍服务于行政机关、司法机关之间的“管理”工作。

检察机关参与社会治理现代化改革的方式尚在探索之中。在应然层面,我国检察机关作为司法机关参与法律实施、法律监督工作,本身职权行使的效果便涵盖了“促进社会治理完善”这一层面。在实然层面,检察机关四大检察职能尚处于完善阶段,除刑事检察业务经验成熟之外,行政检察、民事检察和公益诉讼检察均在实践中逐步细化运行模式。其中,检察建议作为具有“柔性权力特点”的检察机关行使职权的特色形式,其在参与社会治理方面具有天然优势。一方面,检察建议不局限于诉讼机制,可以主动参与到尚未产生诉讼争议的社会问题治理之中;另一方面,检察建议内容的法律特色能够充分落实“法治保障”的要求,以检察机关法律监督视角对相关问题提供建议和对策,体现现代化改革中的多元特色。

(二)社会治理现代化的多元主体“共建、共治、共享”特征

党的十九届四中全会特别指出,要加快推进社会治理现代化。这是一个全新的概念,从字面上看,它是“社会治理现代化”的重要特点。社会治理是国家治理中的重要一环,是构建充满活力而和谐有序的美好社会的基本途径。社会

治理现代化是国家治理体系和治理能力现代化的重要组成部分,而"社会治理现代化"体现的是国家对于推进社会治理现代化的总体要求在地域的落实。

从空间上看,城市对周边区域具有明显辐射作用,以城市为中心的辐射圈内部形成关系紧密的整体,各类资源由周边向城市流动,城市则将一些功能区分散到周边区域,并带动附近县(区)域的发展。数个城市的辐射圈还会发生交叉,边缘区域相互覆盖、彼此联结,由此形成从点到片、从片到面的广泛辐射圈。从层级上看,它介于省域与县域之间,对上承接国家政策和领导,对下带动基层发展,处于承上启下的枢纽地位。我国幅员辽阔,基层与中央间隔数级,因而在国家治理过程中时常出现"上热中温下冷"的问题,基层落实政策乏力。省域又似乎是一个太大的范围,尤其是人口众多或面积较大的省份,其内部也具有较强的多样性,省内管理和协调也具有较大困难。而随着城市化的不断发展,城市聚集了大量人才、资金、技术等资源优势,逐渐形成自己较为成熟的"圈层"结构,有更强的实力解决问题和面对挑战。因此,充分发挥一定的地域在社会治理现代化中承上启下、以点带面的枢纽作用,是全面推进国家治理体系和治理能力现代化的重要步骤。

"社会治理现代化"中还有一个重要的关键词——"现代化"。它是一种十分抽象的、概括性的整体要求,指向更先进、更高效、更和谐的社会治理方式。习近平总书记在党的十九大报告中明确要求:"打造共建共治共享的社会治理格局。""共建共治共享"这三大要求与"现代化"的目标暗合,为新时代社会治理的创新指明了方向。从具体内涵来看,"共建"是指科学合理的社会治理格局由全体社会成员集思共创、社会治理体制由社会成员群策构建。"共治"是指社会治理体制机制的良性运行,仰赖社会成员共同维系、联动融合、协同推进。"共享"是指社会治理的治理资源、治理利益和治理秩序"红利",由社会成员共同保有和转化。这是对社会治理各领域、各层次提出的整体要求,应当从多个方面加以落实。具体而言,可以从以下维度加以考虑。[1]

一是思想层面。"共建共治共享",关键在于一个"共"字。要形成这样的社会治理格局,最重要的是多方主体协同参与。无论是党和政府还是单位、企

〔1〕　参见江必新:《关于多元共治的若干思考》,载《社会治理》2019 年第 3 期。

业、组织、公民个人等，都需要树立起主人翁意识，提高协同促进社会治理的积极性，主动参与社会生活的各个环节。只有具备这样的参与意识，才能开放、主动地分享自己的信息和资源，积极构建彼此之间的和谐合作模式，这一点对检察建议制度的完善具有重要指导意义。检察建议是双向的，需要被建议单位的积极配合与协作。在检察机关不断努力从内部推动检察建议制度时，还需要各主体主动前来迎合，与检察机关相向而行，以交互式、协同式的制度模式提升检察建议刚性。

二是组织层面。基层社会治理工作多由基层组织承担，基层组织肩负了我国社会治理主体的责任，也成为推进共建共治共享社会治理格局最基本和最重要的节点，这是由其基层性和基础性决定的。同时，基层社会治理面对的问题，往往具有多元性和复杂性，不仅有全国性的普遍问题，更有地域性的特殊问题，而基层组织是最接近和最了解这些实际情况的，在组织设计层面，应给予其更多灵活性空间和自主性余地，使权力重心下移，以便其能作出合理决策。同时，随着组织的权力和责任下移，资源下沉也成为必然趋势，这是实现共建共治共享社会治理格局的内在要求和必然要求。这一要求落实到检察建议制度中，意味着检察机关需要充分发挥垂直领导体系的优越性和便利性，同时借助社会协同构造多方合作网络，建立长期合作关系，促进彼此之间的资源和信息交换。[1]

三是制度层面。将"共建共治共享"的理念内化为制度，使其以规范化的方式存在，无疑将大大增强其确定性和可预期性。在推进社会治理现代化的进程中，需要有法治化的相关制度来规范相关主体的行为，将模糊而抽象的理论概念明确固定下来。对于检察建议而言，要达到其权力特质和刚性要求的平衡，使其更好地融入社会治理现代化进程中并充分发挥积极作用，制度设计上的改进和完善是其中的重要一环。为此，需要在立法层面上对检察建议中的诸多事项加以明确，使检察建议在从制发到落实的全部流程中都有法可依。检察建议的决策机制、执行机制、监督机制等都尚且存在可完善之处，且直接关系整个制度设计的立场和方向，而目前我国各地检察机关的工作方式多有不同之处，很

---

〔1〕 参见徐玉特：《共建共治共享社会治理格局的推进逻辑与路径》，载《广西社会科学》2020年第11期。

多事项不存在可供参考的标准，完善检察建议立法就显得尤为必要。

四是技术层面。“互联网 +”、大数据、云计算等新兴技术的发展给社会治理带来了巨大而深刻的影响，此类技术正逐渐在各领域改变社会治理方式。将这些先进技术充分利用到日常工作中，将大大促进信息共享和资源整合，从根本上提高生产生活效率。例如，通过大数据的信息分析及可视化优势，分析形成组织之间的网络结构，并根据大数据的数据集散特征提供的信息，建立部门之间更为紧密的资源、物质、能量之间的交换和传递的过程，进而实现共建和共治；利用云技术为组织之间的连接和协作，提供更好和更可信的便捷通道。[1]从检察建议角度看，检察机关可以通过大数据、云计算等技术直观了解本区域内的社会问题，更精准高效地提出检察建议；检察机关之间可以建立信息共享平台，便于工作交流和上级检察院对下级检察院的远程监督；检察机关和被建议单位之间可以通过线上平台沟通协商，增强检察建议的可操作性，提高采纳率和实际效果；检察院和其他社会主体之间同样可以通过信息平台加强协同合作，共同促进社会治理现代化。

总体而言，“共建共享共治”是一个渗透于各个城市圈层的重要理念，是社会治理现代化的应有之义和必然要求。

从检察机关的性质及宪制定位出发，这是研究检察建议制度的根本性问题。《宪法》第 134 条规定：“中华人民共和国人民检察院是国家的法律监督机关。”明确地定位了我国检察机关是国家的法律监督机关，确立了检察权的法律监督权本质。但事实上，人们对检察机关的性质在应然定位和实然定位之间并未达成共识。

主要观点有以下几种：第一种持公诉机关定位观点，认为中国检察官应定位为在刑事诉讼中代表国家承担控诉职能的具有国家公务员性质的公诉人；第二种持司法机关定位观点，受检察工作职责与范围的影响，检察机关有权追诉犯罪，同时又有查清事实真相、保持客观中立的义务；第三种持法律监督定位观点，检察权的运行就是检察机关开展法律监督的过程，而法律监督内容与形式

[1] 参见徐玉特：《共建共治共享社会治理格局的推进逻辑与路径》，载《广西社会科学》2020 年第 11 期。

丰富多元,既包括对刑事诉讼活动的监督,也包括对民事与行政诉讼活动的监督;第四种持行政机关定位观点,检察机关的组织体系与管理模式的行政化特征。《人民检察院组织法》第10条、第17条、第24条等规定,均从立法角度彰显了"阶层式建构"和上令下从的行政化关系。

(1)理论形成

党的十八届三中全会《中共中央关于全面深化改革若干重大问题的决定》的文件将"加快形成更科学有效的社会治理体制"作为深化改革的重要组成部分。党的十八大以来,以习近平同志为核心的党中央高度重视社会治理工作,先后召开中央城镇化工作会议、中央城市工作会议等一系列重要会议,对相关工作提出明确要求、作出战略部署。继党的十九届四中全会提出"加快推进社会治理现代化"之后,党的十九届五中全会进一步提出"加强和创新社会治理,推进社会治理现代化",这集中凸显了社会治理现代化的重要性和紧迫性。有效的社会治理将各种资源下沉到基层,不但为城市居民提供更好的精准化、精细化服务,还可以及时发现各种风险隐患,将矛盾在基层解决。结合国家治理能力和治理体系现代化的目标与党的十九大以来我们党汇聚几代中国共产党人集体智慧的结晶,我国形成了完整的社会治理理论体系,此为社会治理现代化的重要理论基础。当代社会治理已经改变了传统的政府或者统治者的统治、管理活动,而开始向詹姆斯·N.罗西瑙重新定义的"共同目标支持的多元主体协调合作的互动"方向发展。

(2)重点领域

较为完备的社会治理体系,具有解决社会治理中重大矛盾问题的资源和能力,是将风险隐患化解在萌芽、解决在基层的最直接、最有效力的治理层级,处于推进基层治理现代化的前线位置。中央政法委秘书长陈一新先生指出,社会治理现代化是要实现治理理念现代化、治理工作布局现代化、治理体制现代化、治理方式现代化、治理能力现代化。实现社会治理现代化的重点领域是"民主化与法治化、制度化与多元化",提高社会治理"社会化、智能化、专业化"。

具体而言,社会治理现代化的基本要求涵盖以下五个方面:其一是构建职能优化、运行高效的政府负责体制;其二是构建区域联动、部门协作的齐抓共管体制;其三是完善基层群众自治机制;其四是建设公正权威的法治实施体系;其五是建设务实管用的法治保障体系。近来年，各地方不乏探索社会治理现代化的典型案例，如某区探索“平安365”智慧治理机制、某市探索“一核多元、五力共治”社会治理机制等，现代化改革是对目前社会治理体系的重要考验。以某区为例，2020年该区启动并推进社会治理现代化试点改革，先后发布了《关于推进社会治理现代化试点工作的实施方案》《社会治理现代化试点工作指引任务分解》等文件，为该区各方主体开展改革尝试提供了明确的制度基础，也明确了试点现代化改革的具体方向。

（3）现存问题

首先，显著突出的治理问题是多方主体之间信息资源共享不充分、不明确，这直接导致行政机关、检察机关、审判机关等参与社会治理的重要主体之间沟通不畅，出现治理精细化不足、效率不高的问题。

其次，多元主体协同性不充分，行政机关单一治理社会问题的传统思维固化，导致相关政府部门开放性不足、其他主体积极性不高的现象较为普遍。

最后，社会治理的各个领域发展不平衡，管理式思维亟须改变。由于在较长时间内处于管理型国家阶段，部分地区在经济、文化、生态等领域缺乏治理经验，在有机联动多方主体、以非行政手段处理基层问题等现代化手段中尚存完善空间。

二、针对敏感业务活动执行问题

涉案企业合规相对不起诉改革是检察机关根据我国目前经济社会发展状况开展的一项“难且正确”的伟大实践。在涉案企业合规相对不起诉制度下，对于具有严重社会危害性的企业应当予以严惩，但对于情节较轻的涉罪企业应当平衡各方面的利害关系，充分发挥法律的预防和矫正作用，给企业一个重生的机会。希望检察机关进一步充分发挥检察职能作用，推进企业合规审查。

改革试点向纵深发展：一是尽快将试点工作推向全国。符合条件的涉案企业在具体运营过程中会出现各种各样的市场情况，需要不断地维护和开拓，尽快试点能使企业家尽快享受到企业合规所带来的红利。二是充分发挥律师在合规改革中的积极作用，加强律师队伍联系沟通，促进相关业务，而这其中就包含着许多敏感的业务活动。所谓敏感业务活动主要是根据合规风险评估结论中若干高合规风险业务活动的范围确定，随着合规话题领域而不同。针对敏感业务活动的合规审查更具动态性和活力性。[1]

有学者梳理了关于敏感业务活动执行的注意问题[2]，值得再次探讨：涉案企业合规改革试点是检察工作的改革创新，既是法治社会建设的需要，也是检察机关服务保障经济社会发展的需要，希望进一步加大改革力度，推动合规风险评估结论中若干不起诉制度尽快落地：第一，建议尽快下发文件实现企业合规风险业务活动的改革试点"双向扩展"：一是在全国范围内确定，随着合规领域而推广涉案企业合规改革试点工作，在各个省（直辖市、自治区）都选择不同，针对敏感业务活动的试点单位进行探索；二是对原来已经开展试点的十个省份进一步扩大试点范围。第二，建议尽快推动企业合规制度进入刑事诉讼法，可以在刑事诉讼法中专设一章，使目前已经确立的合规审查更具动态性和活力性。第三，在合规试点中，检察机关应充分履行法律监督职能，对公安机关的执法工作、法院的审判工作起到监督作用。

过去几年党中央高度重视民营企业和民营企业家保护，正在推进的涉案企业合规改革试点工作对于民营企业来说是一项深入人心的改革。第一，进一步强化知识产权保护。民营企业知识产权保护存在举证难、侵权事实认定难、案件审理周期长、赔偿额度低、维权成本高的短板。针对这些问题，一是加强知识产权领域检察机构建设，强化组织保障，发挥知识产权刑事、民事、行政检察职能综合治理优势；二是加快推动知识产权智库建设，组建知识产权领域专业技术人才库。第二，加大对虚假诉讼、恶意诉讼的打击力度。推动有关部门正确理解立案登记制的精神实质。建立重大案件资金冻结的事前评估评审机制，防止滥用诉权。第三，进一步加强对民营企业家人身和财产安全的保护，创新服务方式，落实平等原则，严格区分企业家个人财产和法人财产界限，审慎采用限

---

〔1〕 毕俊超：《合规管理融入企业管理体系的思考》，载《现代商业》2021 年第 18 期。

〔2〕 参见张云霄、王龙宸：《企业合规审查的主要特点及三大方面内容》，载微信公众号"云讲合规"2021 年 9 月 8 日，https://mp.weixin.qq.com/s/1ALJ2a3KFP0H9LL-TGwIyg；王志乐主编：《企业合规管理操作指南》，中国法制出版社 2017 年版，第 50～123 页；胡国辉：《企业合规概论》，电子工业出版社 2017 年版，第 76～96 页。

制企业家人身自由和财产权利的强制措施。第四,探索建立符合大型民营企业运营特点的合规保障机制。加强检察机关服务保障企业合规的工作力度,提出针对性强的意见、建议,推进企业内部治理体系和企业反腐败机制法治化建设。[1]

有学者提出了如下观点[2],指出律师参与合规的注意事项。针对我国刑法对单位及其主要负责人是否应当为企业高风险交易员工在其业务领域内且是为单位利益实施的犯罪活动的合规审查,应当注意以下几点:

第一,注意合规审查的适度性,即承担刑事责任,采用的不是替代责任模式,而是要求单位及其主要负责人在主观上具有罪过,才能把企业员工犯罪行为归责于单位及其主要负责人。

企业员工的行为是否能够代表和体现单位意志,除了看其行为是否为单位谋取了利益这一明显标志外,还要看该员工的层级是否能够代表单位的整体意思以及该行为否是在单位决定、批准、授意、纵容、指挥下实施。

这是一个事实证明方面的问题而非法律适用方面的问题,当企业员工在其业务领域内实施了客观上为单位带来利益的犯罪行为时,企业可以通过其建立的合规审查的资源,还可能以管理体系作为抗辩理由,不仅证明该员工的行为不能代表单位的整体意志,而且证明该员工的行为对企业或企业的发展与稳定造成不小的负面影响。

第二,注意负责人已经尽到了"合理注意义务",不存在监督过失。从而通过企业已经建立的合规管理体系来阻却企业员工犯罪行为给企业或企业经营者带来的法律风险。

既然是一个事实证明方面的问题,就需要进行实质判断而非形式判断,即企业不仅形式上要有合规审查的精准性,即对于高风险业务活动的审查不应追求"大而全",而应注重"小而精",将实质有效的管理体系落到了实处。如果企

[1] 参见张云霄、王龙宸:《企业合规审查的主要特点及三大方面内容》,载微信公众号"云讲合规"2021年9月8日,https://mp.weixin.qq.com/s/1ALJ2a3KFP0H9LL-TGwIyg;王志乐主编:《企业合规管理操作指南》,中国法制出版社2017年版,第50~123页;胡国辉:《企业合规概论》,电子工业出版社2017年版,第76~96页。

[2] 参见袁志:《律师从事企业合规业务的态度和立场》,载微信公众号"言志说法"2021年8月23日,https://mp.weixin.qq.com/s/F3KA7lKHzbXeCps7kSQZEg。

业在建立合规管理体系时，重形式而轻实质，很容易让建立的合规管理体系成为“皇帝的新衣”，起不到预防和控制企业合规审查的风险的作用，更不能遮蔽和阻却企业员工犯罪行为给企业或企业负责人带来的法律风险。

在这方面，刑事律师比主要精力聚焦于从事民商事或非诉讼业务的律师更具有思维方面的优势。这是因为刑事诉讼和民事诉讼活动虽然都追求案件真相，但在解决纠纷的性质以及具体的诉讼目上还是有不小的区别。这会导致长期从事刑事诉讼的律师更为重实质、轻形式，而长期从事民事诉讼或非诉讼的律师更为看重形式要件上的齐备性，忽略对其实质合理性的判断。企业建立合规管理体系的现实需求和刑辩律师具有的思维优势，为刑事律师参与企业建立和完善合规管理体系提供了广阔的空间。

第三，刑事律师拓展合规业务不能单兵作战，同时也要注意自身合规风险的防范。

刑事律师在企业建立和完善合规体系过程中，虽然有思维方面的优势，但同时也具有知识和经验上的短板。刑事律师虽然熟悉刑事法律，熟悉刑事诉讼中审查的实效性，即针对高风险判断证据的方式，但其对企业整体经营活动、企业实际经营活动中的需求以及企业在经营活动中涉及的各种法律法规和政策的熟悉程度不如民商事律师和长期从事公司法律顾问等非诉讼业务活动的律师。

刑事律师在企业建立的合规审查不仅仅只是所谓的“书面审查”，而应当结合具体的业务模式实践，将书面审查和实地审查相结合，尤其是要在审查管理体系过程中，更多地扮演检测员或检验员的角色，主要是对企业借助其法务人员或外部律师建立起来的合规体系进行检测或检验，看是否能够实质有效地控制企业刑事法律风险，能否阻却企业或企业负责人受到员工犯罪行为的牵连和波及，并在此基础上提供完善和改进的建议。

因此，刑事律师在拓展合规业务部门进行紧密沟通和协作时不能单兵作战，而是应当和民商事以及主要从事非诉讼业务的律师合作，彼此优势互补，才能真正将帮助企业建立完善有效的合规审查融入敏感管理体系中。此外，合规审查还应当注意效率，在为企业提供法律服务过程中，也应当借助刑事律师的力量，拓展为当事人服务的内容。

最后,还需要指出的是,刑事律师在从事合规业务过程中,同样存在因自身合规审查的迟缓而错失企业发展良机的问题。企业负责人在经营活动中追求的主要是经济利益,虽然也有法律风险意识,但在经济利益和合规经营发生冲突时,大多倾向考虑如何规避风险而不是去防范风险。

规避风险其实就是让律师想办法,出主意,打法律的"擦边球"。如果律师受经济利益的诱惑,利用自己的专业知识和经验去出主意,想办法,一是有成为共犯的风险,二是可能在传授犯罪方法。〔1〕

第四节　本章相关法律法规

一、深圳市宝安区司法局《关于企业刑事合规独立监控人选任及管理规定(试行)》(深宝司〔2020〕100号)

第一条　为进一步发挥法律监督职能,激励企业合规经营,为企业健康发展提供有力司法保障,规范企业刑事合规独立监控人选任和管理工作,保障独立监控人依法行使监督权,发挥调查、规划、监督的作用,根据《中华人民共和国刑事诉讼法》、《中共中央、国务院关于营造更好发展环境支持民营企业改革发展的意见》等有关法律法规及政策精神,结合我区工作实际,制定本规定。

第二条　本规定所称企业刑事合规独立监控人(以下简称"独立监控人"),是指受犯罪嫌疑企业委托,对企业刑事合规情况进行调查、规划、监督的律师事务所。

第三条　选任和管理独立监控人应当遵循"平等自愿、公开公正、科学高效"的原则。

第四条　区司法局应当与区人民检察院建立工作协作机制,负责独立监控人的选任、培训、考核、监督和管理工作,保障独立监控人依法充分履行职责。

第五条　独立监控人从律师事务所中选任并纳入名录库。

---

〔1〕　参见袁志:《律师从事企业合规业务的态度和立场》,载微信公众号"言志说法"2021年8月23日,https://mp.weixin.qq.com/s/F3KA7lKHzbXeCps7kSQZEg。

第六条 担任独立监控人的律师事务所，应具备以下条件：

（一）具有良好的诚信和市场形象；

（二）经司法行政机关批准成立且连续运营三年以上；

（三）近三年内无行政处罚及行业处分记录；

（四）具有完善的内部管理、项目监控和操作制度，并且执行规范；

（五）专职执业律师十人及以上，从事相关法律服务业务两年以上，并有企业合规及法律风险防控的相关经验，具备承担独立监管职责的专业知识及技能；

（六）与承办的案件及监控的企业无利害关系。

律师事务所获得省级以上优秀律师事务所荣誉的，优先选任。

第七条 独立监控人名录库的名额，由区司法局与区人民检察院协商确定。

第八条 区司法局协助区人民检察院建立独立监控人名录库并定期更新，区司法局应在选任工作开始三十日前，发布独立监控人选任公告。

选任公告内容应包括：独立监控人的选任名额、选任条件、报名方式、报名材料、意见反馈方式等相关事项。

第九条 区司法局审查确定独立监控人拟选任名单后，应当向社会公示，公示时间不少于五个工作日。公示期内，对拟选任名单有异议的，区司法局应当进行调查核实，并在收到异议之日起五个工作日内作出调查结论。

第十条 拟选任名单经过公示无异议或者经调查异议不成立的，由区人民检察院和区司法局共同作出选任决定、颁发证书，并向社会公布。

第十一条 被确定为独立监控人的，应向区人民检察院出具书面保证书。

第十二条 独立监控人应就企业刑事合规情况进行调查，协助犯罪嫌疑企业制定合规计划以及协助区人民检察院监督合规计划的执行，并针对其履职情况、企业刑事合规建设出具阶段性书面监控报告，作为区人民检察院作相应处理决定的参考。

第十三条 独立监控人应当恪尽职守，履行诚实、信用、谨慎、勤勉、中立的义务，并遵守下列规定：

（一）遵守法律法规，服从监督；

（二）依法、独立、客观、公正地实施合规监控；

（三）定期向区人民检察院报告合规监控情况；

（四）发现犯罪嫌疑企业、犯罪嫌疑人曾隐匿的或者新出现的不合规行为，应及时向区人民检察院报告并督促犯罪嫌疑企业、犯罪嫌疑人整改；

（五）对监控过程中知悉的国家秘密、商业秘密、案件情况及个人隐私等信息予以保密。

第十四条　独立监控人应当严格遵守法律和有关纪律规定，按照规定的权限和程序，独立公正地进行监督，不得有下列行为：

（一）妨碍案件公正处理；

（二）泄露案件涉及的国家秘密、商业秘密、个人隐私和未成年人犯罪信息；

（三）披露其他依照法律法规和有关规定不应当公开的案件信息；

（四）以监督考察为名，随意干扰企业正常生产经营活动或者实施收受财物等违反廉洁纪律的行为；

（五）损害犯罪嫌疑企业合法权益的其他行为。

独立监控人履职中有上述行为之一的，视情节给予劝诫或免除其独立监控人资格，构成犯罪的，依法追究刑事责任。

第十五条　针对企业刑事合规工作的开展情况，区司法局和区人民检察院可适时举办相关培训，加强经验总结，推广有效举措。

第十六条　区司法局联合区人民检察院对独立监控人进行年度考核，考核结果作为对独立监控人免除资格、续任的重要依据。

区司法局应当会同区人民检察院及时将考核结果、惩戒情况书面通知独立监控人。

第十七条　独立监控人具有下列情形之一的，由作出选任决定的区人民检察院和区司法局联合进行调查核实，作出免除其独立监控人资格的决定：

（一）在选任时弄虚作假，提供不实材料的；

（二）受到司法行政机关行政处罚或者行业处分的；

（三）具有本办法第十四条规定情形，情节严重的；

（四）利用独立监控人身份发表、从事与履职无关的言行，造成一定负面影响或者后果的；

（五）年度考核不合格的；

（六）违反社会公德、职业道德以及其他严重有损独立监控人形象、社会公信力行为的。

独立监控人因具有本条第一款规定的情形被免职的，不得再次担任独立监控人。

第十八条 独立监控人因客观原因不能履职的，或者出现其他影响履职的重大事项的，应当及时向区司法局报告，并辞去独立监控人职务。区司法局发现有上述情形的，可以会商区人民检察院直接免除其资格。

第十九条 本规定自公布之日起施行。

二、浙江省岱山县人民检察院《涉企案件刑事合规办理规程（试行）》

（现有公开资源无法查询到规程原文，概要如下）

一、刑事办案+合规承诺首次结合

检察官办理涉企案件时，对于认罪认罚的企业应主动走访，征求是否具有合规经营意愿，企业有意愿作出合规承诺的，检察官选定合规监督员派驻企业，确定合规整改方案。整改期内，合规监督员需持续指导监督整改进度并定期报告检察官。整改期满经公开听证（合规监督员应在场接受询问），检察官汇总各方意见后视情形从宽处理。

二、合规整改期时间段首次明确

审查起诉期间，合规整改期应在六个月至两年间，可适当延续，具体根据犯罪的性质、情节、后果等综合评估。检察官同相关部门协调，通过羁押必要性审查、变更强制措施、建议中止审理或延期审理、退回补充侦查等方式保证整改期的有效性。

三、合规整改阶段首次全扩大化

提前介入阶段、审查逮捕阶段、审理阶段、刑罚执行阶段的涉企案件，参照适用本规程。

对虽不构成犯罪却存在刑事风险的企业及受到犯罪侵害希望建立合规体系的企业,也可以参照适用本规程,协助建立刑事合规风险防控制度。

四、整改方案内容首次标准化

整改方案必须包括赔偿损失、消除犯罪影响、确定专职合规人员、重点监管"敞口"岗位、全面留痕考核培训、协助深挖企业"蛀虫"、规范议事决策程序、配合合规监督员开展调查(尽职、内部、反舞弊、证据保全)与企业异议权等十项标准化内容。

五、刑事合规+行政争议实质性化解

衔接首次提出合规整改方案、整改落实情况应及时抄送监管部门。在刑事从宽处理的同时,检察官应积极促成如行政和解等争议实质性化解方案,实现监管部门从宽处罚。

六、合规监督员首次多元化

专业合规监督员应从律师事务所、会计师事务所、税务师事务所等中选任,具体与市场监管部门、县工商联(商会)与县司法局协商确定。涉案企业有权推荐专业合规监督员。

普通合规监督员,具体本院与县工商联(商会)、司法局、各乡镇(开发区管委会)等协商在公务人员中确定。

七、整改验收合格的处理结果首次明确

根据听证会情况,在律师见证下与涉案企业签署认罪认罚具结书,作不捕不诉、缓刑建议或减免罚金建议。

八、整改企业再犯罪的处理首次提出

合规整改期间企业又犯新罪,检察官审查后应根据罪行的社会危险性综合判断是否继续执行整改方案;涉案企业未能全部完成阶段性义务,检察官应综

合评估未完成的原因，对因政策变化、市场不可预见风险等非人为因素，通过在法定办案期限内适度延长合规整改期限给予企业补救机会。

整改方案提交及整改过程中，企业反悔或有能力进行合规整改而拒不履行的，检察官应逮捕或提起公诉。

九、刑事合规办案首次案件化办理

坚持全程留痕原则，由案件受理、调查初核、合规承诺、合规整改、评估处理五个环节组成，并将工作材料归入检察卷。

三、山东省人民政府国有资产监督管理委员会《省属企业合规管理指引》

山东省关于省属企业合规管理的规范具有相对较高的参考价值，这也与该省省属企业占比高、经营规模大有关。首先对该规范的通知予以分析，明确该规范的重点与亮点。

第一章　总　　则

第一条　为推动省属企业全面加强合规管理，有效防控合规风险，提升企业依法合规管理水平，保障企业持续稳定健康发展，根据《中华人民共和国公司法》、《中华人民共和国企业国有资产法》等有关法律法规规定，参照国务院国资委《中央企业合规管理指引（试行）》，结合省属企业实际，制定本指引。

第二条　本指引适用于省国资委依法履行出资人职责的企业。

本指引所称合规，是指省属企业及其员工的经营管理行为符合法律法规、监管规定、行业准则和企业章程、规章制度以及国际条约、规则等要求。

本指引所称合规风险，是指省属企业及其员工因不合规行为，引发法律责任、受到相关处罚、造成经济或声誉损失以及其他负面影响的可能性。

本指引所称合规管理，是指以有效防控合规风险为目的，以企业和员工经营管理行为为对象，开展包括制度制定、风险识别、合规审查、风险应对、责任追究、考核评价、合规培训等有组织、有计划的管理活动。

第三条　省属企业应当建立健全合规管理制度，完善合规管理组织架构，明确合规管理职责，构建合规管理体系，推动合规文化建设，有效识别、防范、化解合规风险。

第四条　省属企业应当树立合规经营意识，培育合规文化，推行主动合规、合规创造价值等合规理念，并将合规文化建设作为企业文化建设的重要组成部分。

第五条　省属企业应当按照以下原则加快建立健全合规管理体系：

（一）全面覆盖，突出重点。坚持将合规要求覆盖各业务领域、各部门、各级子企业和分支机构、全体员工，贯穿决策、执行、监督全流程。突出重点领域、重点环节和重点人员合规管理，以点带面逐步实现全业务、全流程、全层级的合规管理。

（二）结合实际，独立客观。立足企业现状，循序渐进，优先解决合规管理工作中的薄弱环节和突出问题。合规管理牵头部门对企业和员工行为进行客观评价和处理，独立履行职责，不受其他部门和人员的干涉。

（三）强化责任，协同联动。把加强合规管理工作作为省属企业主要负责人履行推进法治建设第一责任人职责的重要内容。建立全员合规责任制，明确管理人员和各岗位员工的合规责任并督促有效落实。推动合规管理与法律、风险、内控、审计、监察等工作的统筹衔接、协同联动，确保合规管理体系有效运行。

第六条　省国资委负责指导监督省属企业合规管理工作。

第二章　合规管理职责

第七条　董事会的合规管理职责主要包括：

（一）批准企业合规管理战略规划、基本制度和年度报告；

（二）推动完善合规管理体系；

（三）决定合规管理负责人的任免；

（四）决定合规管理部门的设置和职能；

（五）研究决定合规管理有关重大事项；

（六）按照权限决定有关违规人员的处理及容错免责事项；

（七）建立与合规管理负责人的直接沟通机制；

（八）评估合规管理有效性，督促解决合规管理中存在的问题；

（九）章程规定的其他合规管理职责。

第八条 董事会可以独立设立合规管理委员会，也可授权其他专门委员会履行以下合规管理职责：

（一）审核公司年度合规报告；

（二）听取合规负责人和合规管理牵头部门有关合规事项的报告；

（三）监督公司合规管理，了解合规政策的实施情况和存在的问题，并向董事会提出意见和建议；

（四）章程规定或董事会授权的其他职责。

第九条 监事会的合规管理职责主要包括：

（一）监督董事会的决策与流程是否合规；

（二）监督董事和高级管理人员合规管理职责履行情况；

（三）对引发重大合规风险负有主要责任的董事、高级管理人员提出罢免建议；

（四）向董事会提出撤换公司合规管理负责人的建议；

（五）章程规定的其他合规管理职责。

第十条 经理层的合规管理职责主要包括：

（一）根据董事会决定，建立健全合规管理组织架构，明确合规管理部门，并为合规负责人和合规管理部门履行职责提供充分条件；

（二）批准合规管理具体制度规定；

（三）批准合规管理计划，采取措施确保合规制度得到有效执行；

（四）明确合规管理流程，确保合规要求融入业务领域；

（五）审核并向董事会或其授权的专业委员会提交企业年度合规报告；

（六）及时制止并纠正不合规的经营行为，按照权限对违规人员进行责任追究或提出处理建议；

（七）章程规定或者经董事会授权的其他职责。

第十一条 省属企业应当明确合规管理负责人，由企业相关负责人或总法律顾问担任。主要职责包括：

（一）组织制订合规管理战略规划；

（二）参与企业重大决策并提出合规意见；

（三）领导合规管理牵头部门开展工作；

（四）向董事会和总经理汇报合规管理重大事项；

（五）组织起草合规管理年度报告；

（六）章程或董事会确定的其他合规管理职责。

第十二条　省属企业根据企业实际，可单独设置合规管理牵头部门，或由法律事务机构作为合规管理牵头部门，负责组织、协调和监督合规管理工作，为其他部门提供合规支持。主要职责包括：

（一）研究起草合规管理计划、基本制度和具体制度规定；

（二）持续关注法律法规等规则变化，组织开展合规风险识别和预警，参与企业重大事项合规审查和风险应对；

（三）组织开展合规检查与考核，对制度和流程进行合规性评价，督促违规整改和持续改进；

（四）指导所属单位合规管理工作；

（五）受理职责范围内的违规举报，组织或参与对违规事件的调查，并提出处理建议；

（六）组织或协助业务部门、人力资源部门开展合规培训；

（七）章程或董事会确定的其他合规管理职责。

规模较小或合规风险较低的企业，可以设立合规团队（合规专员）行使合规管理职责，或者委托外部律师提供合规管理服务。

第十三条　省属企业各业务部门负责本领域的日常合规管理工作，按照合规要求完善业务管理制度和流程，主动开展合规风险识别和隐患排查，发布合规预警，组织合规审查，及时向合规管理部门通报风险事项，妥善应对合规风险事件，做好本领域合规培训和商业伙伴合规调查等工作，组织或配合进行违规问题调查并及时整改。

第十四条　省属企业监察、审计、法律、内控、风险管理、安全生产、质量环保等其他相关部门按照职责分工，在职权范围内履行合规管理职责。企业应当建立健全合规管理牵头部门与其他相关部门之间的协商协作机制。

第三章 合规管理框架和重点

第十五条 省属企业可以建立三道防线的合规管理框架，确保三道防线各司其职、协调配合，有效参与合规管理，形成合规管理的合力。

第十六条 省属企业各业务部门履行合规管理的第一道防线职责。主动进行日常合规管控，负责业务范围内合规自查，向合规管理牵头部门提供合规风险信息，配合合规管理牵头部门开展合规风险监测和评估。

第十七条 合规管理牵头部门按照第十二条职责，履行合规管理第二道防线职责，向企业各部门业务活动提供合规支持，组织、协调、监督各部门开展合规管理各项工作；对重要规章制度制定、重大事项决策、重要合同签订、重大项目运营等经营管理行为进行合规审查。

第十八条 内部审计部门履行合规管理的第三道防线职责，定期对公司的合规管理情况开展审计。

第十九条 省属企业应当根据外部环境变化，结合自身实际，在全面推进合规管理的基础上，突出重点领域、重点环节和重点人员，切实防范合规风险。

第二十条 加强对以下重点领域的合规管理：

（一）市场交易。完善交易管理制度，严格履行决策批准程序，建立健全自律诚信体系，突出反商业贿赂、反垄断、反不正当竞争，规范资产交易、招投标等活动。

（二）安全环保。严格执行国家安全生产、环境保护法律法规，完善企业生产规范和安全环保制度，加强监督检查，及时发现并整改违规问题。

（三）产权管理。严格执行国资监管制度，规范产权登记、资产评估、清产核资、产权转让、混合所有制改革、股权激励等事项操作程序，防止国有资产流失。

（四）建设工程。健全建设工程项目管理体系，加强制度建设，强化对项目管理的全过程控制，规范协议的履行，保障建设项目在依法合规的基础上顺利实施。

（五）产品质量。完善质量体系，加强过程控制，严把各环节质量关，提供优质产品和服务。

（六）劳动用工。严格遵守劳动法律法规，健全完善劳动合同管理制度，规范劳动合同签订、履行、变更和解除，切实维护劳动者合法权益。

（七）财务税收。健全完善财务内部控制体系，严格执行财务事项操作和审批流程，严守财经纪律，强化依法纳税意识，严格遵守税收法律政策。

（八）知识产权。及时申请注册知识产权成果，规范实施许可和转让，加强对商业秘密和商标的保护，依法规范使用他人知识产权，防止侵权行为。

（九）商业伙伴。对重要商业伙伴开展合规调查，通过签订合规协议、要求作出合规承诺等方式促进商业伙伴行为合规。

（十）省属企业主营业务中涉及的其他高风险领域或其他需要重点关注的领域。

第二十一条　加强对以下重点环节的合规管理：

（一）制度制定环节。强化对规章制度、改革方案等重要文件的合规审查，确保符合法律法规、监管规定等要求。

（二）经营决策环节。严格落实“三重一大”决策制度，细化各层级决策事项和权限，加强对决策事项的合规论证把关，保障决策依法合规。

（三）运营管理环节。严格执行合规制度，加强对重点流程的监督检查，确保生产经营过程中照章办事、按章操作。

（四）其他需要重点关注的环节。

第二十二条　加强对以下重点人员的合规管理：

（一）管理人员。促进管理人员切实提高合规意识，带头依法依规开展经营管理活动，认真履行承担的合规管理职责，强化考核与监督问责。

（二）重要风险岗位人员。聚焦重点领域和关键环节，明确界定重要风险岗位，有针对性加大培训力度，使重要风险岗位人员熟悉并严格遵守业务涉及的各项规定，加强监督检查和违规行为追责。

（三）海外人员。将合规培训作为海外人员任职、上岗的必备条件，确保遵守我国和所在国法律法规等相关规定。

（四）其他需要重点关注的人员。

第二十三条　强化对外贸易、境外投资、跨境交易、海外运营以及海外工程建设等海外投资经营行为的合规管理：

（一）深入研究并严格遵守所在国法律法规、缔结或者加入的有关国际条约及相关国际规则，全面掌握禁止性规定，明确海外投资经营行为的红线、底线；

（二）健全海外合规经营的制度、体系、流程，重视开展项目的合规论证和尽职调查，依法加强对境外机构的管控，规范经营管理行为；

（三）定期排查梳理海外投资经营业务的风险状况，重点关注投资保护、市场准入、外汇与贸易管制、环境保护、税收劳工等高风险领域以及重大决策、重大合同、大额资金管控和境外子企业公司治理等方面存在的合规风险，妥善处理、及时报告，防止扩大蔓延。

第四章　合规管理运行

第二十四条　建立健全合规管理制度，制定全员普遍遵守的合规行为规范，针对重点领域制定专项合规管理制度，并根据法律法规变化和监管动态，及时将外部有关合规要求转化为内部规章制度。

第二十五条　建立合规风险识别预警机制，全面系统梳理经营管理活动中存在的合规风险，对风险发生的可能性、影响程度、潜在后果等进行系统分析，对于典型性、普遍性和可能产生较严重后果的风险及时发布预警。

第二十六条　加强合规风险应对，针对发现的风险制定预案，采取有效措施，及时应对处置。对于重大合规风险事件，合规管理委员会（或授权专门委员会）统筹领导，合规管理负责人牵头，相关部门协同配合，最大限度化解风险、降低损失。

第二十七条　强化违规问责，完善违规行为处罚机制，明晰违规责任范围，细化惩处标准，确保企业能够针对反映的问题和线索，及时开展调查，严肃追究违规人员责任。

第二十八条　开展合规管理评估，定期对合规管理体系的有效性进行分析，对重大或反复出现的合规风险和违规问题，深入查找根源，完善相关制度，堵塞管理漏洞，强化过程管控，持续改进提升。依托内部审计或委托符合条件会计师事务所、律师事务所或管理咨询机构等外部专业机构对企业合规管理的适当性、合规性和有效性进行独立审查、评价和监督，将其与整体合规管理体系工作同步推进，及时评估和改进。

第五章　合规管理保障

第二十九条　建立合规考核评价制度,各省属企业应将合规经营管理情况纳入对各部门和所属企业负责人的年度绩效考核,细化评价指标。对所属单位和员工合规职责履行情况进行评价,并将结果作为员工考核、干部任用、评先选优等工作的重要依据。

第三十条　强化合规管理信息化建设,通过信息化手段优化管理流程,记录和保存相关信息。运用大数据等工具,加强对经营管理行为依法合规情况的实时在线监控和风险分析,实现信息集成与共享。

第三十一条　建立专业化、高素质的合规管理队伍,根据业务规模、合规风险水平等因素,配备具备较强法律业务能力、经营管理能力的合规管理人员,持续加强业务培训,提升队伍能力水平。

海外经营重要地区、重点项目应当明确合规管理机构或配备专职人员,切实防范合规风险。

第三十二条　重视合规培训,结合法治宣传教育,建立制度化、常态化培训机制,加强合规知识学习,提升合规意识及遵纪守法自觉性,确保员工理解、遵循企业合规目标和要求。

第三十三条　积极培育合规文化,通过制定发放合规手册、签订合规承诺书等方式,强化全员安全、质量、诚信和廉洁等意识,树立依法合规、守法诚信的价值观,筑牢合规经营的思想基础。

第三十四条　建立合规报告制度,发生较大合规风险事件,合规管理牵头部门和相关部门应当及时向合规管理负责人、分管领导报告。重大合规风险事件应当及时向省国资委和有关部门报告。

合规管理牵头部门汇总分析企业合规风险和合规管理工作情况,起草年度报告,经董事会审议通过后及时报送省国资委。

第六章　附　　则

第三十五条　省属企业可根据本指引,结合实际制定本企业合规管理方案。金融企业行业监管法律法规另有规定的,从其规定。

第三十六条 本指引由省国资委负责解释。

第三十七条 本指引自 2020 年 1 月 1 日起施行，有效期至 2024 年 12 月 31 日。

第四章　企业合规的新领域之数据合规

第一节　我国数据合规监管的实现基础

探究数据合规问题，首先需要进行数据合规的基本制度探讨。在我国，大部分数据制度还处于初探阶段，因此对现有基础制度进行梳理是十分必要的。

一、数据业务相关法律规范

从上述位阶较高的法律规范归纳可以看出，目前我国对数据安全行为的规范主要集中在网络安全法和刑法方面，在数据安全法出台之前，数据行为受到监管的空间和程度都有一定限制，这也给互联网金融公司从事数据违法犯罪行为留下了空间。因此，我国在不同法律效力层级上制定了相对详细的规范性文件，见表4－1。

表4－1　我国数据安全行为规范

相关法律法规	具体条文
《中华人民共和国网络安全法》	**第六条**　国家倡导诚实守信、健康文明的网络行为，推动传播社会主义核心价值观，采取措施提高全社会的网络安全意识和水平，形成全社会共同参与促进网络安全的良好环境。
	第九条　网络运营者开展经营和服务活动，必须遵守法律、行政法规，尊重社会公德，遵守商业道德，诚实信用，履行网络安全保护义务，接受政府和社会的监督，承担社会责任。
	第十条　建设、运营网络或者通过网络提供服务，应当依照法律、行政法规的规定和国家标准的强制性要求，采取技术措施和其他必要措施，保障网络安全、稳定运行，有效应对网络安全事件，防范网络违法犯罪活动，维护网络数据的完整性、保密性和可用性。

续表

相关法律法规	具体条文
《中华人民共和国网络安全法》	**第十二条** 国家保护公民、法人和其他组织依法使用网络的权利,促进网络接入普及,提升网络服务水平,为社会提供安全、便利的网络服务,保障网络信息依法有序自由流动。 任何个人和组织使用网络应当遵守宪法法律,遵守公共秩序,尊重社会公德,不得危害网络安全,不得利用网络从事危害国家安全、荣誉和利益,煽动颠覆国家政权、推翻社会主义制度,煽动分裂国家、破坏国家统一,宣扬恐怖主义、极端主义,宣扬民族仇恨、民族歧视,传播暴力、淫秽色情信息,编造、传播虚假信息扰乱经济秩序和社会秩序,以及侵害他人名誉、隐私、知识产权和其他合法权益等活动。
	第二十二条 网络产品、服务应当符合相关国家标准的强制性要求。网络产品、服务的提供者不得设置恶意程序;发现其网络产品、服务存在安全缺陷、漏洞等风险时,应当立即采取补救措施,按照规定及时告知用户并向有关主管部门报告。 网络产品、服务的提供者应当为其产品、服务持续提供安全维护;在规定或者当事人约定的期限内,不得终止提供安全维护。 网络产品、服务具有收集用户信息功能的,其提供者应当向用户明示并取得同意;涉及用户个人信息的,还应当遵守本法和有关法律、行政法规关于个人信息保护的规定。
	第二十四条 网络运营者为用户办理网络接入、域名注册服务,办理固定电话、移动电话等入网手续,或者为用户提供信息发布、即时通讯等服务,在与用户签订协议或者确认提供服务时,应当要求用户提供真实身份信息。用户不提供真实身价信息的,网络运营者不得为其提供相关服务。 国家实施网络可信身份战略,支持研究开发安全、方便的电子身份认证技术,推动不同电子身份认证之间的互认。
	第二十八条 网络运营者应当为公安机关、国家安全机关依法维护国家安全和侦查犯罪的活动提供技术支持和协助。
	第四十条 网络运营者应当对其收集的用户信息严格保密,并建立健全用户信息保护制度。

续表

相关法律法规	具体条文
《中华人民共和国网络安全法》	**第四十一条**　网络运营者收集、使用个人信息，应当遵循合法、正当、必要的原则，公开收集、使用规则，明示收集、使用信息的目的、方式和范围，并经被收集者同意。 网络运营者不得收集与其提供的服务无关的个人信息，不得违反法律、行政法规的规定和双方的约定收集、使用个人信息，并应当依照法律、行政法规的规定和与用户的约定，处理其保存的个人信息。
	第四十二条　网络运营者不得泄露、篡改、毁损其收集的个人信息；未经被收集者同意，不得向他人提供个人信息。但是，经过处理无法识别特定个人且不能复原的除外。 网络运营者应当采取技术措施和其他必要措施，确保其收集的个人信息安全，防止信息泄露、毁损、丢失。在发生或者可能发生个人信息泄露、毁损、丢失的情况时，应当立即采取补救措施，按照规定及时告知用户并向有关主管部门报告。
	第四十三条　个人发现网络运营者违反法律、行政法规的规定或者双方的约定收集、使用其个人信息的，有权要求网络运营者删除其个人信息；发现网络运营者收集、存储的其个人信息有错误的，有权要求网络运营者予以更正。网络运营者应当采取措施予以删除或者更正。
	第四十五条　依法负有网络安全监督管理职责的部门及其工作人员，必须对在履行职责中知悉的个人信息、隐私和商业秘密严格保密，不得泄露、出售或者非法向他人提供。
	第四十七条　运营者应当加强对其用户发布的信息的管理，发现法律、行政法规禁止发布或者传输的信息的，应当立即停止传输该信息，采取消除等处置措施，防止信息扩散，保存有关记录，并向有关主管部门报告。
	第七十四条　违反本法规定，给他人造成损害的，依法承担民事责任。 违反本法规定，构成违反治安管理行为的，依法给予治安管理处罚；构成犯罪的，依法追究刑事责任。

续表

相关法律法规	具体条文
《中华人民共和国刑法》	**第二百五十三条之一** **【侵犯公民个人信息罪】**违反国家有关规定,向他人出售或者提供公民个人信息,情节严重的,处三年以下有期徒刑或者拘役,并处或者单处罚金;情节特别严重的,处三年以上七年以下有期徒刑,并处罚金。 违反国家有关规定,将在履行职责或者提供服务过程中获得的公民个人信息,出售或者提供给他人的,依照前款的规定从重处罚。 窃取或者以其他方法非法获取公民个人信息的,依照第一款的规定处罚。 单位犯前三款罪的,对单位判处罚金,并对其直接负责的主管人员和其他直接责任人员,依照各该款的规定处罚。
	第二百八十五条 **【非法侵入计算机信息系统罪】**违反国家规定,侵入国家事务、国防建设、尖端科学技术领域的计算机信息系统的,处三年以下有期徒刑或者拘役。 **【非法获取计算机信息系统数据、非法控制计算机信息系统罪】**违反国家规定,侵入前款规定以外的计算机信息系统或者采用其他技术手段,获取该计算机信息系统中存储、处理或者传输的数据,或者对该计算机信息系统实施非法控制,情节严重的,处三年以下有期徒刑或者拘役,并处或者单处罚金;情节特别严重的,处三年以上七年以下有期徒刑,并处罚金。 **【提供侵入、非法控制计算机信息系统程序、工具罪】**提供专门用于侵入、非法控制计算机信息系统的程序、工具,或者明知他人实施侵入、非法控制计算机信息系统的违法犯罪行为而为其提供程序、工具,情节严重的,依照前款的规定处罚。 单位犯前三款罪的,对单位判处罚金,并对其直接负责的主管人员和其他直接责任人员,依照各该款的规定处罚。
	第二百八十六条 **【破坏计算机信息系统罪】**违反国家规定,对计算机信息系统功能进行删除、修改、增加、干扰,造成计算机信息系统不能正常运行,后果严重的,处五年以下有期徒刑或者拘役;后果特别严重的,处五年以上有期徒刑。 违反国家规定,对计算机信息系统中存储、处理或者传输的数据和应用程序进行删除、修改、增加的操作,后果严重的,依照前款的规定处罚。 故意制作、传播计算机病毒等破坏性程序,影响计算机系统正常运行,后果严重的,依照第一款的规定处罚。 单位犯前三款罪的,对单位判处罚金,并对其直接负责的主管人员和其他直接责任人员,依照第一款的规定处罚。

续表

相关法律法规	具体条文
《中华人民共和国刑法》	**第二百八十六条之一** **【拒不履行信息网络安全管理义务罪】**网络服务提供者不履行法律、行政法规规定的信息网络安全管理义务,经监管部门责令采取改正措施而拒不改正,有下列情形之一的,处三年以下有期徒刑、拘役或者管制,并处或者单处罚金:(一)致使违法信息大量传播的;(二)致使用户信息泄露,造成严重后果的;(三)致使刑事案件证据灭失,情节严重的;(四)有其他严重情节的。 单位犯前款罪的,对单位判处罚金,并对其直接负责的主管人员和其他直接责任人员,依照前款的规定处罚。 有前两款行为,同时构成其他犯罪的,依照处罚较重的规定定罪处罚。

二、数据业务合规风险归纳

对于数据业务而言,最大的风险是刑事犯罪,其次就是涉及范围最广的行政处罚。具体而言,我国数据业务涉及的主要风险见表4－2。

表4－2　我国数据业务的主要风险

序号	关键词	法律风险	法律责任
1	数据收集	【非法窃取】窃取或者以其他非法方式获取个人信息。	刑事:【侵犯公民个人信息罪】 (1)情节严重的,拘役3年以下,及/或罚金; (2)情节特别严重的,3年~7年,及罚金。
2		【采集不规范】公司不公开收集规则,不明示收集信息的目的、方式和范围。	行政: (1)责令改正,及/或警告、责令暂停相关业务、停业整顿、关闭网站、吊销相关业务许可证或者吊销营业执照; (2)可以根据情节处没收违法所得、处违法所得1倍~10倍罚款,没有违法所得的,处100万元以下罚款;及 (3)对直接负责的主管人员和其他直接责任人员处1万元~10万元罚款。

续表

序号	关键词	法律风险	法律责任
3	数据收集	【超范围采集】虽收集方式合规，但公司收集的个人信息与公司提供的服务无关。	行政： (1)责令改正，可以根据情节单处或者并处警告、责令暂停相关业务、停业整顿、关闭网站、吊销相关业务许可证或者吊销营业执照； (2)可以根据情节处没收违法所得、处违法所得1倍~10倍罚款，没有违法所得的，处100万元以下罚款；及 (3)对直接负责的主管人员和其他直接责任人员处1万元~10万元罚款。
4		【外采—数据源不合规】公司采集合作机构提供的超授权或违法采集的数据或信息。	如公司未尽到合理审查义务，则： 刑事：【侵犯公民个人信息罪】[1] (1)情节严重的，拘役3年以下，及/或罚金； (2)情节特别严重的，3年~7年，及罚金。 行政： (1)责令改正，及/或警告、责令暂停相关业务、停业整顿、关闭网站、吊销相关业务许可证或者吊销营业执照； (2)可以根据情节处没收违法所得、处违法所得1倍~10倍罚款，没有违法所得的，处100万元以下罚款；及 (3)对直接负责的主管人员和其他直接责任人员处1万元~10万元罚款。
5		【外采—共同违规采集】公司明知合作机构超授权或违规向公司传输用户个人信息且提供技术支持、支付结算等帮助。	刑事：【共同犯罪——侵犯公民个人信息罪】 (1)情节严重的，拘役3年以下，并处或者单处罚金； (2)情节特别严重的，3年~7年，并处罚金。 行政： (1)尚不构成犯罪的，由公安机关没收违法所得，处1日~5日拘留，可以并处5万元~50万元罚款； (2)情节较重的，处5日~15日拘留，可以并处10万元~100万元罚款。

[1] 此处对应刑事认定标准为：(1)公司明知没有获取、提供公民个人信息的法律依据或资格；及(2)有证据证明公司通过窃取、购买、收受、交换等方式非法获取公民个人信息。

续表

序号	关键词	法律风险	法律责任
6	数据保存	【数据管理不当】公司未采取数据分类、重要数据备份和加密等措施。	刑事:【拒不履行信息网络安全管理义务罪】 经监管部门责令采取改正措施而拒不改正,有下列情形之一的,单位判处罚金,直接负责的主管人员和其他直接责任人员管制3年以下,并处或者单处罚金: (一)致使违法信息大量传播的; (二)致使用户信息泄露,造成严重后果的; (三)致使刑事案件证据灭失,情节严重的; (四)有其他严重情节的。 行政: (1)责令改正,给予警告;及 (2)拒不改正或者导致危害网络安全等后果的,处1万元~10万元罚款,对直接负责的主管人员处5000元~5万元罚款。
7	数据使用	【违规使用】公司违反法律、行政法规的规定和双方的约定使用[1]个人信息。	行政: (1)责令改正,可以根据情节单处或者并处警告、责令暂停相关业务、停业整顿、关闭网站、吊销相关业务许可证或者吊销营业执照; (2)可以根据情节处没收违法所得、处违法所得1倍~10倍罚款,没有违法所得的,处100万元以下罚款;及 (3)对直接负责的主管人员和其他直接责任人员处1万元~10万元罚款。
8		【使用不规范】公司不公开使用规则,不明示使用信息的目的、方式和范围。	行政: (1)责令改正,可以根据情节单处或者并处警告、责令暂停相关业务、停业整顿、关闭网站、吊销相关业务许可证或者吊销营业执照; (2)可以根据情节处没收违法所得、处违法所得1倍~10倍罚款,没有违法所得的,处100万元以下罚款;及 (3)对直接负责的主管人员和其他直接责任人员处1万元~10万元罚款。

[1] 此处所称"使用",是指除将数据传输的,利用数据所载信息进行的其他行为。

续表

序号	关键词	法律风险	法律责任
9	数据传输	【超授权传输】公司超授权或违规向合作机构传输用户个人信息。	刑事:【侵犯公民个人信息罪】 (1)情节严重的,拘役3年以下,并处或者单处罚金; (2)情节特别严重的,3年~7年,并处罚金。 行政: (1)责令改正,可以根据情节单处或者并处警告、责令暂停相关业务、停业整顿、关闭网站、吊销相关业务许可证或者吊销营业执照; (2)可以根据情节处没收违法所得、处违法所得1倍~10倍罚款,没有违法所得的,处100万元以下罚款;及 (3)对直接负责的主管人员和其他直接责任人员处1万元~10万元罚款。
10		【传输未加密】公司向合作机构传输用户个人信息未去标识化或匿名化。	刑事:【拒不履行信息网络安全管理义务罪】 经监管部门责令采取改正措施而拒不改正,有下列情形之一的,单位判处罚金,直接负责的主管人员和其他直接责任人员管制3年以下,并处或者单处罚金: (一)致使违法信息大量传播的; (二)致使用户信息泄露,造成严重后果的; (三)致使刑事案件证据灭失,情节严重的; (四)有其他严重情节的。 行政: (1)责令改正,可以根据情节单处或者并处警告、责令暂停相关业务、停业整顿、关闭网站、吊销相关业务许可证或者吊销营业执照; (2)可以根据情节处没收违法所得、处违法所得1倍~10倍罚款,没有违法所得的,处100万元以下罚款;及 (3)对直接负责的主管人员和其他直接责任人员处1万元~10万元罚款。

第二节　相关法律法规的总结与分析

总体而言，我国数据治理的重点法律法规为《互联网个人信息安全保护指南》、《互联网个人信息安全保护指引（征求意见稿）》、《信息安全技术　个人信息安全规范》（GB/T 35273—2020）、《网络安全标准实践指南——移动互联网应用程序（App）收集使用个人信息自评估指南（征求意见稿）》、《App 自评估指南》、《App 违法违规认定方法》、《网络安全审查办法（修订草案征求意见稿）》、《个人信息出境安全评估办法（征求意见稿）》、《儿童个人信息网络保护规定（征求意见稿）》、《数据安全法》和《个人信息保护法（草案三次审议稿）》。[1]

一、数据的内涵

关于数据合规的研究，严格意义上讲是对大数据的研究。关于大数据的定义尚未存在一致的概念，有学者梳理了部分观点：麦肯锡全球研究院对大数据定义如下："大数据指的是规模超出普通数据库软件工具的采集、存储、管理和分析能力的数据集。"高特纳则提出如下观点："大数据是数量大、处理速度快、种类繁多的信息资产，要求高效、有创造性地对其进行信息处理，以增强洞见，提升决策。"[2]可以理解为，大数据既是对海量数据的描述，也是一种运用数据分析现实世果的工具，通过对海量数据的收集、分析、计算等，辅助人们准确、全面、富有创造性地认知和分析现实情况，进而能够更有效率地组织生产生活。大数据的发展与互联网的发展密不可分，互联网作为大数据主要的生产环境和存储环境，是大数据发展的基石。阿里巴巴首席技术官王坚指出："今天的数据不是大，真正有意思的是数据变得在线了，这个恰恰是互联网的特点。"借助互联网，在线的数据变得"取之不尽，用之不竭"，也让数据收集变得非常容易。[3]

---

〔1〕 姜涛：《数字安全与刑事合规建设》，载《检察日报》2021 年 11 月 4 日。

〔2〕 胡国华：《数据安全治理实践探索》载《信息安全研究》2021 年第 10 期。

〔3〕 于莽主编：《规 · 据：大数据合规运用之道》，知识产权出版社 2019 年版，第 1 ~ 2 页。

二、国外数据合规发展

(一)政策发展

有学者组织开展了域外大数据立法的研究[1],其中立法政策导向与数据合规的研究方向具有一致性:

1. 美国大数据政策

2009年5月,美国政府宣布实施"开放政府计划"(Open Govem-ment Initiative),该计划提出利用整体、开放的网络平台,公开政府信息工作程序和决策过程,以鼓励公众交流和评估,增进政府信息的可及性,强化政府责任,提高政府效率,增进与企业及各级政府间的合作,推动政府管理向开放、协同、合作迈进。联邦政府同时开通了旗舰级项目:一站式政府数据下载网站 data. gov,只要不涉及隐私和国家安全的相关数据,均需全部在该网站公开发布。data. gov 的上线意味着美国政府数据仓库的正式建立,标志着美国政府信息进一步公开与透明。2012年3月,美国白宫科技政策办公室发布《大数据研究和发展计划》,成立"大数据高级指导小组"。旨在通过对海量复杂的数据集合的收集、整理,从中获得知识和洞见,以提升对社会经济发展的预测能力。

具体实现三个目标:(1)开发能够对大量数据进行收集、存储、维护管理、分析和共享的最先进的核心技术;(2)利用这些技术加快科学和工程学领域探索发现的步伐,加强国家安全,转变现有的教学方式;(3)扩大从事大数据技术开发和应用的人员数量。根据这一计划,美国希望利用大数据技术在多个领域实现突破,包括科研教学、环境保护、工程技术、国土安全、生物医药等,具体的研发计划涉及美国国家科学基金会、国家卫生研究院、国防部、能源部、国防部高级研究局、地质勘探局6个联邦部门和机构。2012年3月22日,奥巴马政府宣布以2亿美元投资大数据领域,是大数据技术从商业行为上升到国家科技战略的"分水岭"。在美国政府的推动下,企业、科研院校以及非营利机构也纷纷加入其中,进而形成利益相关者全体成员系统化共进的局面。目前 EMC、IBM、惠

---

[1] 参见中国电子技术标准化研究院:《大数据标准化白皮书(2020 版)》,载中国电子技术标准研究院官网2018年3月7日,http://www. cesi. cn/202009/6826. html。

普、微软、甲骨文等巨头积极通过并购实现技术整合，推出大数据相关产品和服务；同时也出现了 Cloudera、Palantir、Splunk Data Stax 等大数据新兴公司。2013 年 11 月，美国信息技术与创新基金会发布《支持数据驱动型创新的技术与政策》，建议世界各国的政策制定者应采取措施，鼓励公共部门和私营部门开展数据驱动型创新。其中指出"数据驱动型创新"作为崭新命题，所面临的包括新概念、新技术的挑战；并就政府如何支持数据型驱动的创新提出建议：（1）政府应大力培养所需的有技能的劳动力；（2）政府要推动数据相关技术的研发。2019 年 12 月 23 日，美国白宫行政管理和预算办公室（OMB）发布《联邦数据战略与 2020 年行动计划》，以 2020 年为起始，描述了美国联邦政府未来十年的数据愿景，确立了政府范围内的数据使用框架原则。

2. 欧盟大数据政策

2011 年欧盟委员会发布《开放数据：创新、增长和透明治理的引擎》，开始推进开放数据战略，该战略从三个方面对原有法律、政策进行了修订与补充：第一，建立适应信息再利用的法律框架；第二，动用金融工具，以支持开放数据和行动作为建立欧洲经济数据门户的部署；第三，促进各成员国之间的协调与经验交流，为开放数据与共享提供平台。2014 年欧盟委员会发布《数据驱动经济战略》，聚焦深入研究基于大数据价值链的创新机制，提出大力推动"数据价值链战略计划"，通过一个以数据为核心的连贯性欧盟生态体系，让数据价值链的不同阶段产生价值。"数据价值链战略计划"包括开放数据、云计算、高性能计算和科学知识开放获取四大战略，主要原则是：高质量数据的广泛获得性，包括公共资讯数据的免费获得；作为数字化单一市场的一部分，欧盟内数据的自由流动；寻求个人潜在隐私问题与其数据再利用潜力之间的适当平衡，同时赋予公民以其希望形式使用自己数据的权利。2015 年欧盟大数据价值联盟正式发布《欧盟大数据价值战略研究和创新议程》，设定了欧盟国家和区域层面的发展目标，以实现未来欧洲在世界创造大数据价值中的领先地位。该议程建议建立欧盟大数据契约的合同制公私伙伴（CPPP），以在欧盟 2020 地平线（Horizon2020）、各国和地区计划中推行议程，增强泛欧的研究与创新工作，形成清晰的研究技术发展和投资战略。议程从七个方面指出在欧盟建立良好的大数据生态系统所需要解决的主要挑战。议程对大数据发展目标的预期影响进行研究，设定了关键绩效指标，以评估预期影响。2017 年欧盟委员会发布《打造欧洲数据经济》报告，对数据驱动型经济的潜力、面临的障碍、解决方案等进行分析总结。报告指出，大数据是经济增长、就业和社会进步的重要资源，2015 年欧盟数据经济的价值是 2720 亿欧元，接近欧盟地区生产总值的 1.9%。如果有适当的政策和法律解决方案，数据经济的价值将会在 2020 年翻一番。2020 年 2 月，欧盟发布《欧洲数字战略》，旨在通过增强欧盟企业及公民数字能力建设、善用技术巨头市场力量及挖掘信息通信技术可持续发展潜力，使欧盟成为世界上最具竞争力的数据敏捷型经济体，提出了建立统一治理框架，加强数据基础设施投资，提升个体数据权利和技能，打造公共欧洲数据空间等多项具体措施。

3. 英国大数据政策

2012 年 3 月，世界上首个开放式数据研究所 ODI（The Open DaraInsiruno）在英国政府的支持下建立，首批注资 10 万英镑。这是英国政府研究和利用开放式数据方面的一次里程碑式发展。未来，英国政府将通过此利用和挖掘公开数据的商业潜力，同时为国家可持续发展提供进一步的帮助。2013 年 1 月，英国商业、创新和技能部宣布，将注资 6 亿英镑发展 8 类高新技术，大数据独揽其中的 1.89 亿英镑。英国政府预计大数据将成为英国经济的主要驱动力，而 4 个大数据研究中心将确保英国在国际竞争中保持较强竞争力。到 2017 年，大数据分析为英国创造 5.8 万个工作岗位，并带来 2160 亿英镑的经济收入。2013 年 10 月，由英国商务、创新和技能部牵头编制的《英国数据能力发展战略规划》发布。该战略旨在使英国成为大数据分析的世界领跑者，并使公民和消费者、企业界和学术界、公共部门和私营部门均从中获益。该战略在定义数据能力以及如何提高数据能力方面，进行了系统性的研究分析，并提出举措建议。2017 年 8 月，由英国运输部与英国国家基础设施保护中心（CPNI）共同制定的新的网络安全准则《车联网和自动驾驶汽车网络安全准则》出台。该准则属于英国政府道路安全与网络安全相关政策的一部分。

4. 法国大数据政策

2011 年 7 月，法国工业部长埃里克·贝松宣布，启动开放数据终端（Open Data Proxima Mobile）项目，希望通过该项目实现公共数据在移动终端上的使用,从而最大限度地挖掘它们的应用价值。项目涉及交通文化、旅游和环境等领域。2011 年 12 月,法国政府推出公开信息线上共享平台 data. gouv. fr,上线当天发布的第一批资源中就包含 35. 2 万组数据,且网站的数据由每个政府部门的专员统计和收集、持续更新。2013 年 2 月,法国政府发布《数字化路线图》,明确大数据是未来要大力支持的战略性高新技术。政府将以新兴企业、软件制造商、工程师、信息系统设计师等为目标,开展一系列的投资计划,旨在通过发展创新性解决方案,并将其用于实践,以促进法国在大数据领域的发展。法国软件编辑联盟曾号召政府部门和私人企业共同合作,投入 3 亿欧元资金用于推动大数据领域的发展。2013 年 4 月,法国经济财政和工业部宣布将投入 1150 万欧元用于支持 7 个未来投资项目,法国政府投资这些项目在于"通过发展创新性解决方案,并将其用于实践,以促进法国在大数据领域的发展"。2013 年 7 月,法国中小企业、创新和数字经济部发布《法国政府大数据五项支持计划》,包括:引进数据科学家教育项目,设立一个技术中心给予新兴企业各类数据库和网络文档存取权;通过为大数据设立原始扶持资金,促进创新;在交通、医疗卫生等纵向行业领域设立大数据旗舰项目;为大数据应用建立良好的生态环境,如在法国和欧盟层面建立用于交流的各类社会网络等。

5. 日本大数据政策

2012 年 6 月,日本 IT 战略本部发布电子政务开放数据战略草案,迈出了政府数据公开的关键性一步。为了确保国民方便地获得行政信息,在紧急情况下政府利用标准化技术,可以以较少的网络流量向手机用户提供统计信息、测量信息、灾害信息等公共信息,并尽快在网络上实现行政信息全部公开且可被重复使用,以进一步推进开放政府的建设进程。2012 年 7 月,日本推出《面向 2020 年的 ICT 综合战略》,提出"活跃在 ICT 领域的日本"的目标,重点关注大数据应用。战略聚焦大数据应用所需的社会化媒体等智能技术开发,传统产业 IT 创新以及在新医疗技术开发、缓解交通拥堵等公共领域的应用。2013 年 6 月,日本公布新战略:"创建最尖端 1T 国家宣言"。宣言阐述了 2013 ~ 2020 年以发展开放公共数据和大数据为核心的日本新 IT 国家战略,提出要把日本建设成为一个具有"世界最高水准的广泛运用信息产业技术的社会"。2013 年 7 月 27 日,日本三菱综合研究所牵头成立"开放数据流通推进联盟",旨在由产学联合,促进日本公共数据的开放应用。2015 年 6 月,日本政府经内阁会议决定了 2014 年版《制造业白皮书》。白皮书指出,日本制造业在积极发挥作用方面落后于欧美,建议转型为利用大数据的“下一代”制造业。2017 年 10 月,日本公正交易委员会竞争政策研究中心发布《数据与竞争政策研究报告书》。在该报告书中,日本明确了运用竞争法对“数据垄断”行为进行规制的主要原则和判断标准。

6. 印度大数据政策

2012 年,印度批准了国家数据共享和开放政策,目的在于促进政府拥有的数据和信息得到共享及使用。印度建设了一个“一站式”政府数据门户网站 data. gov. in,把政府收集的所有非涉密数据集中起来,包括全国的人口、经济和社会信息。截至 2019 年 5 月,已拥有 145 个部门的 4732 个数据目录和 286909 项数据资源。同时,印度政府还拟定了一个非共享数据清单,保护国家安全、隐私、机密、商业秘密和知识产权等数据的安全。2013 年 1 月,印度政府公布新的科技创新政策。新政策既着眼于形成新的创新视角,又提出到 2020 年跻身全球五大科技强国的目标。新政策强调印度将加强科学、技术与创新之间的协同,使之全方位融入社会经济进程。印度政府还将 2010 ~ 2020 年作为“创新十年”,并组建了国家创新委员会,要求在 2017 年,该国研发投入占 GDP 的比例提高到 2% 。

7. 澳大利亚大数据政策

2012 年 10 月,澳大利亚政府发布《澳大利亚公共服务信息与通信技术战略 2012 - 2015》,强调应增强政府机构的数据分析能力,从而促进更好的服务传递和更科学的政策制定,并将制定一份大数据战略确定为战略执行计划之一。截至 2016 年年底,其政府数据开放网站 data. gov. au 已包括 275 个组织的 23293 个数据集和 5625 个应用程序。2013 年 8 月,澳大利亚政府信息管理办公室(AGIMO)大数据工作组发布《公共服务大数据战略》,以 6 条“大数据原则”为指导,旨在推动公共部门利用大数据分析进行服务改革,制定更好的公共政策,保护公民隐私,使澳大利亚在该领域跻身全球领先水平。2016 年 5 月,澳大利亚信息专员办公室(OAIC)发布《大数据指南和澳大利亚隐私原则》的草案,概述了关键的隐私要求,并鼓励实施隐私管理框架,采用这种方法将在设计初始阶段就考虑将“设计的隐私”嵌入实体、系统和交互中。[1]

（二）立法发展

总体而言，各个国家的数据监管处于强监管、标准化以及国际化的相同特点中。我国通过法律设立政府的数据监管机构，并不断赋予广泛的数据调查性权利，如个人信息保护法规定，国家网信部门负责统筹协调个人信息保护工作和相关监督管理工作。国务院有关部门依照本法和有关法律行政法规的规定，在各自职责范围内负责个人信息保护和监督管理工作。又如，数据监管机构具有询问权、查询及复制相关资料、现场检查权、查封或扣押权，以及约谈权等广泛的权利。

有学者指出，现在世界格局正在形成三种广泛的数据治理体系：欧盟建构的是以“基本权利”为基础的数据治理模式，典型代表是欧盟《通用数据保护条例》（GDPR），而欧盟《非个人数据自由流动条例》及欧盟《数据战略》又更加强调数据的流动和利用；美国建构的是“自由市场＋强监管”的数据治理模式，典型代表是《加州消费者隐私法》（CCPA），而更加强调个人数据权利的《加州隐私权法》（CPRA）将在2020年11月面临全州选民的投票；而中国试图建构的则是“安全基础上的数据保护＋数字经济发展”的模式，典型代表是正在制定中的《个人信息保护法》和《数据安全法》，而“培育数据要素市场，完善数据产权制度，探索数据产权保护和利用新机制”又是新的政策趋势。对于数据跨境，欧盟GDPR作出严格限制，设置了充分性认定白名单、遵守适当保障措施、公司约束规则、国际协议以及通过“必要性测试”和“偶然性判定”五道“关口”。而美国CCPA对于数据跨境管控持有“留白与放任”的态度，这是因为美国数字经济产业领先于全球，从价值取向上更加鼓励数据的自由跨境流动。而中国试图建构一套凝聚全球数据安全共识、符合全球共同利益、持续开放共享的数据跨境方案，重点强调的是在数据安全基础上的数据自由流动，强调持续的开放性。[2]

笔者根据学者梳理的相关国家制定的有关立法规定[3]，特别是罚则部分，比较分析各国监管的数据合规重点。

---

〔1〕 参见中国电子技术标准化研究院：《大数据标准化白皮书（2020版）》，载中国电子技术标准研究院官网2018年3月7日，http://www.cesi.cn/202009/6826.html。

〔2〕 何渊主编：《亚太数据合规手册》，上海人民出版社2020年版，第5～6页。

〔3〕 何渊主编：《亚太数据合规手册》，上海人民出版社2020年版，第226～543页。

1. 日本个人信息保护法

第七章 罚 则

第八十二条

违反第七十二条规定泄露或者盗用秘密的,处两年以下徒刑或 100 万日元以下的罚金。

第八十三条

个人信息处理经营者其为法人(包括规定了法定代表人或管理人的非法人团体,此规定同样适用于第八十七条第一款)的,指其董事会成员、法定代表人或管理人或其雇员或曾为该等实体者,为谋取自身或第三方的不当利益而提供或盗用其业务上处理的个人信息数据库等(包括对其全部或部分的复制或加工)的,处一年以下有期徒刑或 50 万日元以下的罚金。

第八十四条

违反第四十二条第二款或第三款规定的命令者,处六个月以下徒刑或 30 万日元以下的罚金。

第八十五条

有下列各项情形之一的,处 30 万日元以下的罚金:

(一)未提交第四十条第一款规定的报告或资料,或者提交虚假报告或提交虚假资料,或者未回答有关工作人员的提问或作出虚假回答,或者拒绝、阻挠、逃避检查者;

(二)未提交第五十六条规定的报告,或者进行虚假报告者。

第八十六条

第八十二条及第八十三条的规定也适用于在日本境外犯下该等条款所规定之罪行者。

第八十七条

法人的法定代表人、法人或自然人的代理人、雇员及其他相关员工就该法人或自然人的业务实施了违反第八十三条至第八十五条的行为的,除处罚行为人外,还对该法人或自然人处以各条规定的罚金刑。

前款规定适用于非法人团体的，其法定代表人或管理人就其诉讼行为代表非法人团体，其他情形的参照法人作为被告人或犯罪嫌疑人的刑事诉讼法的相关规定。

第八十八条

有以下各项情形之一的，处10万日元以下的罚款：

（一）违反第二十六条第二款或第五十五条规定者；

（二）未进行第五十条第一款规定的申报或进行虚假申报者。

2. 日本《行政机关持有个人信息的保护法》

第六章　罚　　则

第五十三条　行政机关的雇员、前雇员或第六条第二项或第四十四条之十五第二项所述接受委托的经营者或前经营者，若无正当理由向他人提供包含个人隐私内容的满足第三条第六项第一节要求的个人信息档案（包含全部或部分复制或加工后的物品）时，处两年以下有期徒刑或不超过10万日元罚款。

第五十四条　前条规定的人员将其因业务关系获取的个人信息非法提供给第三方或私用获取不正当利益的，或擅自盗用的，处一年以下有期徒刑或者不超过50万日元罚款。

第五十五条　行政机关工作人员滥用职权，超出职务目的非法收集含有个人隐私信息的文件、图纸或电子记录的，处一年以下有期徒刑或不超过50万日元罚款。

第五十六条　前三条的规定同样适用于在日本以外的国家犯下此类罪行的人。

第五十七条　通过欺诈或其他不正当手段获取公示的个人信息的，处10万日元以下罚款。

3. 新加坡网络安全法（解释说明）

第六章　一般规定

第三十六条和第三十七条是公司或非法人组织（如合伙和协会）违法时，相关人员法律责任的标准规定。

第三十八条赋予了调查违法行为的各种权力(第二十三条规定的违法行为除外)。

第三十九条允许调查官员根据第三十八条进行调查的目的,在获得治安法官搜查令的前提下进入相关场所。

第四十条赋予了地区法院管辖权以审判本法下的任何违法行为,并对任何此类违法行为施加全部刑罚。

第四十一条规定了专员或专员授权的助理专员有权决定对违法行为合并处罚。

第四十二条涉及本法所允许或要求的对相关人员的文件送达。本条不涉及法院文件的送达,因为这是由其他成文法规定的。

第四十三条是一项保密条款,规定了目前或曾经是专员、副专员、助理专员、网络安全官员、获授权官员、申诉意见专家小组成员、网络安全技术专家或助理许可官员的人员,或者部长及协助部长的官员,除非符合本条具体规定的情况,否则不得披露其在依据本法履行职责时所获知的特定信息及其履行的职责。

第四十四条第一款是为下列人员的行为提供豁免的标准条款:专员、副专员、助理专员、网络安全官员、获授权官员、助理许可官员、申诉意见专家小组成员,以及经专员指示为了行使、意在行使本法下的权力或者履行、意在履行本法下的职能或责任,而且在尽到合理注意义务并采取善意方式作为或不作为的其他人员。

第四十四条第二款规定专员及根据专员指示行事的任何人,在执行成文法下的公务而善意地向公众提供任何信息时,免于对其中出现的任何错误或遗漏承担责任,而不考虑专员或获指示的人在履行职责时是否尽到了合理的注意。

第四十五条涉及对第三章所列犯罪行为之举报人的身份保护。

第四十六条赋予部长权力,通过在政府公报的方式,豁免本法全部或任一条款中对特定人或特定类别的人的适用。

4. 韩国个人信息保护法

第九章　罚　　则

第七十条罚则

具有下列各项情形之一的,处以 10 年以下有期徒刑或处以 1 亿韩元以下

的罚金:(2015 年 7 月 24 日修订)

(一)以妨碍公共机关处理个人信息业务为目的,私自更改或注销个人信息导致公共机关处理业务中断或瘫痪等严重情况者;

(二)以欺骗或其他不正当手段获取他人正在处理的个人信息后,以营利或不正当目的向第三人提供该信息者以及教唆或安排该行为者。

第七十一条罚则

具有下列各项情形之一的,处以 5 年以下有期徒刑或 5000 万韩元以下的罚金:(2016 年 3 月 29 日修订)

(1)尽管不属于第十七条第一款第(二)项的规定,但是违反了该款第(二)项,未经信息实体的同意,向第三者提供个人信息或知道相关情况仍接受他人信息者;

(2)违反第十八条第一款、第二款,第十九条,第二十六条第五款或第二十七条第三款,利用个人信息或将其提供给第三者及明知该情况依然以营利或不正当目的获得他人信息者;

(3)违反第二十三条第一款的规定处理敏感信息者;

(4)违反第二十四条第一款的规定处理可识别信息者;

(5)违反第五十九条第二款的规定,泄露业务上得知的个人信息,或未经授权即为了让他人使用而提供信息的人,以及明知前述情况依然以营利或其他不正当目的获得他人信息者;

(6)违反第五十九条第三款的规定,毁损、销毁、变更、伪造或泄露他人个人信息者。

第七十二条罚则

具有下列各项情形之一的,处以 3 年以下有期徒刑或处以 3000 万韩元以下的罚金:

(一)违反第二十五条第五款的规定,以与安装影像信息处理设备时的不同目的随意操作处理器,或将其投射到其他地方,或使用录音功能的行为人;

(二)违反第五十九条第一款的规定,以欺诈或其他不正当手段取得他人个人信息或获得处理个人信息的许可的行为人,及明知前述情况但仍以营利或不正当目的获得个人信息者;

(三)违反第六十条的规定,泄露职务上得知的商业秘密或将其利用于初始目的以外的行为人。

第七十三条罚则

具有下列各项情形之一的，将处以 2 年以下有期徒刑或处以 2000 万韩元以下的罚金：(2015 年 7 月 24 日、2016 年 3 月 29 日修订)

(一)违反第二十三条第二款，第二十四条第三款，第二十五条第六款及第二十九条的规定，因没有采取必要的安全举措确保安全性而导致个人信息遗失、被盗、泄露、伪造、变更或毁损的人；

(二)违反第三十六条第二款的规定，没有采取必要的纠正、删除等措施，继续利用个人信息或将其提供给第三者的人；

(三)违反第三十七条第二款的规定，没有中止处理个人信息，继续使用或将其提供给第三人的人。

第七十四条之一 双罚则规定

法人代表、法人及个人的代理人、使用人及除此之外的经营人员就该法人及个人相关业务作出了第七十条规定的违法行为时，除了惩罚行为人之外，对该法人或个人处以 7000 万韩元以下的罚金。但法人和个人为了防止此类违法行为的发生，而对相关业务进行严格监督的除外。

法人代表、法人及个人的代理人、使用人及除此之外的经营人员就该法人及个人相关业务作出了第七十一条至第七十三条中任意一条规定的违法行为时，除了惩罚行为人之外，对该法人和个人处以该项规定的罚金。但法人和个人为了防止此类违法行为的发生，而对相关业务进行严格监督的除外。

第七十四条之二 没收、追征等

对违反第七十条至第七十三条中任意一条的人取得的财物或其他利益，应当予以没收，如果不能进行没收时，可追加征收相当于其价值的金额。此时，没收或追征可以附加于别的罚则上。(新设于 2015 年 7 月 24 日)

第七十五条 行政罚款

具有下列各项情形之一的，处以 5000 万韩元以下的行政罚款：(2017 年 4 月 18 日修订)

(一)违反第十五条第一款搜集个人信息者；

(二)违反第二十二条第六款未经法定代理人同意者；

（三）违反第二十五条第二款安装和运行可视化数据处理设备者。

具有下列各项情形之一的，处以3000万韩元以下的行政罚款：（2013年8月6日、2014年3月24日、2015年7月24日、2016年3月29日、2017年4月18日修订）

（一）违反第十五条第二款，第十七条第二款，第十八条第三款或第三十六条第三款的规定，未向信息实体告知必要信息者；

（二）违反第十六条第三款或第二十二条第五款的规定，拒绝向信息实体提供商品或服务者；

（三）违反第二十条第一款或第二款的规定，未向信息实体告知该款规定的事项的人；

（四）1. 违反第二十一条第一款的规定，未销毁个人信息的人；

2. 违反第二十四条之二第一款的规定，处理居民身份证信息的人；

3. 违反第二十四条之二第二款的规定，未采取加密处理的人；

（五）违反第二十四条之二第三款的规定，没有给信息实体提供不使用居民身份证号的替代方法的人；

（六）违反第二十三条第二款，第二十四条第三款，第二十五条第六款或第二十九条的规定，没有采取确保安全性措施的人；

（七）1. 违反第二十五条第一款的规定，安装、运行影像信息处理设备的人；

2. 违反第三十二条之二第六款的规定，没有得到认证却以欺诈方式标记和宣传认证的人；

（八）违反第三十四条第一款的规定，没有通知信息实体该条规定的各项事实者；

（九）违反第三十四条第三款的规定，没有申告举措结果的人；

（十）违反第三十五条第三款的规定，限制或拒绝查阅个人信息的人；

（十一）违反第三十六条第二款的规定，没有采取必要的纠正或删除个人信息措施的人；

（十二）违反第三十七条第四款的规定，没有对已被中止处理的个人信息进行销毁等必要措施的人；

（十三）违反第六十四条第一款的规定，没有遵从纠正措施的人。

具有下列各项情形之一的，处以3000万韩元以下的行政罚款：(2017年4月18日修订)

(一)违反第二十一条第三款的规定，没有分开储存、管理个人信息的人；

(二)违反第二十二条第一款至第四款的规定而获得同意的人；

(三)违反第二十五条第四款的规定，没有设置告示牌等必要措施的人；

(四)违反第二十六条第一款的规定，外包业务时没有办理书面手续的人；

(五)违反第二十六条第二款的规定，没有公开外包内容和承包者的人；

(六)违反第二十七条第一款或第二款的规定，没有通知信息实体其个人信息转移的事实的人；

(七)违反第三十条第一款或第二款的规定，没有制定或公开隐私政策；

(八)违反第三十一条第一款的规定，没有指定隐私保护官的人；

(九)违反第三十五条第三款、第四款，第三十六条第二款、第四款或第三十七条第三款的规定，没有通知信息实体必要事项的人；

(十)违反第六十三条第一款的规定，没有提交相关物品、文件等材料或提交虚假材料的人；

(十一)违反第六十三条第二款的规定，拒绝、妨碍或逃避查阅、检查者。

根据本条第一款至第三款规定的行政罚款，按照总统令规定由行政安全部长官和相关中央行政机关负责人征收。此时，中央行政机关负责人应当其辖区内的个人信息管控者处以并征收行政罚款。(2013年3月23日、2014年11月19日、2017年7月26日修订)

第七十六条　有关行政罚款规定适用的特例

适用第七十五条规定的行政罚款时，对根据第三十四条之二的规定处以过征金的行为不能再附加征收行政罚款。(本条新设于2013年8月6日)[1]

第三节　本章相关数据合规诉讼案例分析

关于数据领域的企业合规研究，不能单纯依据数据类的犯罪类型、行政违

[1] 何渊主编：《亚太数据合规手册》，上海人民出版社2020年版，第226~543页。

法类型、民事诉讼类型等角度进行个案研究，需要以类案的方式探索数据领域内容易出现问题的一些数据处理环节、数据责任分配机制，见表4－3。本书此章主要用于奠定基础，最终数据合规研究的呈现方式势必为具体的合规标准与审查标准，此内容将在本书第六章中专门论述。

表4－3　数据合规诉讼部分案例

案件名称	裁判观点
张某与深圳市X科技有限公司网络购物合同纠纷	根据原告张某提供的京东购物清单上的客户信息，订单编号：533662××××，客户姓名：王某，订单金额：638元。本案争议的歌姿S100－64G平板电脑购买者为王某，而非本案原告张某。原告张某陈述王某是其网络用名，对此本院认为，即使原告陈述属实，也与《中华人民共和国网络安全法》推行网络实名制，促进网络诚信、网络交易安全，形成良好社会风气的基本原则相违背。因此，本案原告的主体不确定，原告的起诉不符合法定条件。
H酒店管理有限公司与中国W通信有限公司M市分公司合同纠纷	本院认为，本案二审争议焦点为：H酒店因使用的网络未落实网络安全技术措施被公安机关要求整改从而通知解除与M分公司之间的《集团综合业务接入合同》的行为是否构成违约，是否应当向M分公司支付违约金21000元。《中华人民共和国网络安全法》第九条规定："网络运营者开展经营和服务活动，必须遵守法律、行政法规，尊重社会公德，遵守商业道德，诚实信用，履行网络安全保护义务，接受政府和社会监督，承担社会责任。"第十条规定："建设、运营网络或者通过网络提供服务，应当依照法律、行政法规的规定和国家标准的强制性要求，采取技术措施和其他必要措施，保障网络安全、稳定运行，有效应对网络安全事件，防范网络违法犯罪活动，维护网络数据的完整性、保密性和可用性。"第二十一条规定："……网络运营者应当按照网络安全等级保护制度的要求，履行下列安全保护义务……防止网络数据泄露或者被窃取、篡改：……（三）采取监测、记录网络运行状态、网络安全事件的技术措施，并按照规定留存相关的网络日志不少于六个月……"第二十四条规定："网络运营者为用户办理网络接入、域名注册服务、办理固定电话、移动电话等入网手续，或者为用户提供信息发布、即时通讯等服务，在与用户签订协议或者确认提供服务时，应当要求用户提供真实身份信息。用户不提供真实身份信息的，网络运营者不得为其提供相关服务"。依照以上规定，落实上网实名认证、日志留存等网络安全技术措施是网络运营者的责任和义务。

续表

案件名称	裁判观点
H酒店管理有限公司与中国W通信有限公司M市分公司合同纠纷	而《中华人民共和国网络安全法》系于2016年11月7日发布并于2017年6月1日实施,H酒店与M分公司签订《集团综合业务接入合同》的时间为2015年7月,此时《中华人民共和国网络安全法》尚未颁布,故此时M分公司提供给H酒店的网络服务未落实网络安全措施不影响其提供的服务的合法性。但在《中华人民共和国网络安全法》正式实施后,M分公司作为网络运营者应当按照该法律规定及时完成网络安全技术措施以保证其提供给客户使用的网络具有安全性和合法性,该责任不仅是合同义务更是作为网络运营者的M分公司的法定义务,H酒店没有义务通知M分公司履行其法定义务。故一审以H酒店未通知M分公司从而认为H酒店通知解除合同构成违约不当。 本案中,M分公司仅提供了深圳市X网络科技有限公司天盾WiFi审计终端销售许可证以及J公安局网监支队关于该公司备案的证明,该证据仅能证明深圳市X网络科技有限公司的天盾WiFi审计终端的合法销售许可以及在M市公安局进行了备案,但不能证明M分公司已完成了安装并符合网络安全运行要求;而H酒店在一审中提交的U县公安局I派出所在2017年7月22日对H酒店进行检查的《检查笔录》证明此时M分公司提供给H酒店使用的网络尚不具备安全技术措施,由此导致H酒店被公安机关限期整改。而H酒店购买M分公司的网络服务的目的是能够合法、正常地使用,但因M分公司提供给H酒店使用的网络不符合新颁布的《中华人民共和国网络安全法》的要求,导致H酒店被公安机关查处并限期整改,即H酒店已不能正常、合法地使用该网络,此结果系因M分公司未及时采取网络安全技术措施导致,应属M分公司违约且该违约行为导致H酒店不能合法、正常使用该网络并由此给酒店经营造成影响。在此情况下,H酒店向M分公司发出通知要求解除合同并不构成违约,因此M分公司要求H酒店支付21000元的违约金的请求不能成立。上诉人H酒店的上诉主张成立,应予支持。原判查明事实清楚,但适用法律错误导致认定H酒店构成违约错误,应予纠正。

续表

案件名称	裁判观点
D市V船舶修造有限责任公司与J省A船舶制造有限公司、S电波网络有限公司不正当竞争纠纷	本院认为,虽然原告根据"E路网"网页显示的本企业虚假信息登记的联系人李某及电话,认为以李某为法定代表人的A公司实施了不正当竞争行为,但依据S市Y区市场监督管理局向D市市场监督管理局的复函、D市市场监督管理局给举报人V船舶修造公司作出的《关于举报涉嫌不正当竞争行为的答复》以及S电波公司盖章确认的《关于D市V船舶修造有限责任公司企业注册会员情况说明》,由于"E路网"的经营者S电波公司在企业登记注册时,没有对企业信息进行短信实名认证,并且由于公司运营、管理等原因,对没有经过注册认证的会员企业,显示为通过实名认证企业,进而发布了企业信息。因此,不能确认"E路网"上发布的涉及原告的虚假企业信息是A船舶制造公司所为,只能证明"E路网"的经营者S电波公司在提供网络信息服务时,未能按照规定审查登记注册的企业资质,导致了虚假信息的发布。因此,依照《中华人民共和国网络安全法》第十二条第二款"任何个人和组织使用网络应当遵守宪法法律,遵守公共秩序,尊重社会公德,不得危害网络安全,不得利用网络从事危害国家安全、荣誉和利益,煽动颠覆国家政权、推翻社会主义制度,煽动分裂国家、破坏国家统一,宣扬恐怖主义、极端主义,宣扬民族仇恨、民族歧视,传播暴力、淫秽色情信息,编造、传播虚假信息扰乱经济秩序和社会秩序,以及侵害他人名誉、隐私、知识产权和其他合法权益等活动"和第二十四条第一款"网络运营者为用户办理网络接入、域名注册服务,办理固定电话、移动电话等入网手续,或者为用户提供信息发布、即时通讯等服务,在与用户签订协议或者确认提供服务时,应当要求用户提供真实身份信息。用户不提供真实身份信息的,网络运营者不得为其提供相关服务"的规定,对于"E路网"上发布的涉及原告的虚假企业信息,其网站经营者S电波公司应当承担侵权责任。 依照《中华人民共和国网络安全法》第四十七条"网络运营者应当加强对其用户发布的信息的管理,发现法律、行政法规禁止发布或者传输的信息的,应当立即停止传输该信息,采取消除等处置措施,防止信息扩散,保存有关记录,并向有关主管部门报告"和《中华人民共和国侵权责任法》第三十六条第一款"网络用户、网络服务提供者利用网络侵害他人民事权益的,应当承担侵权责任"的规定,原告要求被告S电波公司立即停止侵权行为、公开向原告赔礼道歉、赔偿经济损失的请求,符合法律规定,本院予以支持。对于赔偿经济损失的数额,由于

续表

案件名称	裁判观点
D市V船舶修造有限责任公司与J省A船舶制造有限公司、S电波网络有限公司不正当竞争纠纷	原告未能提供证据证明其企业名称被冒用期间,因该侵权行为所受到的损失,本院综合考虑被告S电波公司侵权行为的性质、情节、持续时间、影响范围以及原告维权成本等情况,酌情判决S电波公司赔偿原告经济损失40000元。 综上所述,S电波公司违法发布企业信息,对V船舶修造公司构成侵权,应当承担侵权责任。
X信息科技有限公司与T软件有限公司不正当竞争纠纷	T公司系"生意参谋"零售电商数据产品的开发者和运营者,该数据产品主要为某平台商家的网店运营提供数据化参考服务、帮助商家提高经营水平。在经营过程中,T公司发现,被告X公司运营的"M互助平司"及"M生意参谋众筹"网站,以提供远程登录服务的方式,招揽、组织、帮助他人获取"生意参谋"数据产品中的数据内容,并从中获取利益。T公司认为,X公司的行为构成不正当竞争,遂将其起诉至杭州互联网法院。 一审法院认为:一、T公司收集并使用网络用户信息的行为是否正当。T公司认为,涉案"生意参谋"数据产品是其在收集网络用户浏览、搜索、收藏、加购、交易等行为痕迹所产生的原始数据基础上,经过分析处理、整合加工而形成的,其收集并使用上述原始数据已按照相关法律规定要求,明示告知并获得用户同意授权,故该数据产品形成过程合法正当且必要,T公司对此享有合法权益。X公司认为,T公司未经T商户及T软件用户同意,私自抓取相关信息,侵犯了用户个人隐私以及商户经营秘密,具有违法性。本院认为,信息是数据的内容,数据是信息的形式。涉案数据产品的数据内容虽然来源于T公司所收集的原始数据,但这些原始数据只是网络用户浏览、搜索、收藏、加购、交易等行为痕迹信息外化为数字、符号、文字、图像等方式的表现形式。原始数据所具有的实用价值在于其所包含的网络用户信息内容,而不在于其形式。因网络用户对于其用户信息依法享有获得安全保护的权利,故本案中,在"生意参谋"数据产品形成过程中T公司是否具有不正当行为,主要应考量其收集并使用原始数据信息是否符合相关法律规定,是否存在侵害网络用户信息安全的行为。第一,根据《中华人民共和国网络安全法》(以下简称《网络安全法》)的相关规定,网络运营者收集、使用网络用户信息,应根据信息的不同类型,分别承担相应的安全保护义务。对于非个人信息的保护,《网络安全法》第二十二条只规定,网络产品、服务具有收集用户信息功能的,

续表

案件名称	裁判观点
X信息科技有限公司与T软件有限公司不正当竞争纠纷	其提供者应当向用户明示并取得同意。而对于个人信息的保护,《网络安全法》第四十一条、第四十二条则规定了网络运营者应承担更为严格的责任。《网络安全法》第七十六条规定,个人信息是指以电子或者其他方式记录的能够单独或者与其他信息结合识别自然人个人身份的各种信息,包括但不限于自然人的姓名、出生日期、身份证件号码、个人生物识别信息、住址、电话号码等。根据上述法律规定,用户信息包括个人信息和非个人信息。前者指向单独或与其他信息结合识别自然人个人身份的各种信息和敏感信息,后者包括无法识别到特定个人的诸如网络活动记录等数据信息。由于法律对收集、使用上述信息规定了不同的标准,同时对如何收集、使用用户信息进行了明确的规制。因此,在评判T公司收集、使用涉案数据信息是否具有正当性时,首先须区分其收集、使用的涉案数据信息属于何种类型。 　　从本案查明的事实来看,"生意参谋"数据产品所涉网络用户信息主要表现为网络用户浏览、搜索、收藏、加购、交易等行为的痕迹信息以及由行为痕迹信息推测所得出的行为人的性别、职业、所在区域、个人偏好等标签信息。这些行为痕迹信息与标签信息并不具备能够单独或者与其他信息结合识别自然人个人身份的可能性,故其不属于网络安全法中的网络用户个人信息,而属于网络用户非个人信息。第二,对于网络运营者收集非个人信息,《网络安全法》第二十二条明确了网络运营者的责任,即网络产品、服务具有收集用户信息功能的,应当向用户明示并取得同意。但就本案而言,本院认为,网络运营者不仅对于网络用户信息负有安全保护的法定义务,同时,因网络运营者与网络用户之间存在服务合同关系,基于"公平、诚信"的契约精神原则要求,网络运营者对于保护网络用户合理关切的个人隐私和商户经营秘密负有高度关注的义务。网络用户行为痕迹信息不同于其他非个人信息,这些行为痕迹信息包含涉及用户个人偏好或商户经营秘密等敏感信息。因部分网络用户在网络上留有个人身份信息,其敏感信息容易与特定主体发生对应联系,会暴露其个人隐私或经营秘密。因此,对于网络运营者收集、使用网络用户行为痕迹信息,除未留有个人信息的网络用户所提供的以及网络用户已自行公开披露的信息之外,应比照《网络安全法》第四十一条、第四十二条关于网络用户个人信息保护的相应规定予以规制。第三,根据《网络安全法》第四十一条的规定,网络运营者收集、使用个人信息,

续表

案件名称	裁判观点
X信息科技有限公司与T软件有限公司不正当竞争纠纷	应当遵循合法、正当、必要的原则，公开收集、使用规则，明示收集、使用信息的目的、方式和范围并经被收集者同意。网络运营者不得收集与其提供的服务无关的个人信息，不得违反法律、行政法规的规定和双方的约定收集、使用个人信息，并应当依照法律、行政法规的规定和用户的约定，处理其保存的个人信息。本案中，T公司作为T网的服务提供者，在网络上已公示了《T平台服务协议》与T隐私权政策，T隐私权政策明确宣示了收集、使用用户信息的目的、方式、范围，其收集、使用各类网络用户信息与所提供的服务能相互对应，符合“必要与最少限度”的要求。同时T隐私权政策提示会根据用户浏览及搜索记录、设备信息、位置信息、订单信息，提取浏览、搜索偏好、行为习惯等特征，基于特征标签进行间接人群画像并展示，明确告知用户如果拒绝提供相关信息，可能无法使用相应的服务，或者无法展示相关信息，但不影响使用淘宝网浏览、搜索、交易等基本服务，提示了用户的选择权。此外，T公司在T隐私权政策中有以下承诺：“如果我们将非个人信息与其他信息结合用于识别特定自然人身份，或者将其与个人信息结合使用，则在结合使用期间，这类非个人信息将被视为个人信息，除取得您授权或法律法规另有规定外，我们会将该类个人信息做匿名化、去标识化处理”。由此可见，T隐私权政策所宣示的用户信息收集、使用规则在形式上符合“合法、正当、必要”的原则要求。经审查，“生意参谋”数据产品中可能涉及的用户信息种类均在淘宝隐私权政策已宣示的信息收集、使用范围之内，其中“生意参谋”数据产品所展示的商户经营信息均为商户在T服务平台上已自行公开的信息，未发现T公司有违反其所宣示的用户信息收集、使用规则的行为。第四，根据《网络安全法》第四十二条第一款“网络运营者不得泄露、篡改、毁损其收集的个人信息；未经被收集者同意，不得向他人提供个人信息。但是，经过处理无法识别特定个人且不能复原的除外”的规定，本院认为，网络用户向网络运营者提供信息是基于对该网络运营者信息安全保护能力的信赖，如果网络运营者公开使用或许可他人使用网络用户信息，网络用户信息安全将面临新的不可预测的风险，超出了网络用户对信息安全保护的原有预期。因网络运营者对于网络用户信息的安全负有法定保护义务和审慎注意义务，网络运营者公开使用或许可他人使用其收集的网络用户个人信息、个人行为痕迹信息的，应事先另行取得被收集者的明示同意。涉案“生意参谋”数据产品所使用

续表

案件名称	裁判观点
X 信息科技有限公司与 T 软件有限公司不正当竞争纠纷	的网络用户信息经过匿名化脱敏处理后已无法识别特定个人且不能复原,公开"生意参谋"数据产品数据内容,对网络用户信息提供者不会产生不利影响。且 T 公司的 T 隐私权政策已宣布:"经去标识化处理的个人信息,且确保数据接收方无法复原并重新识别个人信息主体的,不属于个人信息的对外共享、转让及公开披露行为,对此类数据的保存及处理将无须另行向用户通知并征得用户的同意"。因而,T 公司公开使用经匿名化脱敏处理后的数据内容属于上述法律规定的除外情形,即无须另行征得网络用户的明示同意。第五,关于"生意参谋"数据产品中的部分用户信息来源于某网用户是否正当的问题,本院认为,依照《网络安全法》第四十二条的规定,"生意参谋"数据产品使用其他网络运营者收集的用户信息,不仅应获得其他网络运营者的授权同意,还应获得该信息提供者的授权同意,即作为第三方的 T 公司使用某网用户信息,受"用户授权网络运营者 + 网络运营者授权第三方 + 用户授权第三方"的三重授权许可使用规则限制。经审查,其一,某网《隐私权政策》除宣示了与 T 网隐私权政策基本相同的内容外,还明确为便于 T 平台账户向用户提供会员服务,用户个人信息可能会与其关联公司(包括 T 公司)共享;其二,某网商户及会员用户,统一使用 T 网账户,在注册登记会员时均对《T 平台服务协议》及 T 隐私权政策进行过同意确认。因此,可以认定 T 公司使用某网用户提供的用户信息已获得了用户信息提供者的同意。综上所述,本院认为,从规则公开方面来看,T 公司已向 T 用户公开了涉及个人信息、非个人信息收集规定的《法律声明及隐私权政策》;从取得用户同意方面来看,T 公司在其用户注册账号时通过服务协议、法律声明及隐私权政策的形式取得了授权许可;从行为的合法正当性来看,T 公司经授权后收集使用的原始数据均来自 T 用户的主动提供或平台自动获取的活动痕迹,不存在非法渠道获取信息的行为;从行为必要性来看,T 公司收集、使用原始数据的目的在于通过大数据分析为用户的经营活动提供参谋服务,其使用数据信息的目的、方式和范围均符合相关法律规定。因此,本院认为,T 公司收集、使用网络用户信息以及"生意参谋"数据产品公开使用网络用户信息的行为符合法律规定,具有正当性。X 公司主张 T 公司未经 T 商户及 T 软件用户同意,私自抓取用户相关信息,侵犯了用户个人隐私以及商户商业秘密,具有违法性,但其并未提交有效证据以证明,故对 X 公司的该抗辩意见,本院不予采纳。

续表

案件名称	裁判观点
X 信息科技有限公司与 T 软件有限公司不正当竞争纠纷	二审法院认为:"关于本案侵权评判……关于后者,应当明确,T 公司所获取并使用的是用户进行浏览、搜索、收藏、架构、交易等行为而形成的行为痕迹信息,至于行为人性别、职业、区域及偏好等信息不论是否可从行为痕迹信息中推导得出,亦均属于无法单独或通过与其他信息相结合而识别自然人个人身份的脱敏信息,与销售记录属于同一性质。T 公司未收集与其提供的服务无关的个人信息,其收集的原始数据系依约履行告知义务后所保留的痕迹信息,故未违反《中华人民共和国网络安全法》《全国人民代表大会常务委员会关于加强网络信息保护的决定》等法律法规关于个人信息保护的规定。一审法院认定 T 公司收集、使用网络用户信息及生意参谋产品合法、正当具有事实和法律依据,X 公司对 T 公司生意参谋产品财产权益合法性的质疑缺乏依据,不能成立"。本院并认为,数据产品是 T 公司在前述原始痕迹数据的基础上,经综合、计算、整理而得到的趋势、占比、排行等分析意见,其对信息的使用结果与原始痕迹信息本身已不具有直接关联,已远远脱离个人信息范畴,不属于对用户信息的公开使用。
Q 商业顾问服务有限公司与广州 Y 网络科技有限公司著作权权属、侵权纠纷	Y 公司辩称涉案作品系用户"一直、等待"发布,但从 K 网站发布该文章时标题下方显示"来源:王者荣耀(http://www.kulemiccom/wzry/)",Y 公司亦无法提供用户"一直、等待"的真实身份信息。Y 公司称其提供的用户注册系统不要求用户提供真实身份信息,但《中华人民共和国网络安全法》自 2017 年 6 月 1 日起施行,第二十四条第一款明确规定网络运营者在与用户签订协议或者确认提供服务时,应当要求用户提供真实身份信息。用户不提供真实身份信息的,网络运营者不得为其提供相关服务。本案中,用户"一直、等待"的注册时间是 2017 年 9 月 11 日,晚于《中华人民共和国网络安全法》的施行时间,Y 公司未采取相关措施要求用户提供真实身份信息。综上,对 Y 公司辩称涉案作品系用户上传的意见,本院不予采纳。

续表

案件名称	裁判观点
Y 医疗东方医院与 L 网络股份有限公司名誉权纠纷	本院认为,原、被告对于被告系网络服务提供者并无异议,原告认为被告未能举证证明发帖人与被告无关,因此,要求被告承担相应侵权责任。对此,本院认为,根据《网络安全法》第二十四条的规定,网络运营者依法应当要求用户提供真实身份信息,用户不提供真实身份信息的,网络运营者不得为其提供服务。国家支持研究开发安全、方便的电子身份认证技术,推动不同电子身份认证之间的互认。由于手机已经推行实名认证且使用方便、功能全面,手机号码可以作为电子身份认证方式。根据《移动互联网应用程序信息服务管理规定》第七条的规定,移动互联网应用程序提供者依法履行以下义务:按照“后台实名、前台自愿”的原则,对注册用户进行基于移动电话号码等真实身份信息认证。现被告已提供了用户注册的手机号码、用户名以及 IP 地址,应认定其已履行了管理义务。被告作为网络服务提供者,对有网络用户发帖侵害原告名誉权的行为事先并不知情,并非共同侵权人,不应直接承担侵权之责。但网络服务提供者在知道或者应当知道网络用户侵害他人名誉权后,应及时采取删除、屏蔽、断开链接等必要的措施,如未采取措施,应与网络用户承担连带责任,如未及时采取措施,致损害扩大的,则应对扩大部分与网络用户承担连带责任。本案中,被告已在收到原告的律师函后对帖子进行了删除处理。原告并无证据证明被告导致其名誉权的损害程度有所扩大,对原告要求被告承担刊登致歉声明向原告赔礼道歉并赔偿原告经济损失 50 万元及维权产生的律师费用 15000 元的诉讼请求,于法无据,本院不予支持。原告要求被告采取有效措施从百度网站及 360 搜索网站等搜索引擎中删除涉案帖子链接的诉讼请求,于法无据,本院不予支持。

续表

案件名称	裁判观点
广东Z物业管理有限公司与李某、L网络股份有限公司名誉权纠纷	关于L公司是否应当承担责任的问题。《中华人民共和国侵权责任法》规定,网络用户利用网络服务实施侵权行为的,被侵权人有权通知网络服务提供者采取删除、屏蔽、断开链接等必要措施。网络服务提供者接到通知后,未及时采取必要措施的,对损害扩大部分与该网络用户承担连带责任。网络服务提供者知道网络用户利用其网络服务侵害他人民事权益,未采取必要措施的,与该网络用户承担连带责任。本案中,原告主张L公司系网络服务提供商,其陈述要求L公司承担连带责任的依据是,根据法律的规定,L公司应当提供“小黄方块”的真实身份信息,而L公司未要求“小黄方块”进行实名认证,故应当承担连带责任,依据是《中华人民共和国网络安全法》(以下简称《网络安全法》)第二十四条的规定,网络运营者为用户信息发布提供服务,应当要求用户提供真实身份信息。L公司认为,L网站上的帖子都是由网络用户自行发布。而面对海量的网络信息,L公司对网络用户发布的信息没有事先审查义务,客观上也没有能力对每条信息进行逐一事先审查。其在收到原告的律师函后,及时作了删帖处理,发帖人于2014年在L网站注册,L公司在2017年10月1日后未曾为其提供网络服务。根据《管理规定》第八条的规定,互联网论坛社区服务提供者应当按照“后台实名,前台自愿”的原则,要求用户通过真实身份信息认证后注册账号。而《管理规定》于2017年10月1日开始施行。综上,L公司后台未实名认证并不违反法定义务,故不构成侵权,也不应承担民事责任。本院认为,首先,从案涉帖子的发布情况来看,案涉帖子系“小黄方块”自行发布在L网站,原告并未举证证明L公司对案涉文章进行了推荐、排名、编辑、整理或修改等;从案涉帖子的内容来看,案涉帖子并没有出现明显的侮辱性的词语及内容,关于案涉贴子是否含有“诽谤”的内容,L公司作为网络服务提供者,并没有分辨真伪的能力,法律也未苛以相应的审查义务。因此,L公司并不构成“明知”网络用户利用其平台侵害他人民事权益。其次,从L公司的删帖行为来看,L公司于2017年8月28日收到要求删帖的《律师函》的当天即删除了案涉帖子,应当认定为“及时采取必要的措施”。最后,原告要求L公司承担责任的依据是否成立的问题,《网络安全法》于2017年6月1日起开始实施,而本案“小黄方块”的网络用户于2014年10月18日在L网站注册,注册时间早于《网络安全法》的施行时间。而且,

续表

案件名称	裁判观点
广东Z物业管理有限公司与李某、L网络股份有限公司名誉权纠纷	根据《网络安全法》的规定，本案即便认定L公司未要求“小黄方块”在发帖时进行实名认证违反该规定，其应承担相应的行政责任。因此，原告因十九楼公司无法提供“小黄方块”的真实信息而要求其承担连带赔偿责任，无相应的法律依据。另外，需要指出的是，本案原告既未举证证明案涉帖子的具体发帖时间，也未提交基本的有效证据证实案涉帖子存在“侮辱”或（和）“诽谤”的内容。
黄甲、黄乙等与南京L网络科技有限公司名誉权纠纷一审民事判决书	L公司违反法定义务的行为与三原告名誉被损害后果之间具有因果关系。首先，根据2017年6月1日开始实施的《中华人民共和国网络安全法》第二十四条“网络运营者为用户办理网络接入、域名注册服务，办理固定电话、移动电话等入网手续，或者为用户提供信息发布、即时通信等服务，在与用户签订协议或者确认提供服务时，应当要求用户提供真实身份信息。用户不提供真实身份信息的，网络运营者不得为其提供相关服务”的规定，结合L公司提供的“真人真事1432××××”的注册信息，昵称为“真人真事”的美篇号为1432××××的网络用户的注册信息明显不完整，缺少网络用户的姓名、联系方式等信息，经本院责令后仅提供网络地址，明显违反了不得为不提供真实身份信息的网络用户提供相关服务的法定义务。其次，L公司于2017年6月21日收到三原告的有效通知后，应当及时采取必要措施。但是，根据三原告于2017年7月4日向L公司发送的《律师催告函》以及黄乙与L公司“美篇官方微信”的微信聊天记录，L公司并未及时删除涉案图文，还进一步提供网警的联系方式，回复“你们可以直接让网警处理，他们核实后确实有问题，会让我们删除文章”。直到2017年7月8日，黄乙回复L公司“美篇官方微信”称“感谢你们关停网络，减轻对我们的伤害”。由此应当认定L公司于2017年6月21日接到三原告通知，直到2017年7月8日才删除案涉图文。再次，L公司于2017年6月21日对案涉图文标注“违法违规”，结合涉案图文侵害人身权益的类型及明显程度、社会影响程度或者一定时间内的浏览量，应当认定L公司“知道网络用户利用其网络服务侵害他人民事权益”。L公司未能合理解释为何在接到三原告通知标注“违法违规”后，未能要求网络用户改正，未能立即停止提供服务，未能收回网络用户的账号，未能直接采

续表

案件名称	裁判观点
黄甲、黄乙等与南京L网络科技有限公司名誉权纠纷一审民事判决书	取更改或删除网络用户张贴的内容,未能暂停或终止网络用户使用美篇的权利,未能采取删除、屏蔽、断开链接等必要措施。最后,L公司未履行上述法定义务,为不提供真实身份信息的网络用户提供网络服务,导致无法提供网络用户的真实身份信息,致使三原告无法合理确定涉嫌侵权的网络用户的真实身份信息而无法正常维权;同时,L公司在接到被侵权人的有效通知后未及时采取必要措施,在知道网络用户利用其网络服务侵害他人民事权益后未采取必要措施,在间隔的18天期间,案涉图文的浏览量、访问量、评论量进一步增加,对三原告名誉造成损害的时间进一步延长,损害结果进一步加重。
李某与中国Y通信集团L有限公司D分公司电信服务合同纠纷	民事活动必须遵守法律,法律没有规定的应当遵守国家政策。《中华人民共和国网络安全法》规定网络运营商为用户办理网络接入、域名注册服务,办理固定电话、移动电话等入网手续,或者为用户提供信息发布、即时通信等服务,在与用户签订协议或者确认提供服务时,应当要求用户提供真实身份信息。用户不提供真实身份信息的,网络运营者不得为其提供相关服务。原告以警官证登记注册被告提供的移动电话服务。原告以每五年需要更新一次的警官证登记入网办理移动电话,2004年7月原告入网。依据有关规定需要办理补登记。被告依据主管部门的有关规定对用户进行实名登记和未实名老用户补登记,通过短信的方式告知原告进行实名补登记,已履行了通知、告知义务。原告对被告的电话提醒业务未及时查看。案涉电话号码销户是因为原告未按通知规定的时间内办理补登记手续,此并非被告侵害原告的合法通信权益。原告起诉要求被告恢复其电话号码包括正常使用(资费套餐)、V网大客户及信誉等级等原有权益,保证其合法通信权益,并向其书面道歉的诉讼请求,于法无据,不予支持。

续表

案件名称	裁判观点
杭州D网络科技有限公司与长沙B网络科技有限公司、深圳市T计算机系统有限公司侵害作品信息网络传播权纠纷	需要指出的是，本案T公司作为基础性网络服务提供者虽然不适用“通知—删除”规则，但并非没有任何法定义务。一方面，根据《中华人民共和国网络安全法》第二十八条、第四十七条的规定，其不仅在涉及国家安全等刑事犯罪时负有协助执法义务，而且对于色情、恐怖、赌博等明显违法信息应进行主动审查，发现法律、行政法规禁止发布或者传输的信息的，应当采取技术上可行的必要措施，立即停止传输该信息。另一方面，T公司应对小程序开发者主体信息进行实名认证并予以公布，确保权利人可有效、及时进行维权。此外，T公司应依托科学合理的管理机制、知识产权保护机制及惩戒机制，在权利保护与技术中立之间保持一定平衡，共同维护尊重他人知识产权的网络环境和竞争秩序。
周某与广东K电子商务有限公司网络侵权责任纠纷	本院认为，本案为网络侵权责任纠纷，周某受骗的事实经过一审已经查明翔实，犯罪嫌疑人显然利用了K公司网络平台上周某的购物详细信息，才得以对周某实施诈骗。根据《中华人民共和国网络安全法》第四十条之规定，网络运营者应当对其收集的用户信息严格保密，并建立健全用户信息保护制度。K公司作为网络运营者未能履行保护用户信息的义务，对于因此给周某造成的损失负有一定的过错。另外，作为具有完全民事行为能力的成年人，周某在进行网络购物时，应当具备适当的安全防范意识。而本案中，周某在“KK馆”App的在线客服已经答复不提供无理由退换货服务的情况下，轻信陌生人通过电话和微信给出的信息的真实性，将户名、银行账号甚至手机动态密码发送给“售后楚楚”，显然具有疏忽大意的过失，对于因此导致的自身财产损失，应当自行承担一定的后果。一审法院划分双方责任正确恰当，说理充分，本院予以维持。

续表

案件名称	裁判观点
深圳市T计算机系统有限公司与T科技(深圳)有限公司不正当竞争纠纷	随着互联网、大数据的高速发展,既要鼓励个人信息应用方面的创新,又要注重个人信息的合理保护。目前,我国《消费者权益保护法》《信息安全技术　个人信息安全规范》及《网络安全法》等系列法律法规都对网络用户等消费者个人信息保护提出了明确的要求。特别是自2017年6月1日起正式施行的《网络安全法》第四十条至第四十五条,完整建立起以用户同意原则为基础,网络运营者担负维护用户个人信息完整、合法使用义务的规则。其中第四十一条规定,网络运营者收集、使用个人信息,应当遵循合法、正当、必要的原则,公开收集、使用规则,明示收集、使用信息的目的、方式和范围,并经被收集者同意。网络运营者不得收集与其提供的服务无关的个人信息,不得违反法律、行政法规的规定和双方的约定收集、使用个人信息,并应当依照法律、行政法规的规定和与用户的约定,处理其保存的个人信息。据此,判断被申请人获取数据后的使用行为是否正当合理,用户权益也是需要考虑的核心要素。
申某与X网络技术有限公司等侵权责任纠纷	根据《中华人民共和国民法总则》[1]第一百一十一条,《中华人民共和国网络安全法》第四十条、第四十一条、第四十二条、第四十三条、第七十四条的规定,自然人的个人信息受法律保护。任何组织和个人需要获取他人个人信息的,应当依法取得并确保信息安全,不得非法收集、使用、加工、传输他人个人信息,不得非法买卖、提供或者公开他人个人信息。网络运营者对网络用户的个人信息负有安全保障的法定义务,具体包括:严格保密信息并健全用户信息保护制度;合规收集和使用信息;采取必要技术等相关措施,确保收集的个人信息安全;管理机构和人员须尽职管理的保障义务等用户信息安全保障义务。 X公司作为电商平台、网络服务提供者,其承担的安全保障义务的合理性表现如下: 第一,在大数据时代,个人信息的法律保护所要解决的是以互联网技术尤其是大数据技术处理个人信息可能带来的危害。在网络技术条件下,信息处理行为具有天然的规模化、高速化、无限化、深度化特征,信息可快速地在全球范围内收集、关联、传输和利用,信息被处理和挖掘利用的规模超出了人们的想象。X公司在提供网络服务的过程中,通过对用户数据的

[1] 该法现已失效。

续表

案件名称	裁判观点
申某与X网络技术有限公司等侵权责任纠纷	搜集和维护,获得了巨大的财产收益,从危险中获取利益者应负担制止危险的义务。因此,X公司作为网络服务提供者既然从自己架构的数据系统中获得了利益,就应当对系统危险隐患所造成的损害后果承担责任。X公司作为知名旅行产品网络服务提供者,已成为大数据时代的主要个人信息处理者,其对个人信息的处理包含了从信息被收集到被处理和利用,再到传递等一系列行为,其商业行为的获利模式亦主要在于信息的处理与传递。因此,X公司对于申某订票所生成的个人信息负有信息安全保管及防止泄露、控制危险的义务。 第二,从电商平台的运营模式来看,用户对电商平台保障其消费流程的数据安全具有合理的信赖,基于网络环境下的基本安全需求,实际已经形成了用户预期免受第三人侵害的合理信赖利益,因此从保护用户信赖利益的角度出发,法律也应对电商平台提出安全保障的义务。本案中,申某正是对X公司不会违法向第三人泄露机票行程信息的状态产生了合理的信赖,才会对诈骗分子形成轻信,进而导致了财产损失。 第三,通过攻击或利用系统安全漏洞实施的侵权行为,具有发生的经常性和影响的广泛性的特点,而网络服务提供者作为系统安全的直接维护者和受益者,对于这类行为无论是在反应机制、技术储备,还是在人力、财力方面的支持,都具有高度的应对便利和条件,因此规范网络服务提供者的安全保障责任,将最有利于被侵权人得到合理的救济,也最符合侵权法的整体效率的实现。在此类案件中,X网络服务提供者安全保障义务,无疑将推动网络运营主体进行协助追查和收集证据,并提高网络运营主体的防范意识和手段,从而使受害人获得救济的可能性大大提高。
A科技(镇江)有限公司与镇江市C计算机科技网络有限责任公司网络侵权责任纠纷	网络用户利用网络服务实施侵权行为的,被侵权人有权通知网络服务提供者采取删除、屏蔽、断开链接等必要措施。网络服务提供者接到通知后未及时采取必要措施的,对损害的扩大部分与该网络用户承担连带责任。网络服务提供者知道网络用户利用其网络服务侵害他人民事权益,未采取必要措施的,与该网络用户承担连带责任。被告作为网络服务提供者,为网络用户提供电子公告服务,网络用户在被告论坛中发表文章众多,不能苛求被告对网络用户发布的信息一一核实。原告于2018年8月17日填写申请表,于9月21日向被告发出删帖

续表

案件名称	裁判观点
A科技(镇江)有限公司与镇江市C计算机科技网络有限责任公司网络侵权责任纠纷	的通知,被告于9月24日对涉案网帖进行了删除,并不存在故意拖延的情形。根据法律规定,网络运营者不得泄露其收集的个人信息,未经被收集者同意,不得向他人提供个人信息。网民"大港大统华"为实名账户,被告拒绝向原告提供网民"大港大统华"个人真实身份信息的行为并无不当。综上,不能认定被告存在过错,原告认为被告侵犯其名誉权的主张依据不足,本院不予支持。
深圳市T计算机系统有限公司与王某花、韩某军等名誉权纠纷	原审认为,行为人因过错侵害他人民事权益,应当承担侵权责任。本案中,韩某兰因为和韩某军的感情纠葛与韩某军、王某花产生矛盾,便将王某花的照片作为头像,并以各种侮辱性的用户名在T公司开发的某K歌App平台使用,还把韩某军的头像和照片作为某K歌App平台上其个人的照片墙。上述行为侵害了韩某军和王某花的名誉权、肖像权,应当承担侵权责任。网络运营者应当加强对其用户发布的信息的管理,发现法律、行政法规禁止发布或者传输的信息,应当立即停止传输该信息,采取消除等措施,防止信息扩散,保存有关记录,并向有关主管部门报告。T公司对网络用户韩某兰在其开发的某K歌App平台上以他人名义使用不适当的照片、用户名没有尽到管理职责,致使他人名誉权被侵犯,应当承担民事责任。依照《中华人民共和国侵权责任法》[1]第六条、第八条、第十五条,《中华人民共和国网络安全法》第四十七条、第七十四条之规定,遂判决:一、韩某兰把韩某军的头像和照片从其某K歌App平台个人的照片墙上消除,深圳市T计算机系统有限公司应当配合。二、韩某兰在本判决生效后十日内向韩某军、王某花赔礼道歉,并在某日报上登报致歉,以消除影响,恢复名誉。三、韩某兰在本判决生效后十日内赔偿韩某军、王某花精神损害抚慰金3000元,深圳市T计算机系统有限公司赔偿韩某军、王某花精神损害抚慰金2000元,对于上述赔偿款项,二被告互负连带责任。

[1] 该法现已失效。

续表

案件名称	裁判观点
陈某某、刚某某侵犯公民个人信息罪一审刑事判决书	被告人陈某某违反国家有关规定，将在履行职责过程中获取的公民个人信息出售给他人，被告人刚某某、秦某、聂某某、李某某违反国家有关规定，非法获取并出售公民个人信息，情节特别严重，其行为构成侵犯公民个人信息罪，公诉机关指控的犯罪事实和罪名成立。被告人陈某某的辩护人提出陈某某出卖的253213条信息中有235522条仅有手机号码，有20283条仅有电话号码和时间，不能识别个人身份信息，不属于法定的“公民个人信息”。《网络安全法》第七十六条第（五）项规定：“个人信息，是指以电子或者其他方式记录的能够单独或者与其他信息结合识别自然人个人身份的各种信息，包括但不限于自然人的姓名、出生日期、身份证件号码、个人生物识别信息、住址、电话号码等。”同时根据最高人民法院、最高人民检察院《关于办理侵犯公民个人信息刑事案件适用法律若干问题的解释》第一条的规定，“公民个人信息”是指以电子或者其他方式记录的能够单独或者与其他信息结合识别特定自然人身份或者反映特定自然人活动情况的各种信息，包括姓名、身份证件号码、通信通讯联系方式、住址、账号密码、财产状况、行踪轨迹等。被告人陈某某提供的信息虽然只有电话号码，但依据网络安全法规定个人身份信息包括且不限于电话号码，其与其他信息结合后更能识别特定的自然人身份。
马某、张某侵犯公民个人信息罪一审刑事判决书	关于被告人马某及其辩护人辩称手机号码系其用“号码生成器”编写生成，访问时间系随机添加，访问网址系用“网络爬虫”软件从网络上随机抓取，来源合法，提供给与张某合办的贺某公司使用亦合法的意见。本院认为，被告人马某与张某、印某的供述，提取的电子数据，被告人之间的聊天记录等证据共同印证，马某提供的信息除了“手机号码＋访问时间＋访问网址”类型外，还包含有通过“用户画像”形成的具有个人特征模型的信息（如湖北、天津、四川等省、市区域有关贷款、股票、房产等行业的用户手机号码），无论被告人马某是通过什么方式获取的，其收集、使用或提供、买卖这些信息，均没有经过网络运营者及用户的同意或许可。《中华人民共和国网络安全法》（以下简称《网络安全法》）第四十一条第一款规定：“网络运营者收集、使用个人信息，应当遵循合法、正当、必要的原则，公开收集、使用规则，明示收集、使用信息的目的、方式和范围，并经收集者同意。”第四十二条规定：“……未经被收集者同意，不

续表

案件名称	裁判观点
马某、张某侵犯公民个人信息罪一审刑事判决书	得向他人提供信息。但是,经过处理无法识别特定个人且不能复原的除外。”第四十四条规定:“任何个人和组织不得窃取或者以其他非法方式获取个人信息,不得非法出售或者非法向他人提供个人信息。”被告人马某的行为显然违反了《网络安全法》的上述规定,故其辩解及其辩护人的辩护意见不能成立。 关于被告人马某及其辩护人辩称其收集、提供的手机号码不能识别特定自然人身份,不属于公民个人信息,不构成犯罪的意见,本院认为,《网络安全法》第七十六条第五项规定,“‘个人信息’,是指以电子或者其他方式记录的能够单独或者与其他信息结合识别自然人个人身份的各种信息,包括但不限于自然人的姓名、出生日期、身份证件号码、个人生物识别信息、住址、电话号码等。”最高人民法院、最高人民检察院《关于办理侵犯公民个人信息刑事案件适用法律若干问题的解释》进一步明确规定,公民个人信息包括身份识别信息和活动情况信息,《电话用户真实身份信息登记规定》自 2013 年 9 月 1 日施行后,全国已实行电话实名制,手机号码因此直接与特定的自然人关联。同时,《信息安全技术　个人信息安全规范》亦将个人电话号码、网页浏览记录列入个人敏感信息范畴。且现实生活中发生的无数事例已表明,手机号码等个人信息被擅自广泛泄露后,除被他人滥用于广告推销外,还易被人利用实施电信诈骗,严重影响公民个人生活安宁或财产安全,具有社会危害性。因此,被告人马某收集、提供的“手机号码 + 访问时间 + 访问网址”个人信息和有关省、市区域的贷款、股票、房产等行业的个人手机号码,显然属于法律规定的公民个人信息。
兰某非法侵入计算机信息系统罪一审刑事判决书	经审理查明,2017 年 8 月至 2018 年 8 月,被告人兰某在沈阳某公司任项目经理、技术工程师,负责锦州黑山、义县公安局的交警视频专网服务器维护工作。其间,兰某为了逃避公安机关交通违章处罚,私自编写具有自动过滤、屏蔽特定车辆违章记录功能的木马程序,非法侵入黑山县公安局和沈阳新民市公安局的交警视频专网服务器,并以远程操控的方式进入义县公安局交警视频专网服务器,将木马程序植入上述服务器,将其公司及下属施工人员的 21 条车辆信息录入木马程序,以此种手段逃避公安机关对车辆违章处罚。同时利用其为公安机关维护服务器之便,私自将交警视频专网线路迁入其办公地点,使黑山县公安局公安网与互联网“一机两用”,造成公安网存

续表

案件名称	裁判观点
兰某非法侵入计算机信息系统罪一审刑事判决书	在易被黑客攻击、大量公安内部涉密信息泄露的重大安全隐患，严重危害了公安网络安全，并导致黑山县公安局交警视频专网断网维护 213 个小时，无法正常运行。2018 年 8 月 15 日，锦州市公安局网安支队民警在黑山县公安局交警大队指挥中心机房内将兰某抓获。本院认为，被告人兰某违反国家规定，非法侵入国家事务领域的计算机信息系统，其行为已构成非法侵入计算机信息系统罪。
黄某非法获取计算机信息系统数据、非法控制计算机信息系统罪一审刑事判决书	2017 年 2 月，被告人黄某违反《中华人民共和国网络安全法》的规定，伙同他人通过发送木马病毒链接短信的方法，将木马病毒植入不特定人手机上，进而控制该手机信息系统，致使上述中了病毒的手机自动将木马病毒链接短信发送至该手机通讯录中电话号码对应的手机上，并将中了病毒的手机收到的短信内容拦截并转发至由被告人黄某控制的手机内。被告人黄某采用上述手段，非法控制共计 1250 个电话号码对应的手机信息系统。被告人黄某伙同他人，违反国家规定，对计算机信息系统实施非法控制，情节特别严重，其行为已构成非法控制计算机信息系统罪。
秦某、胡某等提供侵入、非法控制计算机信息系统程序、工具罪一审刑事判决书	2017 年 12 月，被告人秦某未经深圳市 T 计算机系统有限公司授权制作了该公司运营的某炫舞游戏外挂软件，并命名为“幻舞”（后更名为“紫晶”）。被告人秦某明知该外挂软件具有“全 P”“加速”“秒准秒开”“懒人模式”等自动完成任务功能，仍与被告人胡某商定由被告人胡某为销售上述外挂软件的总代理。2017 年 12 月至 2018 年 12 月，被告人秦某通过互联网向被告人胡某销售，销售金额合计人民币 678691 元。2017 年 12 月至 2018 年 12 月，被告人胡某明知从被告人秦某处购得的外挂软件“幻舞”“紫晶”具有自动完成任务功能，仍通过互联网加价销售给被告人许某、刘某、鲜某等人，销售金额合计人民币 640680 元。秦某、胡某、鲜某、杭某、刘某、周某、盛某、许某等人，分别向他人提供专门用于非法控制计算机系统的程序、工具，其中被告人秦某、胡某、鲜某、杭某、刘某、周某、盛某等人情节特别严重，被告人许某情节严重，其行为均已构成提供侵入、非法控制计算机信息系统程序、工具罪，均应予惩处。据此，依照《中华人民共和国刑法》第二百八十五条第二款、第三款，第六十七条第一款、第三款，第六十四条，最高人民法院、最

续表

案件名称	裁判观点
秦某、胡某等提供侵入、非法控制计算机信息系统程序、工具罪一审刑事判决书	高人民检察院《关于办理危害计算机信息系统安全刑事案件应用法律若干问题的解释》第二条、第三条的规定，判决被告人秦某犯提供侵入、非法控制计算机信息系统程序、工具罪，判处有期徒刑四年；被告人胡某犯提供侵入、非法控制计算机信息系统程序、工具罪，判处有期徒刑三年六个月；被告人鲜某、杭某、盛某、刘某、周某等人犯提供侵入、非法控制计算机信息系统程序、工具罪，判处有期徒刑三年；被告人许某犯提供侵入、非法控制计算机信息系统程序、工具罪，判处有期徒刑一年三个月。
杨某破坏计算机信息系统罪一审刑事判决书	2018 年 7 月，被告人杨某为谋取私利，伙同付某（已判刑）非法篡改抖音账号用于贩卖，被告人杨某与付某约定，由被告人杨某负责制作用于篡改抖音账号的程序软件并提供给付某，并介绍买卖抖音账号的索某（另案处理）给付某，付某负责用该程序篡改账号并售卖给索某等人，所得利益两人四六分成。后付某利用从被告人杨某处获得的 DY190 易语言程序编写软件，破坏北京 W 科技有限公司计算机信息系统修改抖音靓号，且将修改的靓号出售给索某，从中获利 34188.88 元人民币。其间被告人杨某分得 17400 元人民币，被告人杨某伙同他人违反国家规定，对计算机信息系统中存储、处理或者传输数据和应用程序进行删除、修改、增加的操作，后果特别严重，其行为已构成破坏计算机信息系统罪。依照《中华人民共和国刑法》第二百八十六条第一款和第二款、第二十五条第一款、第六十四条之规定，判决被告人杨某犯破坏计算机信息系统罪，判处有期徒刑五年。
赵某破坏计算机信息系统罪一审刑事判决书	2018 年 6 月，被告人赵某在殷某、金某、林某 1、吕某、林某 2 的共计 11 台苹果设备被他人远程锁定的情况下，以“解锁费”的名义向 5 名被害人敲诈得款共计人民币 4886 元，后为其中 4 台苹果设备解锁。被告人赵某违反国家规定，对计算机信息系统功能进行干扰、删除，造成 11 台计算机信息系统不能正常运行，后果严重，其行为已构成破坏计算机信息系统罪。为惩治犯罪，维护计算机信息系统的安全，依照《中华人民共和国刑法》第二百八十六条第一款、第二款，第六十七条第三款，第六十四条，《中华人民共和国刑事诉讼法》第十五条，最高人民法院、最高人民检察院《关于办理危害计算机信息系统安全刑事案件应用法律若干问题的解释》第四条第（一）项之规定，判决被告人赵某犯破坏计算机信息系统罪，判处有期徒刑七个月。

续表

案件名称	裁判观点
胡某拒不履行信息网络安全管理义务罪一审刑事判决书	经审理查明:2015 年 7 月至 2016 年 12 月 30 日,被告人胡某为非法牟利,租用国内、国外服务器,自行制作并出租“土行孙”“四十二”翻墙软件,为境内 2000 余名网络用户非法提供境外互联网接入服务。2016 年 3 月、6 月,上海市公安局浦东分局先后两次约谈被告人胡某,并要求其停止联网服务。2016 年 10 月 20 日,上海市公安局浦东分局对被告人胡某利用上海 S 网络科技有限公司擅自建立其他信道进行国际联网的行为,作出责令停止联网、警告、并处罚款人民币 15000 元,没收违法所得人民币 40445.06 元的行政处罚。被告人胡某拒不改正,于 2016 年 10 月至 2016 年 12 月 30 日,继续出租“土行孙”翻墙软件,违法所得共计人民币 236167 元。经鉴定,“土行孙”翻墙软件采用了 gotunnel 程序,可以实现代理功能,适用本地计算机通过境外代理服务器访问境外网站。本院认为,被告人胡某非法提供国际联网代理服务,拒不履行法律、行政法规规定的信息网络安全管理义务,经监管部门责令采取改正措施后拒不改正,情节严重,其行为已构成拒不履行信息网络安全管理义务罪。
被告单位北京 S 网络技术有限公司、被告人耿某、杨某、张某非法利用信息网络罪一审刑事判决书	2016 年以来,“W 体育”赌博网站通过 QQ 号“淡定的老贝”联系河南 A 网络科技有限公司(以下简称 A 公司)经营人张某(已判决),由该公司帮助“W 体育”赌博网站通过“C 软文”平台进行推广。张某与被告单位 S 公司及被告人耿某、杨某、张某等人联系,将“淡定的老贝”提供的“W 体育”软文推广稿件在 S、W 等网站上发布。为维护社会管理秩序,打击网络犯罪,依照《中华人民共和国刑法》第二百八十七条之一第一款、第二款,第三十条,第三十一条,第二十五条第一款,第六十七条第三款,第七十二条第一款、第三款,第七十三条第二款、第三款,第五十二条,第五十三条第一款,第六十四条,《中华人民共和国刑事诉讼法》第十五条的规定,判决被告单位北京 S 网络技术有限公司犯非法利用信息网络罪,判处罚金人民币十万元;被告人耿某、杨某犯非法利用信息网络罪,判处有期徒刑八个月;被告人张某犯非法利用信息网络罪,判处有期徒刑九个月。

续表

案件名称	裁判观点
刘某非法利用信息网络罪一审刑事判决书	被告人刘某自2018年1月以来，分别通过其使用的昵称为“沙拉2018微营销工作室”“刘子怡软件营销服务中心”等微信号，在朋友圈内大量发布出售“呼死你”软件、“炸死他”软件，查询公民个人信息、手机定位、通话记录等非法信息，并向位于C市G东路的夏某等不特定人员出售上述软件、信息，违法所得共计人民币7000余元。被告人刘某利用信息网络发布违法信息，情节严重，其行为已构成非法利用信息网络罪，应依法予以惩处。据此，依照《中华人民共和国刑法》第二百八十七条之一，第六十七条第三款，第七十二条第一款、第三款，第七十三条第二款、第三款，第六十四条及《中华人民共和国刑事诉讼法》第十五条之规定，判决被告人刘某犯非法利用信息网络罪，判处有期徒刑六个月。
梁某帮助信息网络犯罪活动罪一审刑事判决书	2017年7月至2018年8月，被告人梁某与徐某、李某（均已判决）等人在共同经营Z网络科技有限公司期间，被告人梁某伙同徐某、李某等人明知对方客户利用信息网络以投资理财的名义实施犯罪活动，仍多次帮助上述客户在搜狗、神马等网络平台进行广告推广，被告人梁某从中非法获利共计100万余元。2019年6月25日被告人梁某主动向公安机关投案。现被告人梁某已退出非法所得100万元。被告人梁某等人明知他人利用信息网络实施犯罪，仍为其提供广告推广帮助，情节严重，其行为已构成帮助信息网络犯罪活动罪，且系共同犯罪。依照《中华人民共和国刑法》第二百八十七条之二、第六十七条第一款、第二十五条第一款、第五十二条、第五十三条、第六十四条之规定，判决被告人梁某犯帮助信息网络犯罪活动罪，判处有期徒刑二年。

续表

案件名称	裁判观点
王某、张某帮助信息网络犯罪活动罪一审刑事判决书	2019年3月，被告人王某、张某明知“樱桃”网络直播平台进行网络犯罪活动，为该网络直播平台提供账号为××××××××××等9个实名认证的支付宝账户，帮助该网络直播平台进行资金收取、转账提现等支付结算工作。2019年3月8日，夏某在X市C区金钟路×××号使用手机登录“樱桃”直播平台，通过王某、张某提供的支付宝账户完成充值，并赠送虚拟礼物给主播付某（另案处理）后获取淫秽视频文件25个。被告人王某、张某明知他人利用信息网络实施犯罪，而为其犯罪提供支付结算帮助，情节严重，其行为已构成帮助信息网络犯罪活动罪，依法应予惩处。依照《中华人民共和国刑法》第二百八十七条之二第一款、第二十五条第一款、第六十七条第三款、第六十八条、第五十二条、第五十三条、第六十四条之规定，判决被告人王某、张某犯帮助信息网络犯罪活动罪，判处有期徒刑八个月。

第五章　企业合规的新制度之第三方监督评估机制

第一节　检察机关主导的第三方监督评估机制

一、构建涉案企业合规第三方监督评估机制的背景

党的十八大以来，以习近平同志为核心的党中央充分肯定民营经济的重要地位和作用，要求健全民营经济发展的法治环境，大力支持民营企业发展壮大。自 2020 年 3 月起，在 6 个基层检察院试点开展“企业犯罪相对不诉适用机制改革”。通过前期试点，检察机关在办理涉企刑事案件过程中，围绕推进企业合规建设做了一些探索，积累了一些经验，受到企业欢迎，也得到当地党委政府和社会各界的大力支持。

为进一步充分发挥检察职能作用，推进企业合规改革试点向纵深发展，并为国家立法积累实践经验，2021 年 3 月扩大试点范围，部署在 10 个省、直辖市开展为期一年的第二期试点工作。目前，这 10 个省级院共确定 27 个市级院、165 个基层院作为试点院开展改革探索，各项相关工作正在稳步推进。

在第二期试点工作中，注重在“有序”和“规范”上下功夫，针对前期试点工作中发现的企业合规监督考察程序有待进一步规范，特别是第三方监督评估机制亟待建立的问题，会同相关部门加快推动建立相关工作机制。全面总结梳理前期试点工作经验做法，深入调研论证。[1]

二、涉案企业合规第三方监督评估机制的基本框架

关于第三方机制的基本原则。第三方机制是指人民检察院在办理涉企犯

---

〔1〕 参见《最高检：准确把握企业合规改革试点基本内涵确保严格依法推进试点工作》，载中国证券报网，https://www.sohu.com/a/470172239_120988533。

罪案件时,对符合企业合规改革试点适用条件的,交由第三方机制管委会选任组成的第三方组织,对涉案企业的合规承诺进行调查、评估、监督和考察,考察结果作为人民检察院依法处理案件重要参考的制度。第三方机制的建立和运行,应当遵循依法有序、公开公正、平等保护、标本兼治的原则。[1]

关于第三方机制管委会的组成和职责。国家层面的第三方机制管委会由最高人民检察院、国务院国有资产监督管理委员会、财政部、全国工商联会同司法部、生态环境部、国家税务总局、国家市场监督管理总局、中国国际贸易促进委员会等部门组成,实行联席会议制度。全国工商联负责承担管委会的日常工作,国务院国有资产监督管理委员会、财政部负责承担管委会中涉及国有企业的日常工作。试点地方则结合本地实际组建本地区的第三方机制管委会并建立联席会议机制。第三方机制管管委会负责履行对本地区第三方组织及其成员的管理、监督、检查职责。

关于第三方机制的启动和运行。涉案企业、个人及其辩护人、诉讼代理人或者其他相关单位、人员提出适用企业合规试点以及第三方机制申请的,人民检察院应当依法受理并进行审查。人民检察院经审查认为涉企犯罪案件符合第三方机制适用条件的,可以商请本地区第三方机制管委会启动第三方机制。第三方机制管委会应当根据案件具体情况以及涉案企业类型,从专业人员名录库中分类随机抽取人员组成第三方组织,并向社会公示。第三方组织应当要求涉案企业提交专项或者多项合规计划,并明确合规计划的承诺完成时限。第三方组织应当对涉案企业合规计划的可行性、有效性和全面性进行审查,提出修改完善的意见建议,并根据案件具体情况和涉案企业承诺履行的期限,确定合规考察期限。第三方组织在合规考察期届满后,应当对涉案企业的合规计划完成情况进行全面检查、评估和考核,并制作合规考察书面报告,报送负责选任第三方组织的第三方机制管委会和负责办理案件的人民检察院。人民检察院在办理涉企犯罪案件过程中,应当将第三方组织合规考察书面报告、涉案企业合规计划、定期书面报告等合规材料,作为依法作出批准或者不批准逮捕、起诉或

〔1〕 毛逸潇、余沁、焦娜、陶朗道:《企业合规监督考察如何落在实处》,载《检察日报》2021年10月21日。

者不起诉以及是否变更强制措施等决定，提出量刑建议或者检察建议、检察意见的重要参考。

关于监检衔接机制。纪检监察机关认为涉嫌行贿的企业符合企业合规试点以及第三方机制适用条件，向人民检察院提出建议的，人民检察院可以参照适用。

三、涉案企业合规第三方监督评估机制的特点和意义

第三方机制的制度设计具有鲜明的中国特色，总体要求是促进"严管"制度化，不让"厚爱"被滥用，实现"三个效果"有机统一。

努力整合社会治理的各方力量。通过顶层设计，形成改革合力。从前期试点情况看，对涉案企业的合规监督评估涉及司法、执法、行业监管等多方面、多领域，不是哪一司法机关、行政部门单独就能完成的，必须要联合各相关部门形成合力，共同推动企业合规建设，促进企业履行合规承诺、建立现代企业制度，才能实现最佳的司法办案效果。同时，注重发挥律师协会、注册会计师协会、注册税务师协会等相关行业协会、商会、机构在企业合规领域的积极作用，形成改革的社会支撑力量。

第三方机制对于保持检察机关的中立性、公正性、廉洁性和权威性具有重要的保障作用。第三方机制不仅能够调动各方面的专业力量和监督力量来参与企业合规工作，而且给检察机关设立了一道"防火墙"。这也是最高人民检察院把第三方机制建设放在制度建设首位的一个重要原因。

第二节　第三方监督评估机制的搭建

一、第三方运行与监督评估

关于企业合规审查问题。涉企业刑事案件的前期侦查一般由公安机关负责，检察机关作为刑事诉讼的中间环节，调查、了解企业合规经营情况存在一定局限性，特别是如何参与和追踪公司制度设计、有效评估合规制度执行值得深入研究，原则上不宜介入过深。目前改革试点中，有的地方正在探索建立企业

合规审查或监督考察的标准，但笼统制定标准难以有效推进。也有的地方在探索聘请第三方进行合规整改的考察评估，值得肯定。引入第三方考察评估的必要性、可行性要充分研究论证，除了律师事务所，审计、会计师事务所，各级市场监管部门、工商联都可以考虑。但如何加强对第三方评估机构的监督制约，防止出现风险隐患，需要一并考虑。在目前情况下，将企业合规审查与检察建议制度结合起来推进较为简便可行。具体而言，检察机关结合司法办案发现、分析企业管理制度上的漏洞和问题，在检察建议中有针对性地指出问题，提出整改建议要求，企业整改进程中，由第三方专家进行监督、评估验收，以确定整改是否到位，再结合认罪认罚从宽制度提出处理意见。[1]

某地检察机关建立“第三方监管”三项机制。由“独任制”向“合议制”转变，建立三项机制，提升第三方监管的专业化和规范化。一是建立“独立监控人”名录库制度。该地检察院联合区司法局出台《独立监控人选任及管理规定》，甄选若干家有企业合规经验的律师事务所，建立“独立监控人”名录库，协助开展企业合规监管。二是建立合规验收考察委员会制度。为推动企业合规在公安侦查、法院审判环节的开展，同时发挥行政执法机关在企业合规工作中的合力，该地检察院统筹司法、行政等部门，成立促进合规建设委员会，建立由行政执法骨干、检察官、法官、律师、会计师、审计师等组成的专家库，对企业合规整改情况进行全面考察，检察机关将考察报告作为不捕、不诉、提出宽缓量刑建议的重要参考依据。三是建立常态化培训制度。定期邀请企业合规专业人员，对促进合规委成员单位开展理论培训和实务指导，不断提升履职能力。

某地检察机关积极探索。一是建立行政主管机关考察制。创新建立“1+1+X”机制：一个“1”，即出台一个总纲性文件《涉罪企业合规考察实施办法》，明确行政主管机关为合规监管人；另一个“1”，即建立一个以检察长为组长的工作专班，作为“一把手”工程推进；“X”，即完善合规指引、考察、验收等配套制度，细化考察内容、考察机关、处理决定等流程。二是充分发挥检察机关主导责任。在全面评估办案影响，合规考察的可行性、必要性的基础上，检察机关主动

---

〔1〕 白华、周松连、李舒莹、梁维绮：《国有企业内部控制体系一体化建设的思考》，载《财会通讯》2021年第20期。

承担企业合规考察的启动者、过程的引导者、结果的决策者等责任。目前,某市检察院先后对5起案件采取制发检察建议、开展合规工作等形式推动企业合规建设,涉及企业和行业协会共计11家,效果良好。

第三方组织类似于独立特派员,其履职过程代表了检察机关、行政部门对企业的监督和考核,相应的评价也往往会影响司法机关的最终决策,因此,第三方组织成员履职过程中,要着眼于整改,准确识别出企业经营中的风险点以及相应合规计划,同时也要从整体上、宏观上,提出对企业处理更为妥当的解决方案。

一方面,第三方组织要担任评测员,对企业合规计划是否合理、合规整改过程是否有效等进行监督、评估。主要工作有五方面:一是审查合规计划以及企业合规计划承诺完成时限;二是评估合规计划的可行性、有效性与全面性,确定合规考察期限;三是在合规考察期间内,以定期、不定期方式对合规计划履行情况进行检查和评估;四是考察期届满后,对合规计划完成情况进行全面检查、评估和考核,制作合规考察书面报告,报送第三方机制管委会和检察院;五是列席检察机关的案件听证会,并发表意见。

另一方面,第三方组织还是企业的"健身教练",对企业日常业务进行合规计划构建、合规有效性监督评估。主要工作有两个:一是根据企业合规管理需求,量身定做合规方案,帮助企业搭建全面或必要的合规计划,从商业行为准则、合规组织体系、防范体系、监控体系、应对体系等各个方面搭建一个清晰、完整具备可行性的制度体系和执行体系;二是针对涉案企业的特殊治理需求,做好企业诊断并有针对性地提供合规方案,即围绕与企业涉嫌犯罪有密切联系的企业内部治理结构、规章制度、人员管理等方面存在的问题,制定可行的合规管理规范,构建有效的合规组织体系,健全合规风险防范报告机制,弥补企业制度建设和监督管理漏洞,防止再次发生相同或者类似的违法犯罪。

二、配套制度运行研究

与此同时,第三方监督评估机制与检察听证制度的配套运行也是此次改革的亮点与重点。

(一)检察听证制度的发展

检察机关自由裁量权的程序制约在我国检察权兼具司法权和监督权的特

殊属性之下尤为重要，检察权运行诉讼化改革在国家治理体系和治理能力现代化进程中具有特殊意义。[1] 一方面，我国刑事司法制度向社会控制、社会管理方向演进，在轻罪治理理论、修复性司法理念、协商性司法理念的发展中检察机关正在承担越发重要的程序性作用。[2] 另一方面，检察机关量刑建议权的明确、附条件不起诉制度扩大适用企业合规治理、“四大检察”职能的快速推进等改革在回应我国检察权属性与定位的同时，也面临着传统检察权运行机制的程序制约不足、封闭行使裁量权等问题。

作为检务公开、公开审查的重要形式，检察听证的探索贯穿于检察权运行诉讼化改革之中，其中有三个关键节点。1999 年 5 月 10 日最高人民检察院发布了《人民检察院办理民事行政抗诉案件公开审查程序试行规则》(已失效)，明确了检察机关需要以正当程序开展公开审查工作。2011 年 12 月 29 日最高人民检察院通过了《人民检察院刑事申诉案件公开审查程序规定》，其中对“公开听证”的形式予以确定。随后检察听证工作处于地方检察机关摸索之中，直至 2020 年 9 月 14 日最高人民检察院发布了《人民检察院审查案件听证工作规定》(以下简称《工作规定》)，文件中明确规范了我国检察机关组织召开听证会的相关程序，这意味着我国检察听证制度基本稳定。

《工作规定》发布前，检察听证的研究集中于规范统一的运作程序、适用范围、参与人范围以及明确听证结果的效力，侧重于程序构建。《工作规定》发布后，研究的重点开始转向听证程序的配套机制、检察听证的目的与价值、听证员选取的资格限制等适用问题上。通过梳理实践问题、分析检察权的特征，发现目前的研究普遍忽视了检察机关在听证程序中具有多重身份的特点，而这一特点直接影响了听证主体之间的关系。

听证源于英美法系的自然公正原则，本意是指听取利害关系人意见的法律程序[3]，因此在高度追求程序正义的美国，甚至将听证的概念覆盖到诉讼与审

---

〔1〕 参见苗生明：《新时代检察权的定位、特征与发展趋向》，载《中国法学》2019 年第 6 期。

〔2〕 参见吴宏耀、苗生明、魏晓娜等：《大家谈：新时代检察基础理论的重点问题》，载《国家检察官学院学报》2021 年第 1 期。

〔3〕 参见张宏、魏磊：《论司法听证的建构——以刑事诉讼为视角》，载《中国刑事法杂志》2004 年第 2 期。

判[1]，这也从侧面证明听证是司法化运行程序的重要表现。

在制度层面，我国听证制度探索始于行政听证和立法听证，且一直对司法听证的适用采取谨慎态度，直至21世纪初才开始将“检察听证”作为检察机关公开听取当事人意见的方式。在1999年最高人民检察院发布了《人民检察院办理民事行政抗诉案件公开审查程序试行规则》，明确了检察机关需要以正当程序开展公开审查工作后，2000年《人民检察院刑事申诉案件公开审查程序规定（试行）》（已失效）规定，“刑事申诉公开审查可以采取多种形式，主要应以举行听证会形式进行”，由此检察机关在刑事申诉案件中以举办听证会的方式听取意见的形式初步确立。2012年《人民检察院刑事申诉案件公开审查程序规定》进一步明确了举行听证会的相关要求。2007年检察听证适用范围进一步扩大，最高人民检察院出台的《人民检察院信访工作规定》规定，“重大、复杂、疑难信访事项的答复应当由承办部门和控告申诉检察部门共同负责，必要时可以举行公开听证”。2011年最高人民检察院审议通过的《人民检察院刑事申诉案件公开审查程序规定》直接明确了刑事申诉案件的公开审查方式要“以公开听证为核心，公开示证、公开论证、公开答复为补充的公开审查方式”[2]。随着检察听证制度的逐渐成熟，最高人民检察院先后于2013年和2014年出台了《人民检察院办理未成年人刑事案件的规定》、《人民检察院民事诉讼监督规则（试行）》（已失效）和《人民检察院复查刑事申诉案件规定》，对检察机关办理未成年人案件、民事诉讼监督案件和复查刑事申诉案件适用听证制度进行了规定。2021年《人民检察院民事诉讼监督规则》正式出台，同样就适用听证方式审查案件的规则进行了明确。相较于全国统一规定，各地方检察机关则在羁押必要性审查类案件、不起诉案件等方面开展深入探索，例如，上海市人民检察院在2012年《刑事诉讼法》正式实施后，在2012年制定了《关于羁押必要性审查工作的规定（试行）》，在2014年制定了《上海检察机关公诉部门不起诉案件听证审查、不起诉决定公开宣布工作规则（试行）》。另外，有些地方在立案监督中也引入了听证程序，如2014年四川省合江县、犍为县人民检察院分别对死亡案件

---

[1] 参见程绍燕：《刑事听证研究》，中国人民公安大学出版社2016年版，第40页。

[2] 参见杨慧亮、高飞：《检察听证制度的规范化建设》，载《人民检察》2014年第15期。

和抢劫案件不立案进行了听证审查。[1] 随着检察听证制度的完善,2020 年企业合规不起诉试点改革开展中,检察听证同样作为检察机关作出不起诉决定的重要审查程序发挥着积极的作用。

在理论层面上,检察听证制度是我国检察机关实行检务公开的重要形式之一,从 1998 年最高人民检察院发布《关于在全国检察机关实行"检务公开"的决定》开始,我国检察机关一直在探索切实有效的检察机关信息公开制度,检察听证能够让案件当事人当面发表意见,参与审查程序,有利于消除当事人和社会公众对于检察机关的神秘感,提高检察机关的公信力和权威。同时,检察听证程序亦是实现程序正义的重要手段,有利于当事人在正当程序中受到公平、公正的对待,在可能被作出不利决定时发表自己的意见。当然,公开审查的形式和正当程序的保障使得检察机关在作出审查决定的过程中能够接受外部监督并强化内部监督,维护检察机关客观、公正立场的实现。

2020 年 9 月 14 日最高人民检察院发布的《工作规定》结合以往经验统一规范了检察听证的基本程序,为我国检察听证改革奠定了新的基调,但是检察机关听证工作实践仍存在尚未解决的问题。

鉴于听证的丰富实践与理论基础,学界与检察机关对检察听证的定义争议不大。《工作规定》第 2 条明确了检察听证的定义,听证会由人民检察院组织召开,听证内容为事实认定、法律适用和案件处理等问题,听证目的是听取听证员和其他参加人的意见,听证性质是检察机关的案件审查活动。《工作规定》第 4 条以一般条款结合具体列举的方式明确了检察听证可以适用于检察机关办理的符合条件的多种案件中。[2] 相较《工作规定》,学界理论更强调检察听证应当在检察机关作出决定之前召开,这也符合听证的正当程序属性。

除听证程序本身的正当程序属性外,检察听证因我国检察权的特殊性还具有诉讼活动属性和检察自我监督属性。分析《工作规定》中体现的我国检察听证法律属性,对理解检察听证的程序构造具有关键作用,由此才能确定检察听证主体的地位及相互关系的问题。

---

〔1〕 骆绪刚:《检察权运行司法化研究》,华东政法大学 2015 年博士学位论文。

〔2〕 参见苗生明:《新时代检察权的定位、特征与发展趋向》,载《中国法学》2019 年第 6 期。

(二)检察听证的程序属性

1. 正当程序属性

《工作规定》中虽未说明检察听证是否应当在检察机关作出相应决定之前组织召开,但“听证”本身就具有英美法系的“自然公正原则”之传统,即在未听取利害关系人意见时不得对其作出不利决定。[1] 因此《工作规定》第2条之定义自然包括听证的前置条件,即检察机关应当在作出相关决定之前组织召开听证会。检察听证的正当程序属性来源于听证程序所体现的正当程序精神,这一精神也是规范检察权公正、公开运行的重要手段。

从我国宪法关于公民的人身自由、人格尊严不受侵犯的规定和刑事诉讼法“尊重和保障人权”的规定中可以看出,我国实质性坚持正当程序原则。[2] 具体到刑事诉讼程序的各个阶段,对犯罪嫌疑人、被告人的合法诉讼权利和公民权利的保障、救济,需要正当程序对国家公权力进行限制。我国检察机关的自由裁量权具有判断权和裁量权的属性,更应当重视检察听证的正当程序属性,以保证检察权运行的公正、公开。[3]

检察听证的正当程序属性体现在以下四个方面。其一,听证员的中立性和检察机关的客观公正立场;其二,相关当事人的平等参与,《工作规定》第6条列举了广泛的听证参与人范围,保障案件利益相关人均能通过检察听证表达意见;其三,听证程序结果的及时终结性,《工作规定》第17条、第20条明确规定了检察机关听取意见后作出决定的程序与期限;其四,听证程序公开、透明,除可能影响办案进程、公正审判等情形的案件,检察听证一般公开举行,并可以邀请人民监督员监督。

不可否认,检察听证也同时受到正当程序的限制。首先,检察听证的启动需要符合规定的条件并经过检察长批准,并不是任何存在争议的案件或对当事人不利的决定都需要召开检察听证,对当事人程序保障的目的需要结合整体刑

---

[1] 参见张宏、魏磊:《论司法听证的建构——以刑事诉讼为视角》,载《中国刑事法杂志》2004年第2期。

[2] 参见房潇凡:《论权力限制与权利保障——以正当程序为视角》,载《法制与经济》2019年第11期。

[3] 参见杨惠基:《听证程序概论》,上海大学出版社1998年版,第20页。

事诉讼制度进行适用。其次，检察听证的听证员意见可以通过正当程序不予采纳。最后，检察听证可以在特殊条件下不公开举行。

2. 诉讼活动属性

在刑事诉讼审查起诉阶段，“检察机关作为裁判方与侦查机关和辩护方形成了小三角的诉讼关系，此时检察机关起到了中立判断和裁决的作用”。[1] 该阶段检察机关需要从客观公正立场审查各方意见，并且独立进行司法判断，具备诉讼的基本特征，这也正是检察权运行诉讼化的必要性。如果利用检察听证程序开展此类工作，那么检察听证必须具备诉讼活动的属性，才能保证参与各方充分发表意见，检察机关中立判断和裁决。诉讼活动属性有助于实现检察权运行的程序正义，并保证检察权公正履行。另外，组织召开检察听证的背景往往是争议较大的或疑难复杂的案件，争议解决的实践经验说明兼顾公正与效率的有效方法是诉讼活动，检察听证是在审查起诉阶段承担诉讼活动属性的有效程序。

在检察监督案件中，检察机关在决定是否开展法律监督、了解拟监督案件的具体意见等工作时也成为程序性结果的裁决者，此时在听证会上往往缺少与案件当事人对立的一方，“严重缺乏对抗和程序的权利制约”[2]，检察听证弥补了法律监督权的程序制约缺陷。

但是，《工作规定》第 15 条规定的听证会一般步骤明显缺少诉讼活动属性，没有规定证据出示与质证的规则，缺少有效辩论程序。鉴于《工作规定》需要统一规范各种案件类型的听证程序的考量，程序设计方面更强调普遍适用性，不过这也为未来程序完善留下了空间。

3. 检察自我监督属性

检察权作为国家法律监督权，对国家法律统一、正确实施进行有效监督，但其自身的权力运行却仍缺乏充分且必要的监督机制。[3] 我国司法权由审判机关和检察机关共同行使，检察机关仅在法律明确授权且设置清晰边界下行使司法权。尽管权力边界清晰，但检察机关行使司法权仍存在较大自由裁量空间，以最近合规不起诉制度改革为例，检察机关在审查涉罪企业合规整改时，对合

---

〔1〕 陈光中等：《中国司法制度的基础理论问题研究》，经济科学出版社 2010 年版，第 197 页。

〔2〕 刘国媛：《刑事检察听证制度的“理”与“法”》，载《法学评论》2015 年第 1 期。

〔3〕 参见张秀山：《司法规律层面检察权运行表现》，载《法学杂志》2009 年第 11 期。

规计划、合规评估报告、涉罪企业实际整改情况进行的审查缺少明确的标准与规则。一旦法律监督机关出现自由裁量权失控,势必会影响国家整体的法律实施进程,检察机关自我监督意义重大。因此,检察机关自身也在积极探索公开审查机制,完善检务公开工作,检察听证是目前解决以程序制约的方式完善检察权运行的较为有效的办法。

检察听证程序本就是检察机关内部自发的程序构建,如果说听证是"自然公正原则"的产物,那么我国的检察听证就是"检察自我监督"的产物。[1]《工作规定》第3条阐述了检察听证的双向监督属性,一方面,检察机关"依法独立行使检察权",承担法律监督职责;另一方面,检察机关"保障人民群众的知情权、参与权和监督权",接受人民的监督。

检察自我监督的属性同时解决了检察听证结果的效力问题。《工作规定》第16条明确了听证员意见的效力,承办检察官拟不采纳听证员多数意见的,应当通过检察长的同意,这意味着检察机关有权决定是否采纳检察听证的结果。这一规则的考量主要基于检察听证的工作性质。检察听证是检察机关审查案件的程序之一,其嵌套在刑事诉讼构造内,并未改变检察机关对这类案件的裁决权。如果检察长同意不采纳听证员意见,那么检察机关最终作出的决定仍受刑事诉讼程序的约束,利益相关人仍可以采取保障合法权利或救济的措施。

诚然,鉴于目前检察听证启动的审查程序缺失、听证程序基本由检察机关主导等问题,检察自我监督属性应更侧重发挥"监督"的性质,维护检察权运行的司法公信力。

(三)我国检察听证主体的程序地位及相互关系

1. 检察听证主体的概念厘清

有学者认为,检察听证主体是指提起听证程序的一方。[2] 这不符合听证程序理念和程序构造理论,也不利于听证会参加人的程序性权利保障。笔者认为,检察听证的基本性质没有超出一般听证的范围,因此检察听证的主体与一般听证的主体具有同质性,是指参加听证会的国家机关和听证会参加人。根据

---

〔1〕 参见杨慧亮、高飞:《检察听证制度的规范化建设》,载《人民检察》2014年第15期。

〔2〕 参见孙毅、胡跃先:《检察听证制度探析》,载《人民检察》2001年第3期。

《工作规定》的主体划分,我国检察听证主体包括检察机关和听证会参加人。其中,根据《工作规定》第13条要求检察机关派员担任主持人,根据《工作规定》第6条之规定,听证会参加人包括听证员、案件当事人及其法定代理人、诉讼代理人、辩护人、第三人、相关办案人员、证人和鉴定人以及其他相关人员。

2. 检察机关的程序地位

其一,检察机关是听证案件的审查主体,检察听证是检察机关审查、裁决的程序之一,因此检察机关处于中立裁决方地位。

其二,在部分案件中,检察机关是开展调查、监管、公诉的主体。如在合规不起诉案件中,检察机关是参与涉罪企业合规治理的监管主体。此时检察机关还同时处于与案件当事人对立的调查方地位。

检察机关派员担任的主持人,应当认为是中立裁决方在听证程序中的代表。但由于该主持人由承办案件的检察官或办案组的主办检察官担任,在检察机关同时处于调查方地位时,该主持人自然也成为调查方隐性代表。尽管如此,从《工作规定》的程序设计分析,该主持人在听证程序中应只以中立裁决方的身份外显,换言之,该主持人应当克服先入为主的心理,秉持客观公正立场审查案件。

3. 听证会参加人的程序地位

根据案件利害关系相关程度,听证会参加人可以分为听证员、案件当事人、其他参加人三类。

听证员与案件没有利害关系,处于中立地位发表意见。由于听证员的意见仅是人民检察院依法处理案件的重要参考,并不具有决定性作用,因此听证员并非裁决方。听证员可以弥补检察机关在某些社会专业技能上的不足,为检察机关的审查提供意见。

案件当事人一般是听证会上主要说明情况的主体,也是在检察机关审查案件中需要为自己进行辩护的主体,检察机关审查后的决定可能造成对案件当事人不利的后果。因此案件当事人是听证程序的重要一方。

其他参加人一般处于辅助说明案件情况的地位。其中相关办案人员较为特殊,如果是侦查人员出席羁押必要性审查案件、拟不起诉案件的听证会,那么侦查人员还处于与案件当事人对立的调查方地位,这一问题是我国刑事诉讼构造的结果,不因侦查人员只以相关办案人员的身份参加检察听证而改变。

4. 检察听证主体的相互关系

一般意义上,检察机关和听证员处于中立地位听取案件当事人及其他参加人的情况说明,听证员发表意见,检察机关最终作出决定。

部分案件中,检察机关还会以调查方身份,以与案件当事人对立的地位参加听证会。此时在案件当事人的视角,听证会主持人既是中立裁决方的代表,又是对立调查方的代表。

部分案件中,侦查人员作为相关办案人员还会以对立调查方的身份参与听证会,此时检察机关以中立裁决方身份与侦查人员、案件当事人形成了小三角诉讼关系。

可见,检察听证主体之间的关系并不是单纯的说明情况与听取意见之间的关系,检察机关在听证程序中也存在“职能合并”[1]的情况。

总体而言,检察听证的程序构造因检察机关职能合并履行的特点而产生了不同类型,检察听证程序应当注重结合我国检察权的特殊属性,针对性设计可以灵活适用的听证规则。

如前所述,检察听证启动审查程序的缺失、听证程序基本由检察机关主导的问题导致其自我监督效果不佳。

虽然《工作规定》第 9 条规定当事人及其辩护人、代理人可以申请召开听证会,但是是否符合召开条件的审查程序并不明确,《工作规定》仅表述为“人民检察院应当及时作出决定”。检察听证程序应当作为当事人程序保障的重要手段,当检察机关所要作出的决定可能不利于当事人时,当事人申请召开听证会的,一般应当允许。

另外,听证程序设计目的包含了便于检察机关听取当事人及案件相关人员的意见,如果听证程序过于僵化、完全由检察机关主导,将不利于听证会参加人陈述意见。除适当放宽“需要听证的问题”的决定权给听证会参加人之外,还应重视听证员向当事人或者其他参加人提问的环节,促进听证员以专业知识推进听证会参加人的意见表达,如在单个听证会中,参加人说明情况后允许听证员即时发问,保证争议问题的焦点化,也促进其他听证会参加人有所侧重地表达意见。

---

〔1〕 参见孙毅、胡跃先:《检察听证制度探析》,载《人民检察》2001 年第 3 期。

第三节　第三方监督评估机制的经费保障

涉案企业合规改革试点开展以来，各试点地区紧密结合本地经济社会发展实际，围绕第三方监督评估机制经费保障问题积极开展探索实践，努力保障涉案企业合规考察与合规建设的顺利进行。根据各试点单位报送的相关材料，对第三方监督评估机制经费保障的不同模式综述如下：

一、涉案企业单独承担模式

涉案企业独自承担模式，即合规监管的全部费用均由涉案企业单独承担。

2021 年 7 月，某市检察机关探索建立企业合规第三方监管制度，联合市司法局、市财政局等 11 家单位制定出台《关于建立企业合规第三方监管制度的实施意见（试行）》。在合规监管费用问题上，明确合规监管考察费用由涉案企业承担，并设置“企业合规监管保障金”，由市司法局统一管理，专门用于支付第三方监管人及合规考察验收小组专家费用。

2021 年 7 月，某市检察机关制定出台相关检察机关企业合规工作实施办法的规范性文件，规定：“第三方监控人进行监督考察所需费用以考察所发生的实际费用为准，由涉案企业承担。”“涉案企业自行委托专业机构辅助制定合规计划和实施整改任务所产生的费用，由企业自行承担。”

这一模式受涉案企业自身经营状况的影响较大，如果涉案企业拥有足够经济实力且经营状况良好，则能够及时足额支付合规监管的各项费用，同时还可以按照企业自身情况自主提高合规监管人的监管报酬，一方面既能有效保障合规监管各项活动顺利进行，确保合规计划得到有效落实；另一方面还可以激励合规监管人积极履职，充分发挥合规监管作用。但如果涉案企业经营状况不佳，或者是经济实力较弱的小微企业，则可能无力支付基本监管费用，进而直接影响合规监管人有效开展工作以及企业合规建设的顺利推进。此外，这一模式在实践中如何有效防止和避免合规监管人与被监管企业发生利益上的联系，特别是“合规腐败”问题，需要进一步深入探索。

二、地方财政年度经费预算模式

地方财政年度经费预算模式，即合规监管的全部费用均由地方财政设立专项资金、列入年度财政预算予以解决。

2021 年 6 月，某市检察机关积极争取地方党委政府支持，推动该市企业合规监管委员会制发《第三方监督评估经费管理暂行办法（试行）》《关于确定第三方监管人报酬的规定（试行）》等配套文件，明确当地财政部门设立企业合规专项资金，将合规经费列入财政预算。该市企业合规监管委员会、市财政局、市工商联和市检察院对企业合规专项资金的立项审批、监督管理、收支使用分工负责。

这一模式由政府支付费用并列入财政预算提供保障，具有一定的稳定性，能够减轻涉案企业在费用负担问题上的顾虑。同时，还有利于避免涉案企业与合规监管人之间发生利益关联，在费用问题上为合规监管的独立性、公正性提供支撑。但这一模式由于受限于地方财力和财政预算上限，一般只能维持较低或者基本报酬标准，难以有效发挥对合规监管人的激励作用。

三、检察机关年度经费预算模式

检察机关年度经费预算模式，即将合规监管经费列入检察机关年度经费预算，由检察机关承担合规监管费用。

2020 年 12 月，某地检察机关制发《刑事合规独立监管人工作办法（试行）》，明确独立监管人的经费列入本院年度经费预算。

这一模式相比地方财政年度经费预算模式，面临检察机关年度经费预算更加有限的现实问题，一方面难以保障合规监管费用数额，另一方面可能无法满足合规监管案件数量增多、成本增加等变化情况。同时，检察机关作为办案机关，直接负责合规费用的管理和使用，如何确保合规监管的客观中立，也需要进一步深入探索。

四、"涉案企业自付 + 财政保障"相结合模式

"涉案企业自付 + 财政保障"相结合模式，即合规监管费用原则上由涉案企

业独自承担,若企业确因经营不善无力支付的,由政府财政进行支付。

2021 年 6 月,某市检察机关会同市司法局、市财政局等 8 家单位出台《关于建立企业刑事合规第三方监管机制的工作办法(试行)》,规定:“独立监管人的劳动报酬由各县(市、区)检察机关会同同级财政部门按照犯罪嫌疑单位刑事合规监督考察工作量分档次确定,建立健全相应实施细则和机制。独立监管人的劳动报酬原则上由犯罪嫌疑单位承担,确因犯罪嫌疑单位财务状况不良导致没有支付能力的,可以向检察机关提出申请,经核实后由同级财政部门安排经费给予保障。”

某地的做法是,将合规监管费用区分为第三方监督评估工作考察费用和合规整改咨询费用。第三方监督评估工作组的考察费用由区财政予以承担;涉案企业聘请企业合规专业机构协助进行合规整改的合规整改咨询费用则一般由企业承担,如果涉案企业属于区重点扶持的企业,无力承担咨询费用的,可以申请政府扶持资金支付咨询费用。

这一模式对无力支付监管费用的企业由政府财政兜底支付的方式,类似于我国法律援助制度中“公民确因经济困难,无能力或无完全能力支付法律服务费用”而申请法律援助的情况。这一模式一方面能够有效发挥涉案企业在支付监管费用问题上的自主权和主动性,另一方面也可以充分保证支付费用确有困难的企业开展合规建设。但目前如何认定企业经营困难尚无明确标准,仍有待进一步探索。

第四节 本章相关改革动态

一、《关于建立涉案企业合规第三方监督评估机制的指导意见(试行)》

为贯彻落实习近平总书记重要讲话精神和党中央重大决策部署,在依法推进企业合规改革试点工作中建立健全涉案企业合规第三方监督评估机制,有效惩治预防企业违法犯罪,服务保障经济社会高质量发展,助力推进国家治理体系和治理能力现代化,根据刑法、刑事诉讼法等法律法规及相关政策精神,制定本指导意见。

第一章 总 则

第一条 涉案企业合规第三方监督评估机制(以下简称第三方机制),是指人民检察院在办理涉企犯罪案件时,对符合企业合规改革试点适用条件的,交由第三方监督评估机制管理委员会(以下简称第三方机制管委会)选任组成的第三方监督评估组织(以下简称第三方组织),对涉案企业的合规承诺进行调查、评估、监督和考察。考察结果作为人民检察院依法处理案件的重要参考。

第二条 第三方机制的建立和运行,应当遵循依法有序、公开公正、平等保护、标本兼治的原则。

第三条 第三方机制适用于公司、企业等市场主体在生产经营活动中涉及的经济犯罪、职务犯罪等案件,既包括公司、企业等实施的单位犯罪案件,也包括公司、企业实际控制人、经营管理人员、关键技术人员等实施的与生产经营活动密切相关的犯罪案件。

第四条 对于同时符合下列条件的涉企犯罪案件,试点地区人民检察院可以根据案件情况适用本指导意见:

(一)涉案企业、个人认罪认罚;

(二)涉案企业能够正常生产经营,承诺建立或者完善企业合规制度,具备启动第三方机制的基本条件;

(三)涉案企业自愿适用第三方机制。

第五条 对于具有下列情形之一的涉企犯罪案件,不适用企业合规试点以及第三方机制:

(一)个人为进行违法犯罪活动而设立公司、企业的;

(二)公司、企业设立后以实施犯罪为主要活动的;

(三)公司、企业人员盗用单位名义实施犯罪的;

(四)涉嫌危害国家安全犯罪、恐怖活动犯罪的;

(五)其他不宜适用的情形。

第二章 第三方机制管委会的组成和职责

第六条 最高人民检察院、国务院国有资产监督管理委员会、财政部、全国工商联会同司法部、生态环境部、国家税务总局、国家市场监督管理总局、中国国际贸易促进委员会等部门组建第三方机制管委会，全国工商联负责承担管委会的日常工作，国务院国有资产监督管理委员会、财政部负责承担管委会中涉及国有企业的日常工作。

第三方机制管委会履行下列职责：

（一）研究制定涉及第三方机制的规范性文件；

（二）研究论证第三方机制涉及的重大法律政策问题；

（三）研究制定第三方机制专业人员名录库的入库条件和管理办法；

（四）研究制定第三方组织及其人员的工作保障和激励制度；

（五）对试点地方第三方机制管委会和第三方组织开展日常监督和巡回检查；

（六）协调相关成员单位对所属或者主管的中华全国律师协会、中国注册会计师协会、中国企业联合会、中国注册税务师协会、中国贸促会全国企业合规委员会（中国贸促会商事法律服务中心）以及其他行业协会、商会、机构等在企业合规领域的业务指导，研究制定涉企犯罪的合规考察标准；

（七）统筹协调全国范围内第三方机制的其他工作。

第七条　第三方机制管委会各成员单位建立联席会议机制，由最高人民检察院、国务院国有资产监督管理委员会、财政部、全国工商联负责同志担任召集人，根据工作需要定期或者不定期召开会议，研究有关重大事项和规范性文件，确定阶段性工作重点和措施。

各成员单位应当按照职责分工，认真落实联席会议确定的工作任务和议定事项，建立健全日常联系、联合调研、信息共享、宣传培训等机制，推动企业合规改革试点和第三方机制相关工作的顺利进行。

第八条　试点地方的人民检察院和国资委、财政部门、工商联应当结合本地实际，参照本指导意见第六条、第七条规定组建本地区的第三方机制管委会并建立联席会议机制。

试点地方第三方机制管委会履行下列职责：

（一）建立本地区第三方机制专业人员名录库，并根据各方意见建议和工作实际进行动态管理；

(二)负责本地区第三方组织及其成员的日常选任、培训、考核工作,确保其依法依规履行职责;

(三)对选任组成的第三方组织及其成员开展日常监督和巡回检查;

(四)对第三方组织的成员违反本指导意见的规定,或者实施其他违反社会公德、职业伦理的行为,严重损害第三方组织形象或公信力的,及时向有关主管机关、协会等提出惩戒建议,涉嫌违法犯罪的,及时向公安司法机关报案或者举报,并将其列入第三方机制专业人员名录库黑名单;

(五)统筹协调本地区第三方机制的其他工作。

第九条 第三方机制管委会应当组建巡回检查小组,按照本指导意见第六条第五项、第八条第三项的规定,对相关组织和人员在第三方机制相关工作中的履职情况开展不预先告知的现场抽查和跟踪监督。

巡回检查小组成员可以由人大代表、政协委员、人民监督员、退休法官、检察官以及会计审计等相关领域的专家学者担任。

第三章 第三方机制的启动和运行

第十条 人民检察院在办理涉企犯罪案件时,应当注意审查是否符合企业合规试点以及第三方机制的适用条件,并及时征询涉案企业、个人的意见。涉案企业、个人及其辩护人、诉讼代理人或者其他相关单位、人员提出适用企业合规试点以及第三方机制申请的,人民检察院应当依法受理并进行审查。

人民检察院经审查认为涉企犯罪案件符合第三方机制适用条件的,可以商请本地区第三方机制管委会启动第三方机制。第三方机制管委会应当根据案件具体情况以及涉案企业类型,从专业人员名录库中分类随机抽取人员组成第三方组织,并向社会公示。

第三方组织组成人员名单应当报送负责办理案件的人民检察院备案。人民检察院或者涉案企业、个人、其他相关单位、人员对选任的第三方组织组成人员提出异议的,第三方机制管委会应当调查核实并视情况做出调整。

第十一条 第三方组织应当要求涉案企业提交专项或者多项合规计划,并明确合规计划的承诺完成时限。

涉案企业提交的合规计划,主要围绕与企业涉嫌犯罪有密切联系的企业内部治理结构、规章制度、人员管理等方面存在的问题，制定可行的合规管理规范，构建有效的合规组织体系，健全合规风险防范报告机制，弥补企业制度建设和监督管理漏洞，防止再次发生相同或者类似的违法犯罪。

第十二条　第三方组织应当对涉案企业合规计划的可行性、有效性与全面性进行审查，提出修改完善的意见建议，并根据案件具体情况和涉案企业承诺履行的期限，确定合规考察期限。

在合规考察期内，第三方组织可以定期或者不定期对涉案企业合规计划履行情况进行检查和评估，可以要求涉案企业定期书面报告合规计划的执行情况，同时抄送负责办理案件的人民检察院。第三方组织发现涉案企业或其人员尚未被办案机关掌握的犯罪事实或者新实施的犯罪行为，应当中止第三方监督评估程序，并向负责办理案件的人民检察院报告。

第十三条　第三方组织在合规考察期届满后，应当对涉案企业的合规计划完成情况进行全面检查、评估和考核，并制作合规考察书面报告，报送负责选任第三方组织的第三方机制管委会和负责办理案件的人民检察院。

第十四条　人民检察院在办理涉企犯罪案件过程中，应当将第三方组织合规考察书面报告、涉案企业合规计划、定期书面报告等合规材料，作为依法作出批准或者不批准逮捕、起诉或者不起诉以及是否变更强制措施等决定，提出量刑建议或者检察建议、检察意见的重要参考。

人民检察院发现涉案企业在预防违法犯罪方面制度不健全、不落实，管理不完善，存在违法犯罪隐患，需要及时消除的，可以结合合规材料，向涉案企业提出检察建议。

人民检察院对涉案企业作出不起诉决定，认为需要给予行政处罚、处分或者没收其违法所得的，应当结合合规材料，依法向有关主管机关提出检察意见。

人民检察院通过第三方机制，发现涉案企业或其人员存在其他违法违规情形的，应当依法将案件线索移送有关主管机关、公安机关或者纪检监察机关处理。

第十五条　人民检察院对于拟作不批准逮捕、不起诉、变更强制措施等决定的涉企犯罪案件，可以根据《人民检察院审查案件听证工作规定》召开听证会，并邀请第三方组织组成人员到会发表意见。

第十六条 负责办理案件的人民检察院应当履行下列职责：

（一）对第三方组织组成人员名单进行备案审查，发现组成人员存在明显不适当情形的，及时向第三方机制管委会提出意见建议；

（二）对涉案企业合规计划、定期书面报告进行审查，向第三方组织提出意见建议；

（三）对第三方组织合规考察书面报告进行审查，向第三方机制管委会提出意见建议，必要时开展调查核实工作；

（四）依法办理涉案企业、个人及其辩护人、诉讼代理人或者其他相关单位、人员在第三方机制运行期间提出的申诉、控告或者有关申请、要求；

（五）刑事诉讼法、人民检察院刑事诉讼规则等法律、司法解释规定的其他法定职责。

第十七条 第三方组织及其组成人员在合规考察期内，可以针对涉案企业合规计划、定期书面报告开展必要的检查、评估，涉案企业应当予以配合。

第三方组织及其组成人员应当履行下列义务：

（一）遵纪守法，勤勉尽责，客观中立；

（二）不得泄露履职过程中知悉的国家秘密、商业秘密和个人隐私；

（三）不得利用履职便利，索取、收受贿赂或者非法侵占涉案企业、个人的财物；

（四）不得利用履职便利，干扰涉案企业正常生产经营活动。

第三方组织组成人员系律师、注册会计师、税务师（注册税务师）等中介组织人员的，在履行第三方监督评估职责期间不得违反规定接受可能有利益关系的业务；在履行第三方监督评估职责结束后一年以内，上述人员及其所在中介组织不得接受涉案企业、个人或者其他有利益关系的单位、人员的业务。

第十八条 涉案企业或其人员在第三方机制运行期间，认为第三方组织或其组成人员存在行为不当或者涉嫌违法犯罪的，可以向负责选任第三方组织的第三方机制管委会反映或者提出异议，或者向负责办理案件的人民检察院提出申诉、控告。

涉案企业及其人员应当按照时限要求认真履行合规计划，不得拒绝履行或者变相不履行合规计划、拒不配合第三方组织合规考察或者实施其他严重违反合规计划的行为。

第四章　附　　则

第十九条　纪检监察机关认为涉嫌行贿的企业符合企业合规试点以及第三方机制适用条件，向人民检察院提出建议的，人民检察院可以参照适用本指导意见。

第二十条　试点地方人民检察院、国资委、财政部门、工商联可以结合本地实际，参照本指导意见会同有关部门制定具体实施办法，并按照试点工作要求报送备案。

本指导意见由最高人民检察院、国务院国有资产监督管理委员会、财政部、全国工商联会同司法部、生态环境部、国家税务总局、国家市场监督管理总局、中国国际贸易促进委员会负责解释，自印发之日起施行。

二、某市检察院研发智能管理平台

（一）某市平台搭建情况

某市检察院根据《关于建立涉案企业合规第三方监督评估机制的指导意见（试行）》的相关规定，研发第三方监督评估组织智能管理平台，实现对第三方组织组成人员的分类随机抽取要求，为公开公正开展第三方监督评估提供技术支撑。

一是实现人员入库管理功能。平台在前期组建的合规监管人队伍基础上，将应急管理、市场监管、生态环境、税务等行政机关专业骨干 61 人，11 家律师事务所、7 家会计师事务所的相关人员，细分为安全生产、环境保护、税务管理、知识产权四个领域专业人员名录库，同时将 3 名专家纳入专家学者库。平台可以根据企业合规监管进度动态显示专业人员工作状态，并进行导入、查询、添加、更新和删除等操作。

二是实现分类随机抽取功能。首先，平台根据检察办案、走访调查所掌握的企业的营业收入、从业人员、资产总额等，匹配国家统计局大中小微型企业划分标准，自动确定企业规模。其次，平台根据案件中暴露出的企业合规风险，确定安全生产、环境保护、税务管理、知识产权一个或多个领域合规整改内容。最后，平台再根据企业规模和具体合规领域自动确定第三方监管组织人员结构，分类随机匹配专业人员。一个监管小组一般由3～7名专业人员组成，小微企业可缩减为1～2人。抽取时还可根据案件涉嫌罪名、复杂程度以及涉案企业的主营业务等因素决定是否选用专家学者。

三是实现公开公正保障功能。平台的智能化抽取还体现在对企业合规监管状态、专业人员工作状态的动态调整，以及专业人员某个时间段被分配次数的配置等方面，避免出现被抽取机会不均等、工作量不均衡的问题。此外，平台设置登录权限、角色分配、双抽取人填录、全程留痕等规则，如因对专业人员回避、人工变更等特殊情况需重新抽取的，则要填录详细原因，最大限度降低人工干预的可能性。

四是实现结果同步公示功能。平台随机抽取组建第三方组织后，可以自动导出公示人员名单和公示模板，通过工商联、检察院等的微信公众号进行公示。同时，平台具有公示意见后台数据管理功能，可对社会公众提交的公示意见进行提示、查询、回复等操作，实现闭环管理。目前，平台结合办案已3次抽取第三方监督评估组织专业人员，并向社会公示，未有不同意见反馈。

五是实现统计分析决策功能。平台设置了统计功能，实现对被监管企业规模、风险领域、监管情况等数据的统计，以及对专业人员需求量、监管频次、监管效果等数据的统计，能够分类形成季报、年报，为专业人员的更新、调整、培训等提供依据，还可以为本地区企业合规整体建设提供决策参考。

（二）某地检察机关推进企业合规试点工作基本情况、主要做法

1. 基本情况

2020年以来，该地多个地区检察机关将企业合规工作引入涉企案件办理，让企业合规实践在检察工作中先行先试，为妥善处理涉企犯罪、帮助企业复工复产提供了有力支撑。工作中，探索"诉前合规"模式，创新编发《企业风险提示函》543份，对民营企业存在犯罪风险的，提示法律风险点，提出具体防范对策，督促企业改进风险内控制度，提高合规经营水平，取得良好效果。2020年11月，该地检察机关印发《关于服务保障民营企业健康发展的若干意见》，明确"对认罪认罚的民营企业涉罪轻刑案件，可督促企业建立健全合规体系，经评估达

到合规要求,符合酌定不起诉条件的,可以依法作不起诉处理",着力解决"入罪即诉""一诉了之"的机械办案和"一味从宽""不诉了之"的僵化办案问题。同时,通过召开电视电话会议、条线主任会议等方式进行部署,要求严格把握案件范围和诉讼期限,并层报审核、备案;充分发挥"护航民企"工作专班指导作用,专人负责企业合规指导和备案审查工作,强化把关、及时"纠偏",防止试点"变形走样"。

2. 初步成效和主要做法

(1)初步成效

截至2020年12月31日,该地检察机关共办理企业合规案件28件,涉及企业30家。其中,已办结23件,对19家企业、16名责任人员作出相对不起诉决定,助力涉案企业完善管理制度、推进复工复产,有效保护了市场主体,得到了省委、省政府主要领导批示肯定,《人民日报》进行专题报道,该地某检察机关办理的一起虚开增值税专用发票案件入选高检院第二十二批指导性案例。工作呈现三个特点:一是案件主要限定在认罪认罚的轻罪案件,28件企业合规案件中,对应最低法定刑档次的有26件,占比92.8%。二是从罪名分布看,主要是虚开增值税专用发票以及因企业管理不规范引发的重大责任事故等案件。其中,虚开增值税专用发票案件19件,占比67.8%。三是多数地方均设置了排除性条件,如某市检察院《关于涉案企业限期合规从宽处罚制度实施细则》规定,涉案企业主管人员拒不认罪等案件不得开展企业合规工作;某市检察院《企业合规工作规范》规定,曾因故意犯罪被判处刑罚又故意犯罪、所涉犯罪危害国家安全等五种情形一般不得开展企业合规工作。

(2)主要做法

其一,用足用好法律政策,明确企业合规启动程序。针对当前企业合规工作尚处在初期探索阶段、外界知晓度较低等特点,主要由检察机关主动审查是否有必要对涉案企业开展监督考察,具体启动方式有检察建议和合规承诺两种。其中,28件合规案件中,有20件由检察机关通过《检察建议书》方式提出,占比71.4%,涉案企业书面出具合规承诺书的有8件,占比28.6%。该地检察机关通过备案审查发现,检察机关通过提出检察建议方式启动企业合规程序,能够全流程呈现检察机关关于企业合规的具体意见,也符合相关法律规定,较为可行。同时,该地检察机关全面落实办案影响评估机制,将办案影响评估作为企业合规的配套措施,要求检察官在启动企业合规前采用调取资料、实地走访等方式充分评估涉案企业运行状况,避免“空壳公司”“失信企业”等利用企业合规政策骗取从宽处理,也有利于查明企业犯罪的诱发因素、制度漏洞、企业风险等,为开展企业合规工作奠定基础。在合规程序启动时间上,目前28件案件均在审查起诉阶段启动。

其二,紧抓合规工作关键,明确合规计划制订评估。合规计划是否具体、可行,是企业合规工作的关键。该地检察机关注重加强企业合规计划的审查,主要通过两种途径制订合规计划:一是由承办检察官结合办案风险点,提出合规计划建议,再对企业根据建议制订的合规计划进行审查;二是委托行业监管机构或者专业律师事务所指导企业制订、完善合规计划,由检察机关进行审查。如某检察机关办理的某物贸有限公司对非国家工作人员行贿案中,该公司在检察官和专业律师指导下,从财务规范、纳税申报、业务推广等方面制订了详细的合规经营计划,为企业内控管理构筑了合规“防火墙”。另外,企业合规监督考察和评估,是检察机关作出处理决定的重要依据。该地企业合规监督考察和评估有三种方式:一是由检察机关邀请政府主管部门、行业协会、专家学者等组成监管委员会,实行第三方监督考察、评估;二是委托相关律师事务所进行第三方考察、评估;三是由检察机关自行监督考察、评估。目前开展的28件合规案件中,三种方式分别为19件、7件、2件。

其三,坚持依法准确原则,明确合规结果全面运用。一方面,对经评估完成合规计划的涉罪企业及其直接负责的主管人员,依法从宽处理,其中犯罪情节较轻的,依法作出相对不起诉决定。比如,某市检察院运用合规评估结果,对涉嫌非国家工作人员受贿罪的某上市公司3名高级管理人员作出相对不起诉决定,得到地方党委、政府好评。再如,某区检察院办理的某机电制造有限公司虚开增值税专用发票案,经企业合规评估对该企业作出相对不起诉后,企业积极扩大生产,参与国际竞标,与世界排名第一的风力发电设备生产商某风力技术集团签订了2.4亿元的战略合作协议。另一方面,努力避免一些不良企业利用司法政策逃避制裁,对一些不积极履行合规承诺、不认真实施合规计划的企业,及时督促整改,对整改不力的,依法作出起诉等处理决定。工作中,该地检察机关通过召开“护航民企”专题电视电话会议、经济犯罪条线主任会议、编发企业合规典型案例等方式，强化对下指导，为各地改革探索树立“坐标”，引导准确、规范运用企业合规结果。

典型案例

1. 案件基本情况和企业“挂案”情况

2018年11月，A市市场监督管理局在开展例行检查时发现，A市W贸易有限公司（以下简称W公司）涉嫌销售假冒“SKF”注册商标的轴承产品，涉案金额共计68万余元，遂将该案移送至A市公安局。2019年2月，斯凯孚（中国）有限公司出具鉴别报告，认定上述轴承产品均为侵犯SKF公司注册商标专用权的产品。2月15日，A市公安局对W公司立案侦查。W公司法定代表人睢某辩称，涉案轴承一部分系从山东威海打包购进，一部分系从广州厚德汽车配件有限公司、上海市佳配汽车零部件有限公司购进，均为正品，并对鉴别报告提出异议，认为轴承价值远低于鉴别价格。

经核实，上海市佳配汽车零部件有限公司系SKF轴承一级代理商。广州厚德汽车配件有限公司从上海佳配汽车零部件有限公司购进SKF轴承后进行分销，曾三次供货五交化公司，货款共计54万元。2020年9月，斯凯孚（中国）有限公司再次出具鉴别说明和比对示例，说明W公司的轴承产品系侵犯SKF公司注册商标专用权的产品，但未对轴承及包装真伪进行现场勘查。

据此，现有证据无法证实W公司存在主观犯罪故意，公安机关仍处于收集证据阶段，因此，案件一直处于“挂案”状态。

2. 检察机关推动涉企“挂案”清理工作情况

A市院在涉企“挂案”清理专项监督中发现，该案立案已超过2年，虽公安机关未对睢某采取强制措施，但公司因不确定的诉讼风险而不敢放手经营。对此，A市院以企业合规改革试点为契机，运用企业合规审查，推动“挂案”清理。

一是坚持主动协商，在达成共识上下功夫。根据A市企业合规改革试点工作部署，A市院多次与公安机关进行沟通协商，公安机关最终表示将加大侦查力度，加快办案进度，如该企业在通过企业合规监督考察时，仍未收集到新证据，将作撤案处理。

二是坚持依法规范，在启动程序上下功夫。A市检察院在向W公司公告企业合规相关政策后，该公司于第一时间递交了《提请开展刑事合规监督考察的申请书》，A市检察院相继走访了企业和相关行政部门，实地查看了公司经营现状，指导公司填写合规承诺。经J省院"护航民企专班"请示汇报后，A市检察院对该公司启动合规监督考察，考察期为六个月。

三是坚持问题导向，在考察整改上下功夫。经调查，该公司注册资本200万元，由于规章制度不健全，除涉嫌销售假冒注册商标的商品外，还曾因逃税问题被行政处罚，企业对法律法规认识不足，但有较强的合规愿望。对此，A市检察院会同市场监督管理部门、律师事务所等上门走访，帮助涉案企业排查刑事合规风险，开展刑事合规建设。目前，该公司已制订刑事合规计划并通过评估，正在持续整改中。

3. 检察机关推动涉企"挂案"清理工作的启示

一是认真排查甄选，确定适格企业。根据《人民检察院刑事诉讼规则》第253条之规定，按照立案后没有采取强制措施满二年、采取强制措施后解除或撤销满一年的标准，对公安机关立案后长期未处理的案件进行梳理，从中初步排查涉企"挂案"。在此基础上，以涉案企业（人员）系初犯偶犯、对主要犯罪事实无异议、企业目前运行良好、有合规整改意愿为标准，对排查出的涉企"挂案"逐一甄选，最终确定适合开展合规建设的"挂案"企业。

二是强化合力协作，争取支持认同。检察机关应充分发挥民营企业"老娘舅"的作用，就涉案民营企业的违规违法问题，加强与公安机关的沟通协商，阐明依法保护企业的重要意义和"挂案"清理工作的基本要求，最大限度争取公安机关的支持认同，避免相关涉案企业因长期"挂案"而无法正常生产经营。

三是坚持严管厚爱，促进"挂案"清理。充分发挥地方企业合规监管委员会的"牵头人"作用，大力宣传企业合规建设的相关政策，引导企业自愿加强合规建设。同时，联合相关行政机关、律师事务所等，共同"把脉"涉案企业的合规风险点，通过严格的企业合规监督评估，推动企业实质化整改，引导企业依法守规经营。

三、某区检察院设立促进企业合规建设委员会全力构建“大合规”建设格局

根据检察机关企业合规试点工作座谈会的会议精神，S 市 A 区检察院在前期试点工作基础上，积极推动 A 区委区政府、区委政法委统筹、协调，联合区纪委监委、区法院、区公安分局、区工商联等 33 家单位，创新设立促进企业合规建设委员会（以下简称促进合规委），应用系统观念，整合资源优势，全力构建“大合规”建设格局，推动企业合规工作走深走实。

其一，建立“第三方监管”三项机制。由“独任制”向“合议制”转变，建立三项机制，提升第三方监管的专业化和规范化。一是建立“独立监控人”名录库制度。A 区检察院联合区司法局出台《独立监控人选任及管理规定》，甄选若干家有企业合规经验的律师事务所，建立“独立监控人”名录库，协助开展企业合规监管。二是建立合规验收考察委员会制度。为推动企业合规在公安侦查、法院审判环节的开展，同时发挥行政执法机关在企业合规工作中的合力，A 区检察院统筹司法、行政等部门，成立促进合规建设委员会，建立由行政执法骨干、检察官、法官、律师、会计师、审计师等组成的专家库，对企业合规整改情况进行全面考察，检察机关将考察报告作为不捕、不诉、提出宽缓量刑建议的重要参考依据。三是建立常态化培训制度。定期邀请企业合规专业人员，对促进合规委成员单位开展理论培训和实务指导，不断提升履职能力。

其二，搭建“监管 + 服务”三个平台。由“单打独斗”向“协同作战”转变，搭建三个平台，推动各方共同参与企业合规建设。一是以制度平台为切入点，理顺关系优化流程。推动设立促进合规委，制定《推动企业合规建设优化法治化营商环境工作方案》《促进企业合规建设委员会工作办法》《企业合规程序实施细则》等制度规范，区法院、区公安分局、区司法局、区工商联等 31 家成员单位依职权、分阶段开展合规工作，明确协作流程，提升监管服务效能。二是以信息化平台为着力点，推动企业治理现代化。打造全区企业合规建设管理信息平台，一体化实现企业合规建设的联动共享、监督检查、绩效评价、对外宣传等功能。三是以实践平台为突破点，提升合规实践质效。遵循“一年见成效、两年创示范”目标，在市场监管、知识产权、安全生产、环境保护、消防安全、劳动用工、

进出口贸易等领域率先开展企业合规建设，把合规融入实践，把服务落到实处。

其三，完善"激励＋指引"三项体系。由"单模块"向"多维度"转变，完善三项体系，增强企业开展合规建设的内生动力。一是探索"不起诉决定＋行政从宽处罚"双重激励体系。对于符合条件的涉案企业，在依法作出不起诉决定的同时，建议行政机关依法对其从宽处罚，推动企业合规建设落地见效。二是探索信用分级监管修复体系。将企业合规建设与信用分级监管、信用修复机制结合起来，定期对企业"信用画像"并向社会公开，提升企业合规建设的积极性。三是探索多层服务体系。在开展企业法治体检、打造合规建设智库、搭建高端研讨平台、编撰企业合规指引丛书、建立企业合规建设示范基地等方面，为企业合规建设提供指引。

2021年以来，由A区司法局牵头指导，区应急管理局、市生态环境局管理局、区人力资源局、区土地规划监察局等相关行政执法单位，在市场监管、知识产权、安全生产、生态环境、消防、劳动用工、土地规划监察、进出口贸易8大领域，率先开展合规建设，同时制定相关领域合规管理指引，有组织、分步骤引导企业开展主动合规建设。截至目前，A区司法局收到全区行政执法单位合规指引673项，合规指引涉及单位17家，形成行政合规案例涉及7个单位共12宗。

同时，2021年上半年，A区司法局联合市市场监督管理局A区监管局、区应急管理局、区城市管理和综合执法局、市生态环境局A区管理局、市交通运输局A区管理局、A区税务局等16个部门，按照各自职责权限，依法制定并实施第一批轻微行政违法行为从轻、减轻、不予处罚清单，这便是行政执法单位分批推出的自由裁量权"三个清单"。截至目前，A区司法局共收到全区行政执法单位从轻、减轻处罚事项189项，不予处罚事项230项。

目前A区16家行政执法部门已制定并实施从轻、减轻、不予处罚清单。其中，市直部门已统一制定行政执法自由裁量权标准，16家区行政执法部门通过结合A地实际，进一步细化规定并出台清单，确保行政合规稳步推进。

2020年10月，A区卫健局的执法人员在S市某光学电子有限公司现场检查时发现，该公司于2019年与3名劳动者订立劳动合同时，未如实告知劳动者在工作过程中会接触可能产生职业病危害的物质，未尽职业病危险告知义务。

根据相关法律法规，A区卫健局拟对该企业给予警告处罚。但在案件发生后，涉企街道办及时介入协调沟通，涉案企业积极整改违法行为，未造成危害后果。考虑到该公司是一家创新企业，为营造良好的营商环境，鉴于该企业及时纠正违法行为，没有造成危害后果，违法行为轻微，本着惩罚与宽济结合的原则，A 区卫健局依法经过集体讨论后，对涉案企业作出不予行政处罚的决定。A 区卫健局在办理案件的同时发现，该公司正在实施 IPO 上市战略，一旦出现行政违法行为，对其 IPO 上市战略将构成重大影响。鉴于此，A 区卫健局积极动员该公司开展企业合规建设，避免再次出现违法违规风险。

2021 年 6 月中下旬，A 区卫健局的执法人员到 S 市某光学股份有限公司进行现场指导，督促其开展合规工作。为弥补企业职业卫生制度建设和监督管理漏洞，保障劳动者健康安全，让企业 IPO 上市过程少走弯路，A 区卫健局针对该公司特点，构建了职业卫生合规建设的工作框架，其中包括构建职业卫生合规管理组织架构、建立职业卫生合规管理运行机制和制定职业卫生合规管理保障机制三大板块，并制定相关材料模板。

这一案例成为 A 区卫健局乘"企业合规"之势，引导企业主动合规的生动缩影。A 区卫健局已于 6 月 3 日印发《卫生健康企业合规指引(试行)》的通知，35 项合规事项、法律依据、不合规风险点等合规指引新鲜出炉，与此同时，12 项"三个清单"(试行)也已完成，这为其他行政执法单位提供了一个可供借鉴的合规"范本"，也为日后开展企业合规工作奠定基础。

有专家点评，A 区卫健局通过日常检查发现企业存在轻微违法行为，在督促其整改后，从事前监管角度，帮助企业建立合规制度。行政机关通过帮助企业建立健全合规管理组织架构、合规管理运行机制、合规管理保障机制三大合规体系制度，提前介入了企业的职业病防控工作，又为企业实施 IPO 上市战略提供了相关合规服务。此举切实维护了劳动者的合法权益，既有效推动用人单位依法落实职业病防治主体责任，又改善了 A 地法治营商环境，形成了用人单位和劳动者双赢的局面。

四、某市检察机关三措并举推进企业合规考察工作

2021 年以来，该市检察机关不断创新机制，坚持三措并举，扎实推进企业合规考察工作，党委政府主要领导批示肯定。

一是建立行政主管机关考察制。创新建立“1 + 1 + X”机制：一个“1”，即出台一个总纲性文件《涉罪企业合规考察实施办法》，明确行政主管机关为合规监管人；另一个“1”，即建立一个检察长为组长的工作专班，作为“一把手”工程推进；“X”，即完善合规指引、考察、验收等配套制度，细化考察内容、考察机关、处理决定等流程。

二是充分发挥检察机关主导责任。在全面评估办案影响，合规考察的可行性、必要性的基础上，检察机关主动承担企业合规考察的启动者、过程的引导者、结果的决策者等责任。目前，某市院先后对5起案件采取制发检察建议、开展合规工作等形式推动企业合规建设，涉及企业和行业协会共计11家，效果良好。

三是搭建企业合规考察“云平台”。坚持数字赋能理念，把企业合规考察工作由线下搬到线上，搭建运营“合规码——企业合规建设云平台”，在微信小程序搭载功能模块，在门户网站设置专题栏目，构建企业合规考察大数据平台，实现云提醒、云查询、云宣告、云听证、云监督、云评议、云宣讲等功能。

五、某地企业合规改革实质性进展显著

2020年12月，某区检察院在办理该公司虚开增值税专用发票案时，没有一抓了之，而是通过制发检察建议的形式提出企业合规的要求。检察建议制发后，该院对公司合规整改情况进行持续回访考察。2021年2月3日，该院组织公开听证会，邀请区城管局、工商联、部分企业负责人及主管人员作为听证员到场。经评估，该公司已制定较完善的企业合规制度并执行，有效降低再犯可能性。实际经营人姜某主动投案自首并补缴全部税款及滞纳金，具有较强悔罪表现。各听证员均同意检察机关拟对该公司相对不起诉，对被告人姜某进行量刑减让的处理意见。2天后，法院对被告人姜某作出一审宣判，判决刑期与检察机关调整后量刑建议一致。

自2020年3月被最高人民检察院确定为“企业合规”试点单位以来，该区检察院积极探索督促涉案企业合规管理，以检察履职助力法治化营商环境建设，促进企业健康成长。在探索企业合规管理工作中，该区检察院注重制度保障，先后制定和会签《试行企业合规工作办法》《关于企业合规第三方监管人遴

选、选任、管理的暂行规定》等规范文件，并设计办案流程和工作导图，编发《企业合规办案手册》；联合区司法局、区工商联牵头成立企业合规监督管理委员会，以区公安局、区税务局等10家单位作为成员，共同负责对第三方监管人履职情况和企业整改情况进行评估，对有关争议进行调查处理。同时，探索建立第三方监管人机制。该院联合区司法局会签规定，由区司法局公开遴选律师事务所，建立第三方监管人名录库，由检察院从名录库中选任第三方监管人，负责配合开展企业调查，督促涉罪企业合规计划的执行和考察评估。

该区检察院还建立科学完备的企业调查体系。在办案中，该院全面调查了解涉案企业的情况及社会影响，运用大数据比对形成完备的企业调查报告，准确判断涉罪企业的合规价值；在探索过程中，该院逐渐打造出"范式—简式"两种合规模式。对于合规整改要求较高且规模较大的企业，该院按照完整的"范式"合规程序，依法严格敦促企业进行合规整改，并接受监督考察。对于整改要求较低的小微企业，则探索适用"简式"合规程序，通过向企业制发以合规为重点内容的检察建议，提出整改方向，根据企业后续整改情况作出相应处理。

自2020年3月开展试点以来，该区检察院共受理涉企单位犯罪案件60件，对其中4件案件开展刑事合规试点工作。

六、某地企业合规改革效果显著

2016年，俞某在没有真实交易的情况下，采用虚构交易、支付开票费等方式，以单位名义让他人为公司虚开增值税专用发票用于抵扣税款。俞某后主动至公安机关投案自首，并全额补缴税款及滞纳金，上缴违法所得。

2020年4月，公安机关将该案移送检察机关审查起诉。该区检察院立即启动办案影响评估机制，充分评估办案对企业可能产生的影响。该公司是一家水利工程建设领域的科技创新型民营企业，拥有多项自主知识产权，曾参与多项重点工程建设，在行业中具有较大影响力。另外，俞某拥有9项发明专利技术，系该领域知名专家。

该公司及俞某均表示认罪认罚，愿意完善公司管理体系。该院检察官遂督促企业加强合规建设，指导企业出具合规承诺书，并告知整改期间的权利义务及法律效果。随后，该公司委托专业法律团队及时制定递交《企业合规计划书》

《企业发展计划书》,修订规章制度,加强警示教育、法治宣传,做好企业犯罪预防工作。整改期间,该公司积极开展研发和经营活动,新签多个国际水电项目。

该区检察院对该公司开展一系列合规建设检查评估后,上年10月,该院启动公开听证程序,召集人大代表、政协委员、人民监督员,以及公安机关承办人、涉罪企业代表、犯罪嫌疑人及辩护律师、行业专家等参加。会上,检察官详细介绍案件情况、涉罪企业概况、检察机关拟作相对不起诉处理意见及理由。

七、某省级第三方监督评估机制管委会建立值得借鉴

2021年9月17日,某省涉案企业合规第三方监督评估机制管理委员会成立暨第一次联席会议在该省检察院召开。该省检察院、省司法厅、省财政厅、省生态环境厅、省国资委、省税务局、省市场监管局、省工商联、省贸促会九部门领导和联络员参加会议。会前,九部门于9月10日联合印发该省《关于建立涉案企业合规第三方监督评估机制的实施意见(试行)》等文件。会上,该省检察院汇报了本省检察机关开展涉案企业合规检察改革试点情况,管委会各成员单位围绕依法推进改革试点工作积极建言献策。该省委政法委有关负责同志充分肯定改革试点前期取得的工作成效,并提出用新理念推进改革新发展、用新机制增强改革新动力、用新作为体现改革新成效等具体要求。在下一步工作中重点把握五个着力点:

一是要以思想破冰凝聚改革共识。企业合规检察改革试点作为一项全新的改革,首先必须做到思想认识再提升。一方面,顺应打造一流营商环境、推动高质量发展的形势,要求加快推进这项改革。正处在疫后复苏重振的关键时期,更加需要有更多健康的经济“细胞”来“强筋壮骨”。开展企业合规检察改革试点,正是用法治手段和法治温度保护、激发市场主体活力的一项创新举措。另一方面,企业违法犯罪特点出现新的变化,需要在司法政策上作出调整。推进企业合规检察改革试点,建立第三方监督评估机制,强化企业监管,体现了对市场主体的真“严管”、真“厚爱”,有利于推动企业守法合规经营、建立现代企业管理制度。

二是要以合力攻坚破解改革难题。企业合规检察改革试点工作的顺利推进,离不开各个单位的积极履职,需要各成员单位、行业协会发挥本部门本行业

的职能特长，加强协作配合，共同解决工作中面临的难题和困难。一方面，要积极支持并参与第三方监督评估机制管委会联席会议，支持管委会办公室依规开展工作。同时第三方监督评估机制管委会及其办公室也要积极全面履行好自身职责，要检查、评价、指导第三方监督评估组织开展好合规考察，提升企业合规建设水平。另一方面，要遵守工作规则，确保规范运行。《关于建立涉案企业合规第三方监督评估机制的实施意见（试行）》明确了第三方监督评估机制管理委员会的工作职责、第三方组织成立的程序规定、第三方监督评估机制的运行规则，各方参与的人员都要认真学习和执行，提升第三方监督评估机制的权威性和公信力。

三是要以完善制度体系筑牢改革基础。企业合规第三方监督评估机制工作是个新课题，现在这项工作还处于起步和试点阶段，系列配套的制度机制亟须建立。要及时建立专业人员名录库。积极发挥律师协会、注册会计师协会、注册税务师协会、资产评估协会等行业组织的职能作用，为第三方监督评估组织提供坚强的人才保障和智力支持。要加强企业合规建设标准的制定和适用。研究制定涉企犯罪的合规考察标准，建立一套能够体现企业合规制度建设的标准，提升第三方监督评估机制的规范化、精细化和实效性。要建立第三方组织及其人员的工作保障和激励机制。依法合理解决合规建设的经费保障问题。

四是要以更多典型案例彰显改革效能。企业合规检察改革试点的关键，不仅要有一定规模的案件作为支撑，而且要在案件质量上严格把关，要办理一批具有典型性、引领性的案件，切实发挥其在促进企业守法合规经营、预防企业犯罪方面的效能。全省检察机关特别是试点地区检察院要切实担负起企业合规案件办理的主体责任，与管委会一道，积极推动扩大办案规模，完善办案机制，拓展案件类型和适用罪名，提升办案质效。要把合规考察和检察建议两种模式都用好。既要办理涉案企业合规考察的案件，也要注重对那些虽然不适宜运用合规考察程序，但可以相对不诉或者提出轻缓量刑建议的案件，用好检察建议的模式，督促企业加强整改。要加大典型案例培育。每个程序都要精心设计、扎实开展，深入总结和挖掘适用第三方机制办理案件中的经验做法，形成参照办理的“范本”。

五是要以有力服务保障积蓄改革动能。要开展企业合规业务培训。既要适时组织专门的业务培训，也要坚持在学中干、在干中学，造就熟悉市场规则、精通经济金融知识、善于办理合规案件的专业人才。要加强调查研究，总结提炼试点实践中形成的好经验、好做法，及时转化改革成果，为深化企业合规检察改革贡献智慧。要加强与高校的联系合作，积极主动"借智借脑"，通过学术研究会等平台凝聚研究合力，为企业合规检察改革最大限度争取智力支持和理论支撑。要有序推进宣传，解读企业合规政策，传播企业合规认识理念，弘扬企业合规文化，在全社会营造企业合规建设的良好氛围。[1]

典型案例

【基本案情】

H省S市L矿业有限公司（以下简称L矿业公司）系G县W镇政府招商引资的民营企业，从事钾长石来料加工及销售，夏某某系该公司法定代表人。

2006年7月31日，L矿业公司向原S市Z区国土资源局申请临时占地，后获得批准临时占用W镇某村0.33公顷耕地，使用期限为2006年7月31日至2007年7月31日。在使用期限到期后，L矿业公司在未办理展期手续的情况下仍继续占用土地。随后，该公司未经土地管理部门批准，先后两次与所在村签订了土地租赁协议，擅自占用并建设加工厂房及其他配套设施。2019年3月14日，该县国土资源局向该公司发出责令停止违法行为通知书。经现场勘测，L矿业公司已建成总面积16832平方米的固定建筑物，共占地3505平方米。关于耕地破坏程度的鉴定意见认定显示，L矿业公司建设加工厂及配套设施并堆放砂石的行为已导致农用地严重毁坏，其中8.133亩基本农田丧失种植功能。L矿业公司接到责令停止违法行为通知书后，一直未采取任何实际整改措施。2019年8月，该县国土资源局将该案移送至该县公安局。

2019年9月，该县公安局经审查后予以立案。2019年10月，犯罪嫌疑人夏某某到随县公安局投案，如实供述其犯罪事实。2020年8月，该县公安局以L矿业公司、夏某某涉嫌非法占用农用地罪移送随县检察院审查起诉。

---

〔1〕 参见《九部门合力推进|湖北涉案企业合规第三方监督评估机制管委会成立》，载湖北日报网，http://hb.china.com.cn/2021-09/18/content_41679032.htm。

【适用第三方机制情况及处理结果】

检察机关经审查了解,L矿业公司、夏某某涉嫌非法占用农用地罪,反映出该公司管理人员法律意识淡薄,对相关土地法律政策存在重大误解等问题。L矿业公司系政府招商引资的民营企业,每年都缴纳税费并配合镇政府开展相关建设工作,为当地农民提供大量就业岗位,为当地经济发展作出积极贡献。如果对公司主要负责人夏某某起诉,可能会对该公司生产经营造成重大影响。为此,L矿业公司在检察机关介绍相关政策后,主动申请进行合规整改,考虑到当地镇政府也有建设相关工业园的计划,检察机关经审查对L矿业公司作出合规考察决定。

检察机关商请S市第三方监督评估机制管委会启动第三方机制。S市第三方机制管委会成立了以市自然资源和规划局主要领导为组长,随县自然资源和规划局、国土资源执法监察局、市场监管局、工商联等单位相关人员及律师为成员的第三方监督评估组织,确定考察期限为两个月。

第三方组织对L矿业公司合规计划提出了修改完善意见,并对其遵守规定、履行承诺以及合规计划执行情况进行全面考察。2021年7月,经过两个月的合规考察,第三方组织综合认定L矿业公司的合规考察结果为“不合格”。主要原因:一是申请合规考察动机不纯。经考察发现,L矿业公司申请适用企业合规考察的主要目的是想通过相关单位的协调,帮助其补办土地使用手续,企图将其非法占地行为合法化。二是认罪态度差。经过法律政策讲解,L矿业公司及夏某某虽然认识到其占用农用地行为违反土地管理法规定,但仍坚持其受当地镇政府邀请建厂的行为没有过错,导致现场整改不主动。三是整改落实不到位。在考察期届满时,L矿业公司既未办理用地合法手续,也未拆除违建厂房,其违法占用农用地一直处于持续状态。同时,L矿业公司多名股东对夏某某的整改处理意见提出异议,合规考察过程中夏某某仍坚持用其个人意见代表L矿业公司最终意见。

该县检察院检委会结合第三方组织考察结果,经讨论决定于2021年8月对L矿业公司、夏某某依法提起公诉,同时向该县自然资源和规划局发出公益诉讼诉前检察建议。同月,该县法院以非法占用农用地罪分别判处被告单位L矿业公司罚金2万元,被告人夏某某有期徒刑7个月,缓刑1年,并处罚金8000

元。目前，该判决已生效。随县自然资源和规划局在收到检察建议后，对L矿业公司作出行政处罚，责令其限期退还非法占用土地，拆除非法占用土地上的相关固定建筑物，并对其处以49万余元的罚款。目前，检察机关仍在持续跟进监督行政处罚的执行情况。

【典型意义】

一是检察机关紧密结合破坏环境资源保护犯罪的特点，有效适用第三方机制。本案中，检察机关充分考虑非法占用农用地犯罪案件特点，有针对性加强与第三方机制管委会沟通协调，以市、县两级自然资源行政执法机关人员为主体，市场监管、工商联等部门人员及律师共同参与，组成第三方组织开展监督评估，有利于发挥职责优势和专业特长，找准问题症结，提升监督评估的专业性和全面性。

二是检察机关坚持严格依法办案，避免合规改革成为涉案企业的"免罚金牌"。本案中，检察机关充分参考第三方组织的合规考察报告，依法依规严把不起诉标准，针对涉案企业申请合规考察动机不纯、认罪态度差、合规整改落实不到位的情况，最终决定提起公诉。企业合规整改不是"走过场"的"纸面合规"，也不是可改可不改的"软约束"，检察机关和第三方组织要通过监督评估实质化，坚决防止合规整改中敷衍了事、承诺落实不力、整改效果不好的企业通过合规逃避刑事制裁，以维护法律尊严。

三是检察机关充分发挥职能优势，形成法律监督整体合力。本案中，检察机关刑事检察部门和公益诉讼检察部门有效沟通、密切配合，积极发挥各自职能作用，在对涉案企业和被告人提起公诉的同时，向当地自然资源行政执法机关发出公益诉讼诉前检察建议，要求其认真履行监管职责，严格查处违法占用农用地行为，为国家利益和社会公共利益提供有力司法保障。

第六章　企业合规的新难点之有效合规标准的构建

第一节　有效合规标准通用要求的确立

一、企业合规审查的具体内容

有学者梳理了企业合规审查的要点与特点[1]，在此予以讨论分析：

企业制度主要是指涉及企业设立、发展、经营、管理等各个方面的规范之和。企业制度涵盖了企业生存和发展的方方面面，既涉及企业宏观建设方面的内容，也涉及企业微观经营方面的内容。既涉及产品和服务管理方面的内容，也涉及人员管理和财务管理方面的内容。因此，对于企业制度的合规审查是整个合规审查措施的重中之重。对于企业制度的合规审查可分为两个层面内容：一是针对企业制度实体层面的合规审查；二是针对企业制度程序层面的合规审查。

针对企业制度实体层面的合规审查应注意两个关键点：

首先，从企业合规义务出发，运用个体思维，对某项企业制度的主要内容进行审查，从而不断发现、排除或者修改、完善有可能导致企业违反合规义务的条款内容。

以通用电气公司（GE 公司）的礼品与招待制度为例，按照合规审查的要求，该公司规定送给业务伙伴等的礼品价值不得超过每人 25 美元。如果公司员工在送礼过程中超过了这个标准，就需要事先审批。该员工（申请人）需要回答一系列问题，即为什么要向对方送礼（送礼的原因是什么）？拟送礼品的具体内容

---

〔1〕 参见张云霄、王龙宸：《企业合规审查的主要特点及三大方面内容》，载微信公众号“云讲合规”2021 年 9 月 8 日，https://mp.weixin.qq.com/s/1ALJ2a3KFP0H9LL-TGwIyg。

是什么（必需时需附照片）？所送礼品是否印制 GE 标识（不具有或者降低礼品的市场价值）？拟送礼品是从什么渠道采购的？是否由经公司筛选合格的供应商所提供？这样有助于防范和化解在送礼过程中可能涉嫌的商业贿赂风险和不正当交易风险等。〔1〕

其次，从企业运行的整体视角和系统思维出发，全面审查不同制度之间是否存在不一致或者相互冲突的问题，针对其内在矛盾冲突，提出科学合理的完善建议。

最后，从企业发展的全局思维出发，重点审查整个企业制度对于所在企业合规管理体系可能造成的各种影响，主要是不利影响，从而及时提出修改和完善的合规建议。

企业制度程序方面的合规审查主要是围绕企业制度的制定、执行和反馈等各个环节是否符合企业合规的相关要求和标准。通过对企业制度的程序层面进行一系列合规审查，可以有效地确保企业制度制定与实施程序的科学性、正当性和合理性。以企业制度的"程序合规"来促进和保障企业制度的"实体合规"。

针对企业合规制度的审查应当注意以下内容：第一，注意合规审查的全面性，既要从实体的角度对企业制度进行全面的合规审查，也要从程序的角度对企业制度开展系统性的合规审查。当然突出合规审查的全面性并不非要求"凡事必查"，而是应当结合企业的合规义务和合规风险来科学确定该审查过程中的重点问题和难点问题，不断提升合规审查的针对性和有效性，防止出现"盲目审查"的问题。

第二，注意合规审查的系统性，既要注重对于一项项企业制度进行单个的程序性审查；也要对整个企业制度体系开展系统的程序性审查，确保企业制度在制定与实施的程序层面上实现良好的无缝衔接，从而有效地避免企业制度在程序层面方面的内在冲突和不协调问题，确保企业制度实现所谓的"程序正义"。〔2〕

---

〔1〕 参见王志乐：《企业合规管理操作指南》，中国法制出版社 2017 年版，第 11 ~ 82 页。

〔2〕 参见张云霄、王龙宸：《企业合规审查的主要特点及三大方面内容》，载微信公众号"云讲合规"2021 年 9 月 8 日，https://mp.weixin.qq.com/s/1ALJ2a3KFP0H9LL-TGwIyg。

二、评估和审查方法

评估和审查方法属于实践中的重点问题，有学者进行了总结归纳[1]。对涉案企业合规管理体系有效性的评估由第三方监督评估组织（以下简称第三方组织）进行。检察机关对第三方组织的评估过程和评估报告进行审查。必要时，可以对涉案企业合规管理工作和第三方组织的评估活动进行调查和督导。对涉案企业合规管理体系有效性的评估和审查工作应当坚持合规管理体系建设与合规风险相适应、全面评估审查与专项评估审查相结合、合规管理体系评估审查与运行结果评估审查相结合、主观评价与客观评价相结合、评估和审查的标准具有明确性和一致性、评估和审查的结论应当具有可证实性和可比性。

对涉案企业合规管理体系有效性的全面评估，包括对合规管理体系的设计、运行和成果三个主要环节的评估。对涉案企业的专项合规评估，可参考附件设置指标。全面评估和专项评估都应当根据办案工作需要和涉案企业特点，设置指标体系和评估工作程序。

对涉案企业合规管理体系有效性的评估和审查应当以合规风险防控为重点，关注合规重点领域、重点环节和重点人员，以合规管理体系的有效性为基础，兼顾专项合规的有效性。

企业合规管理体系设计的有效性，是指合规管理体系文件和制度对于合规风险防治的可行性、充分性，并具有合理的机制和适当的方法保证文件和制度的贯彻落实。评估和审查的主要标准应当包括基于内、外部环境的合规风险识别和评估，政策导向和制度安排，合规管理机构的设置和职权配置，合规知识和合规意识的培训和普及，不合规行为的发现、调查和处理机制，第三方管理机制。

企业合规管理体系运行的有效性，是指具备实施合规管理体系的条件、意识和能力。评估和审查的主要标准应当包括：合规管理体系的运行具备足够的资源、合规管理机构具有必要的权力和独立性、合规管理人员具有胜任职务的

[1] 参见张云霄、王龙宸：《企业合规审查的主要特点及三大方面内容》，载微信公众号“云讲合规”2021年9月8日，https://mp.weixin.qq.com/s/1ALJ2a3KFP0H9LL-TGwIyg。

能力、企业领导和员工具有清晰的合规意识、合规管理绩效纳入企业绩效考评体系、合规管理过程保留文件化信息。

企业合规管理成果的有效性,是指通过合规管理体系的实施促进了合规文化的形成、合规目标的实现、可持续发展能力的获得等。评估和审查的主要标准包括良好合规文化的形成、合规目标的达成、合规管理体系的持续改进、可持续发展能力的增强、不合规事件的适当处理。[1]

三、不同类型主体的审查标准分析

到底何为企业合规主体?这是研究企业合规基本概念的首要问题。从字面上理解“主体”,其主要有三层含义:一是事物的主要部分;二是哲学意义上所谓的认识和实践活动的承担者;三是其在法律意义上是指依法享有权利和承担义务的自然人、法人或国家。基于上述理解,笔者认为,企业合规主体是指承担合规义务、开展合规管理、防范合规风险以及享受合规收益的主要部分。企业合规的主体包括两个层面的含义:一为企业;二为国家。其中,企业是首要主体,国家是补充主体。在企业合规建设中,既应当充分尊重企业的自主精神,也应当重视国家在企业合规建设中的重要作用,两者同向发力、同频共振,才能实现企业合规之目的。[2]

(一)企业层面

在企业合规概念的内涵中,企业才是企业合规的第一主体,或者可称为首要主体。正所谓“横看成岭侧成峰,远近高低各不同。”虽然,从不同的学科角度,可以对企业合规作出不同的解读;但从本质上讲,企业合规就是一种企业内部的自我管理、自我之治、自我塑造。所谓内因,是推动事物变革的最主要力量。显然,这种自我管理、自我之治和自我重塑的实施主体首先就是企业本身。2017 年 12 月 28 日,国家统计局正式印发《统计上大中小微型企业划分办法(2017)》的通知。该办法按照行业门类、大类、中类和组合类别,依据从业人员、营业收入、资产总额等指标或者替代指标,将我国的企业划分为大型、中型、小

---

〔1〕 参见张云霄、王龙宸:《企业合规审查的主要特点及三大方面内容》,载微信公众号“云讲合规”2021 年 9 月 8 日,https://mp.weixin.qq.com/s/1ALJ2a3KFP0H9LL-TGwIyg。

〔2〕 参见胡国辉:《企业合规概论》,电子工业出版社 2018 年版,第 4 ~92 页。

型、微型四种类型。

无论是大中型企业，还是小微型企业，均是市场经济中最为活跃的因子，其在市场经济发展过程中扮演着不同的重要角色，发挥着不同的重要作用，均需要合规制度的建设、合规管理的实践、合规文化的培育，也最终受益于合规建设。尤其是从当前合规理论建设和具体实践来分析，我国对于国有企业特别是国有大型企业的合规建设非常重视；但是对于民营企业尤其是小微企业的合规建设研究和实践比较缺乏，这是今后应该重点关注的领域之一。

从企业内部的微观视角来看，企业是由一个个具体的人员所组成的，包括企业管理层、合规团队以及员工等。一方面，他们是企业合规制度和文化的具体实践者，在企业业务开展中落实各项合规义务，开展合规管理，促成合规目标的实现；另一方面，他们也是企业合规实践的最终受益者，通过企业合规具体实施为企业发展提供有效保障、赢得机遇、增强核心竞争力，最终企业的合规成果也将惠及每位企业员工。

因此，承认企业作为企业合规的“第一主体”地位，才能充分保障企业在市场经济环境下享有包括经营自由在内的各项自由权利，也才能从根本上有效提升企业自身应对合规风险、开展合规管理的主动意愿和综合能力。换言之，尊重企业的合规主体地位，力促将企业合规真正转变为企业生存和发展的自我需求、内生动力以及价值体现。

企业划分指标以现行统计制度为准：(1)从业人员，是指期末从业人员数，没有期末从业人员数的，采用全年平均人员数代替。(2)营业收入，工业、建筑业、限额以上批发和零售业、限额以上住宿和餐饮业以及其他设置主营业务收入指标的行业，采用主营业务收入；限额以下批发与零售企业采用商品销售额代替；农、林、牧、渔业企业采用营业总收入代替；其他未设置主营业务收入的行业，采用营业收入指标。(3)资产总额，采用资产总计代替。[1]

(二)国家层面

与此同时，应当清晰地看到，域外企业合规制度的具体生成路径之中均有国家公权力的适时介入、干预和指导。从犯罪学的角度来看，企业合规制度建

---

〔1〕　参见胡国辉：《企业合规概论》，电子工业出版社 2018 年版，第 4～92 页。

构充分体现了从“单一的国家治理违法犯罪模式”向“双向的国家和企业共治违法犯罪模式”所发生的重大转变。一方面，在市场经济环境下，企业是最为活跃的因子，优胜劣汰是最基本的规则之一，获取利润才是企业存在和发展的首要目的。预防和处置违法犯罪问题，并不属于企业首先所要关注和考虑的范围；而包括企业员工犯罪在内的各种刑事问题势必直接影响全社会的政治、经济、文化、生态等各方面的公共安全和利益。因此，需要国家公权力的适当介入和理性引导，帮助企业完善合规体系建设，促使企业履行各项合规义务，有效地应对各类合规风险，达到企业自身利益与国家和社会利益的有机统一，实现国家经济社会的稳健长远发展。

另一方面，在现代社会发展过程中，企业不仅仅只是单纯的逐利个体，之前以利益最大化的经营观念和目标越来越受到挑战。尤其是当整个社会风险加剧的时候，作为社会环境之中生存的企业应当承担起越来越多的社会责任。著名的松下公司创始人松下幸之助指出，企业不能以利益为最终目标，在获得经济利益的同时，必须要兼顾社会利益，生产者不能单纯从社会索取利益，而是要在索取的同时为社会创造更多的财富，只有具有这种使命感的企业才能长存不败，拥有光明的前途。正如有学者所言，“这种把企业经济利益与社会责任相统一的现代企业管理的社会综合价值体系是对传统理性管理的单纯利润价值体系的扬弃，是对经济主义管理理念的超越。这是知识经济时代企业管理的高境界追求。如果一个企业不能对资源利用、生态平衡、经济的可持续发展承担责任，如果不能对消费者的直接利益和间接利益承担责任，如果不能对员工的身心健康和全面发展承担责任，如果不能为投资者带来应有的收益，那么，在知识经济时代的市场竞争中，就会被淘汰出局。”企业承担社会责任离不开国家公权力的认可、引导以及支持，其中既包括国家在精神层面的鼓励，也包括国家在物质层面的扶持。这也需要国家公权力介入企业合规体系建设之中，实现合规管理的科学化、规范化和现代化，促使企业依法承担起社会责任。[1]

据不完全统计，自2008年以来，截至2021年7月，我国中央、各省、自治区、直辖市及部分地级市、市辖区颁布的关于合规管理的规范性文件中，中央部门

---

〔1〕 参见任志宏等：《企业文化：管理思维与行为》，清华大学出版社2013年版，第22~75页。

颁布的文件有2部,分别为《中央企业合规管理指引(试行)》《企业境外经营合规管理指引》。同时,共有14个省、自治区、直辖市颁布了合规管理的相关文件。此外,2021年6月3日印发了《关于建立涉案企业合规第三方监督评估机制的指导意见(试行)》。

综上所述,企业合规体现了“自律”与“他律”的有机结合,企业合规主体包含两个层面内容,企业是第一位的,国家是第二位的;企业居于主要地位,国家居于补充地位。两者之间互相结合,共同推动企业合规制度建立和实践发展。当前,我国企业合规正处于探索与发展的关键时期,更加需要认清企业合规主体的内涵以及内在关系问题,否则,很容易违背改革的本意、迷失改革的方向。比如,前段时间,我国东南沿海某县级市的检察机关与当地某律师事务所共同创办了所谓的“企业合规事务所”,甚至要求涉案企业的合规计划建立健全要接受该事务所的指导与监督。这一改革的做法实在令人匪夷所思,有些哗众取宠的意味。究其根本原因,主要在于该检察机关根本未认识到企业合规的第一主体在于企业自身,其已在企业合规整改和建设中严重越位。这显然违背了企业合规改革试点的初衷。[1]

其一,行政机关。

就政府职责角度而言,合规管理的政府监管是为了维持市场经济秩序,而对企业合规管理行为进行监督管理的活动是政府履行市场监管职能的重要领域。政府监管是一个长期、动态的过程,覆盖市场主体从进入到退出的整个过程。政府既要对企业准入进行许可,也要对企业违法行为处罚,在这两种监管方式之间仍存在监管空间,而合规管理的政府监管则是政府履行市场监管职能的重要突破口和着力点。有学者指出,行政监管合规已经替代了传统的“严刑峻法”式的行政执法方式,成为行政监管部门督促违法企业自我监管、自我整改、自行堵塞管理漏洞的一种执法方式。相较发生违法违规事件而受到行政处罚甚至刑事制裁等事后惩罚机制,监管机关通过评估检查、限期整改等措施介入企业合规管理工作,由被动的监管执法行动转变为事中积极地预防,可以使市场监管形成更加完整的链条。同时,合规管理的政府监管通过规范、激励或

[1] 崔瑜:《论企业合规管理的政府监管》,载《行政法学研究》2021年第4期。

者倒逼企业进一步完善合规管理体系，也与近年来我国“放管服”改革步调相一致，亦契合了加强事中、事后监管的理念。[1]

全球化合规管理的趋势日益明显，联合国、OECD、世界银行、APEC 等国际组织以及各国政府如美国、英国等都在全国范围内不断倡导企业加强合规管理。就中国而言，政府逐渐意识到合规管理对企业可持续发展的重要性，并试图以行政主导方式推动中国企业全面建立合规管理体系。银行系统作为金融系统的核心，其稳健运行有利于整个国家的经济长期稳定发展，强化其监管尤为重要。早在 2006 年，银监会即在《商业银行合规风险管理指引》中规定，“银监会依法对商业银行合规风险管理实施监管，检查和评价商业银行合规风险管理的有效性”，标志着商业银行合规风险管理工作进入政府监管的视野。随后，保监会、证监会陆续发布了保险公司、证券公司合规管理的相关规定，对合规管理提出了全面规范性要求。根据证监会合规管理工作部署，中国证券公司应于 2008 年年底之前完成合规管理体系建设。经过多年的实践，证券公司和证券投资基金管理公司合规管理工作取得了初步成效，但也存在将合规管理仅作为合规部门的职责、合规负责人履职保障不足、追责力度不够等问题。为此，证监会于 2017 年颁布了《证券公司和证券投资基金管理公司合规管理办法》，这是我国行政监管机关通过部门规章形式首次在全行业强制推行合规管理，要求在中国境内设立的证券公司和证券投资基金管理公司一律实施合规管理，并确立了监管机关对企业合规管理的监管措施，对企业合规管理行为形成强制约束。[2]

其二，检察机关。

一要坚持从政治上看，以高度的责任感和使命感办好代表议案、建议，特别是重点督办建议。人民代表大会制度是我国的根本政治制度，全国人大代表提出议案、建议是人民当家作主的生动实践。这些议案、建议，集中体现了人民群众对美好生活的向往，集中体现了代表参与管理国家事务的政治热情和责任担当。重点督办建议，是全国人大常委会办公厅从全国人大会议期间代表提出的建议中，在认真分析并广泛征求意见的基础上确定的，更凝聚着人民的普遍愿

[1] 参见陈瑞华：《论企业合规的性质》，载《浙江工商大学学报》2021 年第 4 期。

[2] 参见郭凌晨、丁继华、王志乐主编：《走向全球公司：吉利公司全球化之路》，中国经济出版社 2016 年版，第 4 ~ 57 页。

望和社会的广泛关切。办好这些议案、建议特别是重点督办建议,是检察机关的法定义务,也是尊重人民主体地位、自觉接受人民监督的重要举措,可以说是时代在出卷、我们来答卷、人民来阅卷。张军检察长明确提出:“要把代表委员指出的问题、提出的建议甚至是尖锐的批评,作为加强和改进工作的着力点,更加自觉回应人民关切。”做好这项工作,首先要从政治上看,从全面贯彻习近平法治思想、坚持以人民为中心的政治高度认识和把握。

二要以办理重点督办建议为契机,深化涉案企业合规改革试点工作。习近平总书记强调:“要依法平等保护国有、民营、外资等各种所有制企业产权和自主经营权,完善各类市场主体公平竞争的法治环境”。2021 年 6 月,党中央专门印发《中共中央关于加强新时代检察机关法律监督工作的意见》,要求“依法维护企业合法权益”。当前,世界百年变局和新型冠状病毒肺炎疫情叠加,外部环境更趋严峻复杂,我国经济和企业发展面临很大压力。对涉案民营企业及其负责人“能不捕的不捕、能不诉的不诉、能不判实刑的就提出适用缓刑的量刑建议”的司法政策,目的就是要落实对民营企业的依法平等保护,做实真“严管”、真“厚爱”。

研究探索、大力推进涉案企业合规改革试点,是落实对民营企业平等保护的重要举措。2021 年全国两会上,不少代表予以关注、提出建议,既是有力监督,更是有效推动。张军检察长强调要“从‘国之大者’的高度,充分认识开展改革试点工作的重大意义”,并多次主持召开党组会、检委会研究改革试点工作及相关规范性文件。两会后,在全国人大精准指导、代表们大力支持、各部门密切协同下,涉案企业合规改革试点工作加快推进、成效明显。6 月,联合发布《关于建立涉案企业合规第三方监督评估机制的指导意见(试行)》,9 月又共同成立第三方监督评估机制管委会并召开第一次联席会议,研究第三方机制专业人员选任管理办法、第三方机制指导意见实施细则等文件。机制建立后,关键在落实。把重点督办建议办理工作,转化为推动涉案企业合规改革试点、第三方机制规范运行的重要契机,指导各地规范、有序开展企业合规案件办理工作。深化实践探索,迫切需要立法支持。在前期试点推进过程中,特别强调坚守“严格依法”这条红线,现有的探索都应在法律规定的框架内进行。我们将认真总结试点经验,适时提出完善相关立法的建议,推动改革落地生根。

三要以办理重点督办建议为纽带,不断加强和改进代表联络工作。加强同代表的联络,是检察机关的政治责任,也是一项常做常新的工作,只有更好、没有最好,永无止境。要充分运用"全国人大代表信息化平台""检察号代表委员直通车"等信息化手段,通过邀请代表参加调研、座谈、检察听证等方式,深层次、参与式开展监督工作。

(三)律师

有学者认为,从律师角度来讲,刑事合规制度尤其是独立监控人概念的引入,为律师提供了新的业务增长点,同时也带来了新知识技能区域的挑战。律师应该勇于探索,良性互动,做好司法机关与企业之间的桥梁,在浇筑刑事合规模型的同时,积极探索三方高效优质的对话模式,为更完善的刑事合规制度的构建出言献策。有学者梳理了律师在刑事合规业务中涉及的以下几种角色身份[1]:

其一,独立监控人。

从部分刑事合规试点地方检察院发布的方案和经验来看,针对涉嫌单位犯罪的企业,检察机关设置刑事合规独立监控人。独立监控人是指受犯罪嫌疑单位委托,对企业的刑事合规情况进行调查、规划、监督的专业机构,这种专业机构可以是律师事务所。

律师担任独立监控人,应当恪尽职守,履行诚实、信用、谨慎、勤勉、中立的义务,依法、独立、客观、公正地实施合规监控,主要工作包括:

1. 指导:监督和帮助企业进行刑事风险的识别、发现控制方面的漏洞,建立并完善预防、发掘和制止企业违法犯罪行为的内部控制机制,使企业的生产经营行为符合刑事法律规定。

2. 汇报:定期向当地人民检察院报告合规监控情况。

3. 举报:如果发现犯罪嫌疑企业、犯罪嫌疑人曾隐匿的或者新出现的不合规行为,应及时向当地人民检察院报告并督促犯罪嫌疑企业、犯罪嫌疑人整改。

独立监控人不得妨碍案件公正处理,不得泄露案件涉及的有关秘密及犯罪信息,不得随意干扰企业正常生产经营活动或者实施收受财物等违反廉洁纪律

---

〔1〕 参见罗颖娴:《刑事合规背景下律师的角色及业务展望》,载微信公众号"炜衡刑辩圈"2021年1月8日,https://mp.weixin.qq.com/s/VImX8EknjhHMAIOK1owXkg。

的行为,不得损害犯罪嫌疑企业合法权益。此外,独立监控人的选任需要符合一定的条件,如须具备承担独立监督职责的专业知识及技能、从事相关业务两年以上并有相关经验、近三年未有被处罚的记录、与案件无牵连关系等。对独立监控人采取入库管理的方式,对独立监控人年度考核的结果作为对独立监控人免除资格、续任的重要依据。如果有违反法律和有关纪律规定的行为,将视情节给予劝诫或免除其独立监控人资格,构成犯罪的,依法追究刑事责任。

其二,辩护律师。

涉及刑事合规的业务,律师如果是担任企业的辩护律师,则其传统身份在新语境下将有更丰富的内涵。

首先,是辩护律师与刑事合规独立监控人身份关系。如前可见,独立监控人要求与案件无利害关系,如果企业在开展刑事合规之前已委托律师以辩护律师角色介入刑事诉讼,则一般而言不能再担任独立监控人,但是否可以终止委托后再行担任,目前暂无相应规定。

其次,刑事合规的提出,可能会挤压刑辩律师的业务空间,但同时也会给刑辩律师带来新的价值探测区。一方面,如果检察机关同意给予企业一段时间考察期用以建设合规体系或计划,并以其建设成果作为起诉与否的考量因素,那么鉴于刑事程序暂行中止,辩护律师发挥空间不大,且如果要介入刑事合规建设,能否介入,如何介入,尚不明确。另一方面,换个角度思考,既然有刑事合规的可能性,那么辩护律师在诉前阶段,能帮企业做的就不仅仅是会见、申请取保候审等这些传统业务了,而是额外增加了为企业申请进行刑事合规考察和建设的业务空间。

最后,关于辩护律师和刑事合规员、独立监控人的对接。在刑事合规进行中,辩护律师应实时保持与刑事合规员、独立监控人的沟通,提供所需资料,掌握刑事合规建设动态。如果刑事合规建设不符合检察机关的要求或在建设中发现新的犯罪情况,尚需重启刑诉程序,那么刑辩律师应及时对接。

其三,合规顾问。

在刑事合规开展前,已成为涉案企业法律合规顾问的律师,在开展刑事合规时,较其他律师具有明显的优势,因此有更大概率承接刑事合规业务。但目前制度不确定的地方在于,如果是在由企业自主进行刑事合规建设的地区,企业可以自主委托合规顾问开展刑事合规建设,但如果是推行刑事合规独立监控人的地区,则合规顾问与刑事合规独立监控人的交叉和分立应该如何权衡,是需要进一步进行制度设计的方面。

首先,合规顾问是否可以担任刑事合规独立监控人,尚待明确。独立监控人要求与案件无牵连关系,但是否需要与企业无任何历史委托关系?

其次,若二者身份只能择一,则在企业已设置了刑事合规独立监控人的前提下,是否还需要合规顾问介入?合规顾问的作用如何体现?如前所述,独立监控人要对企业刑事合规的开展进行调查、规划、监督,那么具体合规计划的执行,是否可以由企业委托合规顾问开展?合规顾问与独立监控人在刑事合规中可以并存的情况下,合规顾问对独立监控人和检察机关承担的义务边界如何?这都是需要在实践中去摸索的领域。

最后,关于律师在刑事合规中的责任也是个颇受关注、值得探索的问题。刑事合规制度一方面奠定了律师新的服务角色,但同时该服务角色是否给律师带来更重的责任负担,是个未知命题。对于刑事合规的业务进展,律师是需要承担如非诉律师一般的勤勉尽责责任,还是需要像诉讼律师一样,头顶时刻高悬《刑法》第306条的“达摩克利斯之剑”,时刻需要警惕和企业相关人员的沟通、指导、交流以及注重书面材料的保全留存等,以证明自己工作的合规性,这一点需要明确。

此外,对于律师在刑事合规开展过程中发现的企业违法犯罪问题,是必然承担向司法机关承担举报的责任,还是可以依据代理协议予以保密,必要时有权中止委托;关于在律师开展刑事合规业务过程中应遵守的纪律,在一般执业规则规范之外,是否需要有特别的注意要求和奖惩措施,这些也都是律师行业和司法部门下一步需要共同探讨协商的重要问题。[1]

第二节 特殊领域:数据合规有效审查标准

基于上述通用合规标准的研究,笔者有针对性地对数据合规问题进行了分

---

〔1〕 参见罗颖娴:《刑事合规背景下律师的角色及业务展望》,载微信公众号“炜衡刑辩圈”2021年1月8日,https://mp.weixin.qq.com/s/VImX8EknjhHMAIOK1owXkg。

析,并结合中国立法与实践实际,有针对性地就个人信息保护合规标准进行梳理与总结,成为我国企业合规不起诉制度改革中有效证据审查的标准指引的一项建议,为未来涉及数据合规整改的企业与监管机关提供思路。

一、数据合规针对性研究

在对数据的法律调整中,存在权利化和非权利化两种途径,以及法定权利与事实权利两种模式,具体体现于立法规制模式中,有学者认为人们通常是围绕权利和法益保护两种理念展开,并且以立法赋权模式和行为规制模式作为基本的立法构架。[1]

在立法赋权模式中,齐爱民教授主张,"构建数据主权和数据权法律制度。数据主权主要包括数据管理权和数据控制权,对数据跨国流通的管理和控制是其中最为重要的内容。数据权包括个人数据权和数据财产权。"龙卫球教授提出,"从体系上说,应该在区分个人信息和数据资产的基础上,进行两个阶段的权利建构:首先对于用户,应在个人信息或者说初始数据的层面,同时配置人格权益和财产权益;其次对于数据经营者(企业),基于数据经营和利益驱动的机制需求,应分别配置数据经营权和数据资产权。"亦有学者认为,"不同数据权益类型应作不同路径的类型化区分保护,权利与新型利益二元化保护方式亦不失为一种合理保护的过渡方式。"立法赋权模式着眼的问题主要在于数据流通和权利救济层面,数据涉及数据提供者、数据控制者、数据使用者等多个主体,现有立法未明确数据权属,给数据交易流通造成阻碍,而且立法没有赋予数据主体民事权利,针对数据乱象的私权救济渠道不畅。现实情况中,侵犯个人信息的违法犯罪高发与居民权利意识快速提升形成尖锐矛盾,通过立法创设数据权利的呼声越来越高,立法赋权模式几乎成为数据规制研究的主流。[2]

而针对行为规制模式,该等模式肯定数据上存在利益,但反对为数据立法赋权。其在揭示数据权利化理论缺陷的基础上,认为对数据创设一项新型权利不可行且存在制约数据产业发展的弊端,倡导设定数据治理的基本原则和相关

---

[1] 冯晓青:《数据财产化及其法律规制的理论阐释与构建》,载《政法论丛》2021年第4期。
[2] 蔡维德:《互链网助力数据安全保护》,载《中国信息界》2021年第5期。

主体的行为规范以实现数据规制目的。在行为规制的具体方式上，按照法律关系的视角区分，现有研究主要提出合同法、侵权法、竞争法三类视角下的解决方案。第一，在数据采集、存储、分析、服务等活动中，但凡涉及两个以上主体之间的权利义务关系，均可置于合同法框架内进行讨论。数据提供者与收集者之间，基于意思自治、契约自由原则，可自由设定数据收集、使用、披露的行为方式以及权益分配机制。在数据控制者、使用者、服务者之间，数据的存储、交易、共享、分析、服务等活动更离不开合同法的规制，合同法在数据的行为规制方面具有不可或缺的地位。第二，我国《民法典》明确明确了侵权法的保护对象是"民事权益"，既包含民事权利，也包含民事利益。而法益保护的立论基础在于数据包含人格利益和财产利益，法益保护不需要以明文规定的权利为前提，由此自然成为数据利益诉求寻求保护的常用路径。第三，作为数据集合的大数据以竞争资源的一种形态出现，其重要性快速获得市场认可；与此同时，作为信息处理技术的大数据技术也被经营者作为竞争工具使用，其对市场的反馈预测功能广受追捧，利用数据干预竞争、垄断资源的现象初现端倪，大数据与竞争可谓相生相伴、交汇融合。为此，大数据作为技术与资源的集合，理应归入竞争法规制的范畴，并由此前展竞争法规制的基本逻辑。[1]

确立数据规制模式，推进数据立法，目的在于为数据提供者、控制者、使用者等相关主体设定行为规范，制定出具有普适性的数据治理一般制度。大数据是信息化发展的新阶段。大数据立法属于科技立法领域，科技立法具有突出的专门性、技术性、知识性特征。科技法是为了应对科技危机而出现的，目的在于解决科技开发活动中出现的诸多问题，自然要尊重科技本身的规律。因此，选择数据的规制模式，应当在技术法的语境下，以科技立法基本原则为依据判断两种模式的优劣，进而作出科学选择。[2]

就企业角度而言，如何立足于现行法律，进行数据合规便显得尤为重要。学界对此的共识是，离数据最近的法律，当属知识产权。学界对是否将数据信息纳入知识产权客体也存在争议。有学者认为，数据信息的本质属性是否为智

---

〔1〕 张鸿霞、周婷婷：《大数据时代强化央企数据安全合规管理的新思考》，载《国有资产管理》2021年第10期。

〔2〕 参见宁立志、傅显扬：《论数据的法律规制模式选择》，载《知识产权》2019年第12期。

慧成果,数据信息的内容是否具有财产价值和人身价值并不确定,因此,用知识产权保护数据信息在正当性、科学性和可操作性方面都存在疑问。也有学者认为应当将数据信息纳入知识产权客体,这将对中国数据产业的发展产生巨大的推动力,同时对世界有关立法发挥引领性作用。就理论角度而言,知识产权是权利主体在社会实践中所创造的智力成果的专有和排他性权利,是对无形的精神财富的保护。数据本身就是无体物,加之数据能够被传播,也能够被复制并且可以重复使用,致使其客观上和知识产权有很多的联系。鉴于这种联系,很多学者建议将数据纳入知识产权体系内来进行保护。原《民法总则(草案)》一审稿中第108条规定了"数据信息"作为知识产权的权利部分受到法律的保护。随后发布的《民法总则(草案)》二审稿就删去了该项规定,没有将数据纳入知识产权体系中进行保护,最后正式出台的《民法总则》只是规定了数据受法律保护,未再次将数据作为知识产权的客体进行保护。而《民法典》也只是笼统地重提了"法律对数据、网络虚拟财产的保护有规定的,依照其规定"。但从二者之间的纠葛,不难看出数据财产的确与知识财产存在诸多相似之处。[1]

在政策导向层面,2021年3月,国家知识产权局颁发《推动知识产权高质量发展年度工作指引(2021)》也提出要研究制定大数据、人工智能、基因技术等新领域新业态知识产权保护规则。对数据财产的知识产权法保护无论是从国内外学界还是现行知识产权立法规定,都可以得到充分理解。如国外有学者认为,基于信息流动考虑,知识产权制度有助于对信息和隐私的保护,还有学者从大数据与知识产权出发,认为知识产权制度能够规范和保护大数据,国内也普遍认同数据财产的知识产权法保护。有观点指出数据与知识产权保护存在契合度,能够受到知识产权保护。而对于数据来说,其取得方式较知识产权稍显复杂,"生产"过程往往涉及多个主体,并不能准确界定为谁"原始取得"了某项数据。比如,一个用户在某购物平台的消费记录可以显示其消费习惯,平台通过对这类数据进行统计、分析,可以甄别、筛选出目标客户,为其推送相关商品广告。在这一过程中,用户为数据的原始提供者,平台对数据进行了加工,这类

〔1〕 参见何隽:《大数据知识产权保护与立法:挑战与应对》,载《中国发明与专利》2018年第3期。

数据产生的权益应该归谁享有，在实践中争议颇多，理论上也并无统一共识。[1] 对此，中共中央、国务院发布的《关于构建更加完善的要素市场化配置体制机制的意见》第22条指出："……制定数据隐私保护制度和安全审查制度。推动完善适用于大数据环境下的数据分类分级安全保护制度，加强对政务数据、企业商业秘密和个人数据的保护。"这种根据主体不同为标准的分类较为科学，有助于对数据生态链的不同阶段作出准确划分。

对于只涉及单个主体的数据类别来说，权利的归属毫无争议落在了该主体之上。以个人为例，个人在手机上输入自己的用户名和密码，实际上与在纸上写下这些信息别无二致，因此数据权利当然归属个人。对于未涉及任何主体而生成的数据，由于其生成过程所依凭的技术、机器仍然有明确的权利归属，因而也不会产生纠纷。然而，当涉及双重主体时，情况则有所不同。企业既可以根据用户的社会身份、财务能力以及消费习惯等信息，对其抽象提炼出一个"可以描述用户的需求、个性化偏好以及用户兴趣"的集合；也可以隐匿用户个人信息，在经营活动中，对其积累的所有数据作大数据（big data）分析，利用大数据配置资源、决策商业行为。此时，很难说哪一方占据绝对优势地位或起主导作用。

将视线转移到知识产权的视角，不妨引入"演绎作品"的概念。以游戏画面为例，游戏过程中临时呈现的游戏画面，在玩家参与之前，并不存在，通常也无法自动呈现，因此，游戏画面并非游戏开发者直接创作的成果，多少融入了游戏用户的贡献。尤其在自由度比较高的游戏中，游戏用户可能从多个方面自由定义游戏的表达特征，比如，个性化定制富有美感的游戏地图（背景）、游戏化身的图像、富有美感的游戏道具或物品、战斗的技能选择安排，等等。此类玩家的自由导致游戏画面有明显的个性表达成分。这些新增的个性化内容与游戏本身的画面结合在一起形成的最终对外传播的游戏画面，很可能体现了游戏用户的独创性贡献，理应成为著作权法意义上的作品。由此可见，此类作品，既包含了用户的创造性劳动成果，又保留了原作品的基本表达，是可以构成演绎作品的。既然可以作为演绎作品，那么这些画面也存在双层权利结构。这就好比，漫画

---

〔1〕 参见赵磊：《数据产权类型化的法律意义》，载《中国政法大学学报》2021年第3期。

家将他人创作的小说改编成漫画，漫画即是小说的演绎作品，漫画家对该漫画享有著作权，但未经小说著作权人许可，漫画家不得出版该漫画，否则就会侵犯小说作者的著作权。

同样地，如果不存在用户的“元数据”，无论企业有怎样精妙先进的算法或分析技术，也无法获得任何有效数据。故而经企业加工处理的数据是用户的“演绎数据”，未经用户本人许可，企业不得泄露、转让、使用。

当前大数据时代，法律调整数据关系、保护数据的必要性日益提升。在将数据作为财产或者财产性利益保护时，赋予类似于物权之类支配权性质的法定财产权是一个重要的立法考量。当然，毕竟数据具有无形性、非消耗性和非排他性等特点，与物权客体属性不同，通过赋予对客体排他性的独占权不大现实，但如下所述，日益完备的现行知识产权法律制度能够接纳符合知识产权保护条件的数据。对于这类无形财产权的保护，无论是从自然权利理论、人格理论还是从效用主义理论看，都具有必要性。

此外，反不正当竞争法尽管本身不属于知识产权法的范畴，但与知识产权保护具有十分密切的联系。一般认为反不正当竞争法属于行为法，与作为权利法的知识产权专门法律不同，但它能够为知识产权法保护不到、不周的地方提供补充性的、附加的保护。且反不正当竞争法与知识产权法在维护公平竞争秩序、促进创新方面具有共同的价值目标。就数据财产的保护而言，由于当前数据保护立法尚不完善，没有建立明确的数据产权制度，涉及数据财产化保护时，如果不能根据知识产权法律的规定主张某种知识产权的保护，在司法实践中则常常适用反不正当竞争法，主张追究被控行为人实施不正当竞争行为的法律责任。从当前我国不正当竞争纠纷案件的情况看，适用反不正当竞争法保护数据财产性利益或竞争性利益有其一定的优势和特色。因为在依据现行法难以主张包括某种知识产权在内的实体权利的前提下，只要人民法院能够确信原告涉案数据具有值得受保护的合法财产性利益或竞争性利益，就可以适用反不正当竞争法予以保护。

自人类法律制度建立以来，技术发展与法律制度之间从来就是一种互动关系。技术发展不但对人们社会生活产生巨大影响，而且会使新型权利客体不断涌现，深刻地影响法律制度的变革与发展，知识产权法律制度从传统到现代如此,当前如火如荼的数据产业和数字经济发展导致数据法律制度的产生与发展也是如此。数据法律制度与知识产权法律制度具有高度契合性和相关性,在保护客体和内容方面存在诸多重合性,这在很大程度上源于数据本身的特性,尤其是其财产属性、公共性和共享性。数据法律保护问题和制度构建离不开数据财产化和数据财产制度的建构,在现有法律制度框架下,数据财产化和财产制度是沿着权利法和行为法两条路径运行的。在权利法层面,知识产权法律制度起着不可替代的关键作用;在行为法层面, 传统反不正当竞争法则可以在对数据财产性利益或竞争性利益的保护中实现数据财产化保护的目的。随着数据在数字经济中的重要性加强,有关数据的专门立法问题也不断被提出。可以预料,未来随着大数据、云计算、人工智能等的进一步发展,数据的生产、加工、存储、挖掘、流通、交易等将会出现新的特点和方式。但无论如何,在界分数据类型基础上,确认和保护数据财产与财产性利益仍然将是数据法律保护制度的重要内容和重点所在。

二、数据与数据使用在企业和监管层面的特殊性、管理数据和数据使用的难点

数据保护的程度,直接决定着企业对于数据投入的积极性,也决定着数据经济的整体健康发展。2021 年 9 月以来,为配合《数据安全法》《个人信息保护法》等法律法规的颁布实施,国家网信办、工信部等政府部门密集出台了《关于进一步压实网站平台信息内容主体责任的意见》《关于加强车联网网络安全和数据安全工作的通知》等多项政策文件,对互联网平台网络安全提出了更为严格、细致的监管要求,从多个维度加大监管力度。[1]

然而由于数据的特性,其在监管过程中会遭遇各种困难。数据本身具有高科技性,其产生、存在和发展都是与现代科学技术的突飞猛进分不开的。具体来说,数据所要依赖的科学技术包括计算机技术、信息技术、互联网技术、存储技术等,这些科学技术使数据具有无形化的特质。数据的收集、判断和运用都需要现代化科学技术为支撑,并且需要辅之以必要的电子设备,同时,还需要专

〔1〕 张晖:《数字经济下的第三方支付机构创新》,载《企业研究》2021 年第 4 期。

业的知识，如取证过程中常遇到的确定数据的路径、数据恢复、破解文件等，需要信息技术专家才能解决。而与高科技性相对立的，是数据的脆弱性。一是由于数据本身的无形化、不直观、不可捉摸，同时又较为复杂，存储的信息也较为广博，因此稍有不慎，就有可能出现信息丢失或破坏，这会直接导致认定审查的不完整。二是数据容易被伪造和篡改并且难以为人们所察觉，许多非法行为如非法侵入行为、网上窃取行为、非法访问行为等都是在计算机系统内部进行，有些甚至根本不会引起系统直接的变化，这些都给及时合规监管带来了很多的困难。

由此观之，网络安全执法活动日趋活跃，企业的网络安全及数据保护合规状态亦成为监管机关的重点关注内容，见表6－1。

表6－1 企业网络安全及数据保护情况

类别	具体情形
数据源合规	获取用户数据信息的来源、获取途径及授权方式是否合规
	收集用户信息获得用户同意的具体制度及相关安排是否明晰，收集用户信息时是否明确告知收集信息的范围及使用用途
	是否存在向第三方购买底层数据并在外购数据的基础上持续开发等情况。若有，请说明供应商授权公司使用相关数据是否经过终端用户或者其他第三方同意，授权是否完备合规，个人信息获取是否合法；公司是否建立完善的供应商评价体系，以及供应商甄选、数据源核验以及合同合规性审核的内控措施
数据权属	公司采购所涉相关数据信息的产权归属及其法律依据
数据使用	获取数据进行商业化变现的合规性
	在使用数据过程中，通过App授权获取的用户信息用于互联网营销或其他业务是否超过用户对该App的授权范围
	运用大数据相关技术从事精准推荐和个性化营销服务是否涉及侵犯产品用户个人隐私或其他侵权风险，大数据相关技术及其使用、相关服务的开展的合法合规性，是否存在纠纷或潜在纠纷
	收集、整合、处理、使用数据是否符合《数据安全管理办法》《网络安全法》《信息安全技术 个人信息安全规范》《关于办理侵犯公民个人信息刑事案件适用法律若干问题的解释》等法律法规与司法解释的规定，是否制定并公开收集使用规则，是否向所在地网信部门备案，是否存在违反收集使用规则使用个人信息的情况

续表

类别	具体情形
数据共享	是否存在转授权或流转给第三方使用的情况，如存在，是否经过个人信息主体的明示同意，是否经过充分的脱敏，相关授权流程是否完备
	《用户协议》《隐私政策》中所涉表述"基于提升本 App 服务之目的而收集用户数据并向第三方共享该数据"，具体所指情形内容，是否包括链路共享
数据安全	对相关个人信息及用户数据是否存在有效的保密机制，是否符合全国人民代表大会常务委员会《关于加强网络信息保护的决定》《网络安全法》等法律法规与司法解释的规定
	在开展业务、日常运营过程中是否获取或有可能获取国家秘密、保密信息、个人信息，是否存在泄露国家秘密、保密信息、个人信息的情况或未来风险，是否存在自身业务层面潜在的或可能面临的数据或信息被窃取、篡改、泄露、假冒、恶意破坏或被攻击等网络安全事件风险和法律风险，对其是否已建立完善的防泄密和保障网络安全的内部管理制度，该等制度的执行是否有效(包括但不限于数据的备份机制、防范数据窃取及泄露的措施、对用户隐私数据加密措施以及对于到期数据的处理机制等)

企业合规需求无疑将拟企业置于"聚光灯与放大镜"之下，相应的数据合规工作将是周期长、标准严苛的整体治理需求。政策导向中，"十四五"规划明确提出要激活数据要素潜能，推进网络强国建设，加快建设数字经济、数字社会、数字政府，以数字化转型整体驱动生产方式、生活方式和治理方式变革。数据已成为新兴的生产要素，是国家基础性和战略性资源，数据安全需求也越发凸显。加强对数据安全的保护关乎每个人、每个组织的利益。立法层面上，《数据安全法》在 2021 年 6 月 10 日经第十三届全国人大常委会第二十九次会议表决通过，其中对我国境内外的数据处理活动及安全监管作出了更充分与全面的制度安排。此外，《个人信息保护法》也在紧锣密鼓地审议中，国家对个人信息保护的重视程度不言而喻。在监管上，工信部目前已按计划完成了 2021 年第 6 批侵害用户权益行为 App 的通报，此次共涉及 145 款 App。综观此前被通报 App 所处行业、所属类型、所在地域，涵盖了包括输入法、应用分发平台、地图、清理、游戏等各类型各领域产品，全国各省、市的大中小型企业如抖音、百度、搜狗等均被列入监管对象名单。可以说，在数据合规问题上，监管部门不留任何情面。司法审判层面，最高人民法院更是在近日(2021 年 7 月 28 日)发布了

《关于审理使用人脸识别技术处理个人信息相关民事案件适用法律若干问题的规定》，为用户的人脸信息保护提供司法层面的法律支持，同时也对人脸信息处理者行为的合法合规性提出了更高要求。

因此，无论是从立法、执法还是从司法层面来看，数据合规工作的推动都刻不容缓。合规从不是一个“点”，而是需要企业一以贯之的“线”，就数据收集到形成数据产品的全流程制定符合本企业特点的合规方案，是发挥数据价值的关键所在。

第三节　本章相关法律法规

一、《证券公司和证券投资基金管理公司合规管理办法》（中国证券监督管理委员会令第166号）（2020修正）

第一章　总　　则

第一条　为了促进证券公司和证券投资基金管理公司加强内部合规管理，实现持续规范发展，根据《中华人民共和国公司法》《中华人民共和国证券法》《中华人民共和国证券投资基金法》和《证券公司监督管理条例》，制定本办法。

第二条　在中华人民共和国境内设立的证券公司和证券投资基金管理公司（以下统称证券基金经营机构）应当按照本办法实施合规管理。

本办法所称合规，是指证券基金经营机构及其工作人员的经营管理和执业行为符合法律、法规、规章及规范性文件、行业规范和自律规则、公司内部规章制度，以及行业普遍遵守的职业道德和行为准则（以下统称法律法规和准则）。

本办法所称合规管理，是指证券基金经营机构制定和执行合规管理制度，建立合规管理机制，防范合规风险的行为。

本办法所称合规风险，是指因证券基金经营机构或其工作人员的经营管理或执业行为违反法律法规和准则而使证券基金经营机构被依法追究法律责任、采取监管措施、给予纪律处分、出现财产损失或商业信誉损失的风险。

第三条　证券基金经营机构的合规管理应当覆盖所有业务，各部门、各分支机构、各层级子公司和全体工作人员，贯穿决策、执行、监督、反馈等各个环节。

第四条 证券基金经营机构应当树立全员合规、合规从管理层做起、合规创造价值、合规是公司生存基础的理念，倡导和推进合规文化建设，培育全体工作人员合规意识，提升合规管理人员职业荣誉感和专业化、职业化水平。

第五条 中国证券监督管理委员会（以下简称中国证监会）依法对证券基金经营机构合规管理工作实施监督管理。中国证监会派出机构按照授权履行监督管理职责。

中国证券业协会、中国证券投资基金业协会等自律组织（以下简称协会）依照本办法制定实施细则，对证券基金经营机构合规管理工作实施自律管理。

第二章 合规管理职责

第六条 证券基金经营机构开展各项业务，应当合规经营、勤勉尽责，坚持客户利益至上原则，并遵守下列基本要求：

（一）充分了解客户的基本信息、财务状况、投资经验、投资目标、风险偏好、诚信记录等信息并及时更新。

（二）合理划分客户类别和产品、服务风险等级，确保将适当的产品、服务提供给适合的客户，不得欺诈客户。

（三）持续督促客户规范证券发行行为，动态监控客户交易活动，及时报告、依法处置重大异常行为，不得为客户违规从事证券发行、交易活动提供便利。

（四）严格规范工作人员执业行为，督促工作人员勤勉尽责，防范其利用职务便利从事违法违规、超越权限或者其他损害客户合法权益的行为。

（五）有效管理内幕信息和未公开信息，防范公司及其工作人员利用该信息买卖证券、建议他人买卖证券，或者泄露该信息。

（六）及时识别、妥善处理公司与客户之间、不同客户之间、公司不同业务之间的利益冲突，切实维护客户利益，公平对待客户。

（七）依法履行关联交易审议程序和信息披露义务，保证关联交易的公允性，防止不正当关联交易和利益输送。

（八）审慎评估公司经营管理行为对证券市场的影响，采取有效措施，防止扰乱市场秩序。

第七条　证券基金经营机构董事会决定本公司的合规管理目标，对合规管理的有效性承担责任，履行下列合规管理职责：

（一）审议批准合规管理的基本制度；

（二）审议批准年度合规报告；

（三）决定解聘对发生重大合规风险负有主要责任或者领导责任的高级管理人员；

（四）决定聘任、解聘、考核合规负责人，决定其薪酬待遇；

（五）建立与合规负责人的直接沟通机制；

（六）评估合规管理有效性，督促解决合规管理中存在的问题；

（七）公司章程规定的其他合规管理职责。

第八条　证券基金经营机构的监事会或者监事履行下列合规管理职责：

（一）对董事、高级管理人员履行合规管理职责的情况进行监督；

（二）对发生重大合规风险负有主要责任或者领导责任的董事、高级管理人员提出罢免的建议；

（三）公司章程规定的其他合规管理职责。

第九条　证券基金经营机构的高级管理人员负责落实合规管理目标，对合规运营承担责任，履行下列合规管理职责：

（一）建立健全合规管理组织架构，遵守合规管理程序，配备充足、适当的合规管理人员，并为其履行职责提供充分的人力、物力、财力、技术支持和保障；

（二）发现违法违规行为及时报告、整改，落实责任追究；

（三）公司章程规定或者董事会确定的其他合规管理职责。

第十条　证券基金经营机构各部门、各分支机构和各层级子公司（以下统称下属各单位）负责人负责落实本单位的合规管理目标，对本单位合规运营承担责任。

证券基金经营机构全体工作人员应当遵守与其执业行为有关的法律、法规和准则，主动识别、控制其执业行为的合规风险，并对其执业行为的合规性承担责任。

下属各单位及工作人员发现违法违规行为或者合规风险隐患时，应当主动及时向合规负责人报告。

第十一条 证券基金经营机构设合规负责人。合规负责人是高级管理人员,直接向董事会负责,对本公司及其工作人员的经营管理和执业行为的合规性进行审查、监督和检查。

合规负责人不得兼任与合规管理职责相冲突的职务,不得负责管理与合规管理职责相冲突的部门。

证券基金经营机构的章程应当对合规负责人的职责、任免条件和程序等作出规定。

第十二条 证券基金经营机构合规负责人应当组织拟定合规管理的基本制度和其他合规管理制度,督导下属各单位实施。

合规管理的基本制度应当明确合规管理的目标、基本原则、机构设置及其职责,违法违规行为及合规风险隐患的报告、处理和责任追究等内容。

法律法规和准则发生变动的,合规负责人应当及时建议董事会或高级管理人员并督导有关部门,评估其对合规管理的影响,修改、完善有关制度和业务流程。

第十三条 合规负责人应当对证券基金经营机构内部规章制度、重大决策、新产品和新业务方案等进行合规审查,并出具书面合规审查意见。

中国证监会及其派出机构、自律组织要求对证券基金经营机构报送的申请材料或报告进行合规审查的,合规负责人应当审查,并在该申请材料或报告上签署合规审查意见。其他相关高级管理人员等人员应当对申请材料或报告中基本事实和业务数据的真实性、准确性及完整性负责。

证券基金经营机构不采纳合规负责人的合规审查意见的,应当将有关事项提交董事会决定。

第十四条 合规负责人应当按照中国证监会及其派出机构的要求和公司规定,对证券基金经营机构及其工作人员经营管理和执业行为的合规性进行监督检查。

合规负责人应当协助董事会和高级管理人员建立和执行信息隔离墙、利益冲突管理和反洗钱制度,按照公司规定为高级管理人员、下属各单位提供合规咨询、组织合规培训,指导和督促公司有关部门处理涉及公司和工作人员违法违规行为的投诉和举报。

第十五条　合规负责人应当按照公司规定，向董事会、经营管理主要负责人报告证券基金经营机构经营管理合法合规情况和合规管理工作开展情况。

合规负责人发现证券基金经营机构存在违法违规行为或合规风险隐患的，应当依照公司章程规定及时向董事会、经营管理主要负责人报告，提出处理意见，并督促整改。合规负责人应当同时督促公司及时向中国证监会相关派出机构报告；公司未及时报告的，应当直接向中国证监会相关派出机构报告；有关行为违反行业规范和自律规则的，还应当向有关自律组织报告。

第十六条　合规负责人应当及时处理中国证监会及其派出机构和自律组织要求调查的事项，配合中国证监会及其派出机构和自律组织对证券基金经营机构的检查和调查，跟踪和评估监管意见和监管要求的落实情况。

第十七条　合规负责人应当将出具的合规审查意见、提供的合规咨询意见、签署的公司文件、合规检查工作底稿等与履行职责有关的文件、资料存档备查，并对履行职责的情况作出记录。

第三章　合规管理保障

第十八条　合规负责人应当通晓相关法律法规和准则，诚实守信，熟悉证券、基金业务，具有胜任合规管理工作需要的专业知识和技能，并具备下列任职条件：

（一）从事证券、基金工作10年以上，并且通过中国证券业协会或中国证券投资基金业协会组织的合规管理人员胜任能力考试；或者从事证券、基金工作5年以上，并且通过法律职业资格考试；或者在证券监管机构、证券基金业自律组织任职5年以上；

（二）最近3年未被金融监管机构实施行政处罚或采取重大行政监管措施；

（三）中国证监会规定的其他条件。

第十九条　证券基金经营机构聘任合规负责人，应当向中国证监会相关派出机构报送人员简历及有关证明材料。证券公司合规负责人应当经中国证监会相关派出机构认可后方可任职。

合规负责人任期届满前，证券基金经营机构解聘的，应当有正当理由，并在有关董事会会议召开10个工作日前将解聘理由书面报告中国证监会相关派出机构。

前款所称正当理由,包括合规负责人本人申请,或被中国证监会及其派出机构责令更换,或确有证据证明其无法正常履职、未能勤勉尽责等情形。

第二十条 合规负责人不能履行职务或缺位时,应当由证券基金经营机构董事长或经营管理主要负责人代行其职务,并自决定之日起3个工作日内向中国证监会相关派出机构书面报告,代行职务的时间不得超过6个月。

合规负责人提出辞职的,应当提前1个月向公司董事会提出申请,并向中国证监会相关派出机构报告。在辞职申请获得批准之前,合规负责人不得自行停止履行职责。

合规负责人缺位的,公司应当在6个月内聘请符合本办法第十八条规定的人员担任合规负责人。

第二十一条 证券基金经营机构应当设立合规部门。合规部门对合规负责人负责,按照公司规定和合规负责人的安排履行合规管理职责。合规部门不得承担与合规管理相冲突的其他职责。

证券基金经营机构应当明确合规部门与其他内部控制部门之间的职责分工,建立内部控制部门协调互动的工作机制。

第二十二条 证券基金经营机构应当为合规部门配备足够的、具备与履行合规管理职责相适应的专业知识和技能的合规管理人员。合规部门中具备3年以上证券、金融、法律、会计、信息技术等有关领域工作经历的合规管理人员数量不得低于公司总部人数的一定比例,具体比例由协会规定。

第二十三条 证券基金经营机构各业务部门、各分支机构应当配备符合本办法第二十二条规定的合规管理人员。

合规管理人员可以兼任与合规管理职责不相冲突的职务。合规风险管控难度较大的部门和分支机构应当配备专职合规管理人员。

第二十四条 证券基金经营机构应当将各层级子公司的合规管理纳入统一体系,明确子公司向母公司报告的合规管理事项,对子公司的合规管理制度进行审查,对子公司经营管理行为的合规性进行监督和检查,确保子公司合规管理工作符合母公司的要求。

从事另类投资、私募基金管理、基金销售等活动的子公司,应当由证券基金经营机构选派人员作为子公司高级管理人员负责合规管理工作，并由合规负责人考核和管理。

第二十五条　证券基金经营机构应当保障合规负责人和合规管理人员充分履行职责所需的知情权和调查权。

证券基金经营机构召开董事会会议、经营决策会议等重要会议以及合规负责人要求参加或者列席的会议的，应当提前通知合规负责人。合规负责人有权根据履职需要参加或列席有关会议，查阅、复制有关文件、资料。

合规负责人根据履行职责需要，有权要求证券基金经营机构有关人员对相关事项作出说明，向为公司提供审计、法律等中介服务的机构了解情况。

合规负责人认为必要时，可以证券基金经营机构名义直接聘请外部专业机构或人员协助其工作，费用由公司承担。

第二十六条　证券基金经营机构应当保障合规负责人和合规管理人员的独立性。

证券基金经营机构的股东、董事和高级管理人员不得违反规定的职责和程序，直接向合规负责人下达指令或者干涉其工作。

证券基金经营机构的董事、监事、高级管理人员和下属各单位应当支持和配合合规负责人、合规部门及本单位合规管理人员的工作，不得以任何理由限制、阻挠合规负责人、合规部门和合规管理人员履行职责。

第二十七条　合规部门及专职合规管理人员由合规负责人考核。对兼职合规管理人员进行考核时，合规负责人所占权重应当超过50%。证券基金经营机构应当制定合规负责人、合规部门及专职合规管理人员的考核管理制度，不得采取其他部门评价、以业务部门的经营业绩为依据等不利于合规独立性的考核方式。

证券基金经营机构董事会对合规负责人进行年度考核时，应当就其履行职责情况及考核意见书面征求中国证监会相关派出机构的意见，中国证监会相关派出机构可以根据掌握的情况建议董事会调整考核结果。证券基金经营机构对高级管理人员和下属各单位的考核应当包括合规负责人对其合规管理有效性、经营管理和执业行为合规性的专项考核内容。合规性专项考核占总考核结果的比例不得低于协会的规定。

第二十八条 证券基金经营机构应当制定合规负责人与合规管理人员的薪酬管理制度。合规负责人工作称职的,其年度薪酬收入总额在公司高级管理人员年度薪酬收入总额中的排名不得低于中位数;合规管理人员工作称职的,其年度薪酬收入总额不得低于公司同级别人员的平均水平。

第二十九条 中国证监会及其派出机构和自律组织支持证券基金经营机构合规负责人依法开展工作,组织行业合规培训和交流,并督促证券基金经营机构为合规负责人提供充足的履职保障。

第四章 监督管理与法律责任

第三十条 证券基金经营机构应当在报送年度报告的同时向中国证监会相关派出机构报送年度合规报告。年度合规报告包括下列内容:

(一)证券基金经营机构和各层级子公司合规管理的基本情况;

(二)合规负责人履行职责情况;

(三)违法违规行为、合规风险隐患的发现及整改情况;

(四)合规管理有效性的评估及整改情况;

(五)中国证监会及其派出机构要求或证券基金经营机构认为需要报告的其他内容。

证券基金经营机构的董事、高级管理人员应当对年度合规报告签署确认意见,保证报告的内容真实、准确、完整;对报告内容有异议的,应当注明意见和理由。

第三十一条 证券基金经营机构应当组织内部有关机构和部门或者委托具有专业资质的外部专业机构对公司合规管理的有效性进行评估,及时解决合规管理中存在的问题。对合规管理有效性的全面评估,每年不得少于1次。委托具有专业资质的外部专业机构进行的全面评估,每3年至少进行1次。

中国证监会及其派出机构发现证券基金经营机构存在违法违规行为或重大合规风险隐患的,可以要求证券基金经营机构委托指定的具有专业资质的外部专业机构对公司合规管理的有效性进行评估,并督促其整改。

第三十二条 证券基金经营机构违反本办法规定的,中国证监会可以采取出具警示函、责令定期报告、责令改正、监管谈话等行政监管措施;对直接负责的董事、监事、高级管理人员和其他责任人员，可以采取出具警示函、责令参加培训、责令改正、监管谈话、认定为不适当人选等行政监管措施。

证券基金经营机构违反本办法规定导致公司出现治理结构不健全、内部控制不完善等情形的，对证券基金经营机构及其直接负责的董事、监事、高级管理人员和其他直接责任人员，依照《中华人民共和国证券投资基金法》第二十四条、《证券公司监督管理条例》第七十条采取行政监管措施。

第三十三条　合规负责人违反本办法规定的，中国证监会可以采取出具警示函、责令参加培训、责令改正、监管谈话、认定为不适当人选等行政监管措施。

第三十四条　证券基金经营机构的董事、监事、高级管理人员未能勤勉尽责，致使公司存在重大违法违规行为或者重大合规风险的，依照《中华人民共和国证券法》第一百四十条、第一百四十二条、《中华人民共和国证券投资基金法》第二十五条采取行政监管措施。

第三十五条　证券基金经营机构违反本办法第十八条、第十九条、第二十条、第二十一条、第二十二条、第二十三条、第二十四条、第二十五条、第二十六条、第二十七条、第二十八条规定，情节严重的，对证券基金经营机构及其直接负责的董事、监事、高级管理人员和其他直接责任人员，处以警告、3 万元以下罚款。

合规负责人未按照本办法第十五条第二款的规定及时向中国证监会相关派出机构报告重大违法违规行为的，处以警告、3 万元以下罚款。

第三十六条　证券基金经营机构通过有效的合规管理，主动发现违法违规行为或合规风险隐患，积极妥善处理，落实责任追究，完善内部控制制度和业务流程并及时向中国证监会或其派出机构报告的，依法从轻、减轻处理；情节轻微并及时纠正违法违规行为或避免合规风险，没有造成危害后果的，不予追究责任。

对于证券基金经营机构的违法违规行为，合规负责人已经按照本办法的规定尽职履行审查、监督、检查和报告职责的，不予追究责任。

第五章　附　　则

第三十七条　本办法下列用语的含义：

（一）合规负责人，包括证券公司的合规总监和证券投资基金管理公司的督察长。

（二）中国证监会相关派出机构，包括证券公司住所地的中国证监会派出机构，和证券投资基金管理公司住所地或者经营所在地的中国证监会派出机构。

第三十八条 中国证监会根据审慎监管的原则，可以提高对行业重要性证券基金经营机构的合规管理要求，并可以采取增加现场检查频率、强化合规负责人任职监管、委托外部专业机构协助开展工作等方式加强合规监管。

前款所称行业重要性证券基金经营机构，是指中国证监会认定的，公司内部经营活动可能导致证券基金行业、证券市场产生重大风险的证券基金经营机构。

第三十九条 开展公开募集证券投资基金管理业务的保险资产管理机构、私募资产管理机构等，参照本办法执行。

第四十条 本办法自2017年10月1日起施行。《证券投资基金管理公司督察长管理规定》（证监基金字〔2006〕85号）、《证券公司合规管理试行规定》（证监会公告〔2008〕30号）同时废止。

二、《关于加强中资商业银行境外机构合规管理长效机制建设的指导意见》（银保监办发〔2019〕13号）

各银保监局，各大型银行、股份制银行：

为推动在境外设有经营性机构的中资商业银行（以下简称中资商业银行）进一步优化集团合规管理体系，健全跨境合规管理机制，提高跨境合规管理有效性，实现境外机构安全稳健运行，现提出以下意见：

一、总体要求

（一）工作目标

中资商业银行应当牢固树立合规创造价值、合规保障发展的理念，对标合规监管标准，引入同业最佳实践，推动内部合规管理制度、流程及执行落地的全方位、深层次优化变革，打造集团统一、全面有效的跨境合规管理体系，有效维护境外金融资产安全，提升核心竞争力。

（二）基本原则

制度约束与文化培育相结合。建立健全合规管理体系，着力补齐合规管理短板，将合规文化作为企业文化建设的重要内容，不断提升员工的合规意识和行为自觉，严守依法合规经营底线。

适当性和实操性相结合。境外机构合规机制建设和管理水平应与境外发展战略、经营规模和业务复杂程度相匹配，并应定期评估和适时更新相关制度和流程，确保实效性与可操作性。

内生驱动和外部监督相统一。着眼长远发展，强化内部治理、资源保障和激励约束。主动加强监管沟通，将监管要求内化于自身管理，提升合规管理有效性。

总部引领和境外机构践行相统一。完善集团合规责任、管控、履职和保障机制，加强总部对境外机构合规管理的指导、支持和管控力度，确保境外机构将安全、质量、稳健作为首要经营目标。

二、健全合规责任机制

（三）明确各层级主要负责人的责任。董事会应审议批准和监督集团合规政策的制定和实施，对经营活动的合规性负最终责任。监事会应对董事会和高级管理层合规管理职责的履职情况负监督责任。高级管理层应有效管理合规风险，制定和执行合规政策，明确合规管理组织架构，识别主要合规风险，审核批准合规风险管理计划。总部主要负责人应承担集团合规管理的首要责任。各业务条线和境外机构主要负责人应承担本条线和本机构合规经营的首要责任。

（四）明确总部各部门条线管理和监督责任。总部应指定相关管理部门或设立专门团队牵头负责境外机构合规管理，统筹协调各业务条线管理部门加大对境外机构的合规培训、指导力度。各业务条线管理部门承担本条线合规经营的主要管理责任，按照有关权限对境外机构开展检查。内部审计部门应承担境外合规管理适当性和有效性的审计评价责任。

（五）落实整改责任。总部应从境外机构监管检查或第三方评估、总部和境外机构内部和外部审计等发现的合规问题入手，审视集团合规框架的缺陷与不足，加强顶层设计，坚持标本兼治、举一反三，结合监管标准和同业最佳实践，承担起制定系统性整改计划和完善合规管理长效机制的责任。各业务条线和境外机构要把合规经营和问题整改有机结合起来，有效承担具体问题的整改落实责任。

（六）严格违规问责。总部应指导境外机构加快制定完善违规问责处理办法，明确问责依据、标准和流程。坚持"尽职免责、失职问责"原则，对合规风险事件责任人进行责任认定。对于存在失职渎职或违法违规的，要严格追究相应责任，加大问责和通报力度，强化警示震慑作用。

三、优化合规管控机制

（七）动态优化境外发展战略。总部应结合国别环境、经济状况、金融监管等因素，持续监控境外机构发展状况，前瞻审慎地识别、评估和应对各类风险，适时优化境外发展战略，并加强对进入新市场或新业务领域的可行性研究和事前审查，确保管理能力与国际化进程相匹配。

（八）健全合规制度流程。总部及境外机构应充分了解东道国（地区）法律法规和监管要求，认真梳理、更新和优化反洗钱、反恐怖融资、反逃税、制裁合规、消费者保护、网络安全、外包管理、环境与社会风险管理等重点领域的制度，明确操作流程和关键控制点，加强对金融犯罪防范的统筹管理，实现合规管理对业务领域、操作流程的全覆盖。

（九）实施差异化的机构管理。总部应建立新设机构开业合规验收机制，并给予新设机构一定盈利宽限期，避免其因追求短期盈利而弱化合规管控。对于拟并购的机构，应严格开展并购准备阶段尽职调查，稳妥推进内部整合，确保合规管理水平达标。对于合规风险较为突出的境外机构，总部应加大指导督促力度。探索建立境外区域性管理中心，优化管理范围和管理链条，提升集约化管理水平。

（十）强化业务及产品合规审查和风险监测。提高境外机构相关产品和业务合规审查有效性，确保符合东道国（地区）监管要求。总部及境内外机构应实施集团统一的合规政策，完善跨境联动协调机制，境外机构在客户准入、交易监控等环节应按照孰严原则执行有关合规标准。总部应采取有效方式加强对境外机构重点业务领域的合规风险监测，促进境外机构提升合规管理和操作执行水平。

四、改进合规履职机制

（十一）前移跨境合规风险管控关口。压实一道防线识别、评估、监测、报告、控制或缓释跨境合规风险的直接责任，确保绩效考核与合规管控效果有效挂钩。及时有效开展业务合规风险自评估并采取相应管理措施，提高对客户和业务尽职调查的质量，将合规审批嵌入前台业务部门和一线经营主体的业务流程及系统。

（十二）提升二道、三道防线的独立性和权威性。在总部高级管理层中明确合规负责人，明确合规负责人不得分管业务条线，其合规管理职责与其承担的任何其他职责间不应存在利益冲突。充分保障境外机构合规官履职独立性。各级合规管理部门应具备在事前审查、事中审批和事后评价中提出否决意见的权力，有效指导一道防线的合规工作。各级内部审计部门应定期独立评价合规管理职能的履行情况。总部内部审计部门应对境外分支机构内部审计部门实施垂直考核，加强对境外附属机构内部审计机制建设和内部审计工作的指导。提高各级机构管理层和上级主管部门对合规、风险管理部门的考核权重。

（十三）强化合规报告。总部合规负责人除向高级管理层报告外，还应加强与董事会、监事会及下设相关委员会的沟通。境外机构合规官除向本机构主要负责人报告外，还应在公司治理框架下加强与上级机构合规管理部门的沟通。内容包括但不限于境外机构被采取监管强制措施等重大合规风险事件、潜在合规风险和管理问题、监管沟通情况。对于迟报、瞒报合规风险事件的，要从严从重处罚。总部合规负责人发现本集团跨境经营中存在重大违规隐患，应及时向监管机构报告。境外机构应建立明确有效的诚信举报机制，员工应有权向本级机构管理层和上级机构举报合规问题线索，并得到充分保护。

（十四）完善问题整改的确认和验证机制。合规管理部门应牵头建立境外机构监管检查发现问题整改跟踪台账，督导问题责任部门（机构）制定切实可行的整改计划，加强整改质量控制和过程控制，严守整改时间节点。业务部门的整改结果应由上级机构主管部门及本级机构合规管理部门确认，合规管理部门的整改结果应由上级机构合规管理部门确认。经确认后，应由内部审计部门负责对整改成效进行验证。对于境外分支机构重大问题的整改成效，总部内部审计部门应开展独立验证，必要时可引入外部独立第三方验证，以确认整改效果的有效性和可持续性。

五、强化合规保障机制

（十五）健全合规资源投入保障机制。结合境外机构合规风险状况以及所在地经营环境和同业实践，制定实施主动、前瞻的合规资源配置计划，并动态重检优化，确保满足境外机构合规管理工作需要。境外机构应结合监管要求和本机构特点，优化资源配置，加大合规投入，确保合规管理能力与业务发展相适应。

（十六）改进境外机构负责人及重要岗位人员管理。优化境外机构负责人及重要岗位人员选派机制，加强对其履职的全程监督，确保其任职资格持续符合东道国（地区）法律法规和监管要求。境外附属机构董事长原则上应为专职，东道国（地区）法律法规或监管要求必须由非执行董事或独立董事担任的，应确保其有足够时间和精力充分履职。总部应加强对境外分支机构关键合规、审计岗位人员的资质管理。改进境外机构合规官市场化选聘机制，优先选聘熟悉东道国（地区）金融监管环境、监管机构认可度高的合规官，通过培训、述职、审计等方式，提高合规官的职业归属感和履职有效性。

（十七）完善合规激励约束机制。总部应在各级机构、业务部门及其管理人员绩效考核中赋予合规管理指标较高权重，强化对境外机构高级管理人员的绩效考核、薪酬延期支付和追索扣回管理。建立境外机构管理人员履职档案和责任追究机制，将合规履职情况与相关人员考核、晋升等挂钩。

（十八）加强合规文化培育、人才培养和全员合规能力建设。树立合规是集团内所有员工的共同责任的理念，推行诚信与正直的职业操守和价值观念，高层管理人员应率先垂范，增强全体员工的合规意识。建立与跨境合规管理目标相匹配的人力资源管理体系，统筹规划合规专业人员配备，确保在岗人员合规能力充足。通过自主培养、对外招聘等方式，充实国际合规人才储备，提升合规、审计人员专业素质。对包括各级机构董事、监事和高级管理人员在内的不同岗位员工，制定实施有针对性的培训计划，持续更新培训内容，实现合规培训对全体员工的全覆盖，并通过随机抽查、闭卷测试等多种方式对培训成效进行验证。培训活动应形成书面记录。

（十九）强化信息科技系统支持。加快客户尽职调查、反洗钱异常交易监控、制裁名单筛查及监测、监管发现问题整改跟踪等各类合规管理信息系统的建设和应用，根据业务发展需要和监管要求持续优化升级相关系统，提高对系统、模型验证的及时性和有效性，提升系统控制能力。在符合境内外相关法律法规前提下，加强总部与境外机构系统的对接，提高数据的准确性、完整性和及时性，推动集团跨境、跨条线合规数据的集中分析和信息共享，充分满足内部管理和监管报送要求。

（二十）严格外部服务机构管理。加强对律师事务所、会计师事务所、咨询机构、IT 服务供应商等境外机构外部服务商的选聘管理，加强外包风险管理，强化服务质量控制，合法有效转化技术成果。

六、加强监管沟通机制

（二十一）加强日常监管沟通。总部董事和高级管理人员应充分了解、客观评价境外机构合规和风险状况。总部应加强与境外监管机构的沟通，增进双方理解。境外机构主要负责人应将与东道国（地区）监管机构的主动沟通纳入基本工作职责。境外机构应积极配合境外监管现场检查等监管工作，及时、准确向监管机构反馈相关情况。

（二十二）有效回应监管关注事项。总部和境外机构应认真分析和透彻理解监管要求及其内在逻辑，及时回应监管关切，制定并采取有效改进措施，消除风险隐患。建立健全重大合规风险事件的快速响应和处置机制，及时向监管机构报告处置进展，认真履行整改承诺。

七、完善跨境监管机制

（二十三）完善监管信息报送机制。总部应及时向银行保险监督管理机构报送境外机构合规管理长效机制建设的重大进展情况，发现境外重大违规事件应按照重大事项报告制度的规定及时报告。

(二十四)加强对重点机构和业务领域跨境监管。银行保险监督管理机构应将中资商业银行境外机构合规管理情况纳入监管评级体系。提高对境外重要性实体的监管关注,加大对业务复杂程度较高和合规压力较大的境外机构合规风险监测力度。加强对国别风险、反洗钱和反恐怖融资等重点领域的监管。

(二十五)深化跨境监管合作。银行保险监督管理机构应积极利用各类机制和渠道,深化多边、双边监管合作。加强与东道国(地区)监管机构的沟通与互访,及时掌握境外机构合规管理情况,增进监管互信,提高跨境监管有效性。

境外设有经营性机构的政策性银行、境外设有保险类分支机构的中资保险机构参照本指导意见执行。

三、《保险公司合规管理办法》(保监发〔2016〕116号)

第一章 总 则

第一条 为了加强保险公司合规管理,发挥公司治理机制作用,根据《中华人民共和国公司法》《中华人民共和国保险法》和《保险公司管理规定》等法律、行政法规和规章,制定本办法。

第二条 本办法所称的合规是指保险公司及其保险从业人员的保险经营管理行为应当符合法律法规、监管规定、公司内部管理制度以及诚实守信的道德准则。

本办法所称的合规风险是指保险公司及其保险从业人员因不合规的保险经营管理行为引发法律责任、财务损失或者声誉损失的风险。

第三条 合规管理是保险公司通过建立合规管理机制,制定和执行合规政策,开展合规审核、合规检查、合规风险监测、合规考核以及合规培训等,预防、识别、评估、报告和应对合规风险的行为。合规管理是保险公司全面风险管理的一项重要内容,也是实施有效内部控制的一项基础性工作。

保险公司应当按照本办法的规定,建立健全合规管理制度,完善合规管理组织架构,明确合规管理责任,构建合规管理体系,推动合规文化建设,有效识别并积极主动防范、化解合规风险,确保公司稳健运营。

第四条　保险公司应当倡导和培育良好的合规文化，努力培育公司全体保险从业人员的合规意识，并将合规文化建设作为公司文化建设的一个重要组成部分。

保险公司董事会和高级管理人员应当在公司倡导诚实守信的道德准则和价值观念，推行主动合规、合规创造价值等合规理念，促进保险公司内部合规管理与外部监管的有效互动。

第五条　保险集团（控股）公司应当建立集团整体的合规管理体系，加强对全集团合规管理的规划、领导和监督，提高集团整体合规管理水平。各成员公司应当贯彻落实集团整体合规管理要求，对自身合规管理负责。

第六条　中国保监会及其派出机构依法对保险公司合规管理实施监督检查。

第二章　董事会、监事会和总经理的合规职责

第七条　保险公司董事会对公司的合规管理承担最终责任，履行以下合规职责：

（一）审议批准合规政策，监督合规政策的实施，并对实施情况进行年度评估；

（二）审议批准并向中国保监会提交公司年度合规报告，对年度合规报告中反映出的问题，提出解决方案；

（三）决定合规负责人的聘任、解聘及报酬事项；

（四）决定公司合规管理部门的设置及其职能；

（五）保证合规负责人独立与董事会、董事会专业委员会沟通；

（六）公司章程规定的其他合规职责。

第八条　保险公司董事会可以授权专业委员会履行以下合规职责：

（一）审核公司年度合规报告；

（二）听取合规负责人和合规管理部门有关合规事项的报告；

（三）监督公司合规管理，了解合规政策的实施情况和存在的问题，并向董事会提出意见和建议；

（四）公司章程规定或者董事会确定的其他合规职责。

第九条 保险公司监事或者监事会履行以下合规职责：

(一)监督董事和高级管理人员履行合规职责的情况；

(二)监督董事会的决策及决策流程是否合规；

(三)对引发重大合规风险的董事、高级管理人员提出罢免的建议；

(四)向董事会提出撤换公司合规负责人的建议；

(五)依法调查公司经营中引发合规风险的相关情况，并可要求公司相关高级管理人员和部门协助；

(六)公司章程规定的其他合规职责。

第十条 保险公司总经理履行以下合规职责：

(一)根据董事会的决定建立健全公司合规管理组织架构，设立合规管理部门，并为合规负责人和合规管理部门履行职责提供充分条件；

(二)审核公司合规政策，报经董事会审议后执行；

(三)每年至少组织一次对公司合规风险的识别和评估，并审核公司年度合规管理计划；

(四)审核并向董事会或者其授权的专业委员会提交公司年度合规报告；

(五)发现公司有不合规的经营管理行为的，应当及时制止并纠正，追究违规责任人的相应责任，并按规定进行报告；

(六)公司章程规定、董事会确定的其他合规职责。

保险公司分公司和中心支公司总经理应当履行前款第三项和第五项规定的合规职责，以及保险公司确定的其他合规职责。

第三章 合规负责人和合规管理部门

第十一条 保险公司应当设立合规负责人。合规负责人是保险公司的高级管理人员。合规负责人不得兼管公司的业务、财务、资金运用和内部审计部门等可能与合规管理存在职责冲突的部门，保险公司总经理兼任合规负责人的除外。

本条所称的业务部门指保险公司设立的负责销售、承保和理赔等保险业务的部门。

第十二条 保险公司任命合规负责人，应当依据《保险公司董事、监事和高级管理人员任职资格管理规定》及中国保监会的有关规定申请核准其任职资格。

保险公司解聘合规负责人的，应当在解聘后10个工作日内向中国保监会报告并说明正当理由。

第十三条　保险公司合规负责人对董事会负责，接受董事会和总经理的领导，并履行以下职责：

（一）全面负责公司的合规管理工作，领导合规管理部门；

（二）制定和修订公司合规政策，制订公司年度合规管理计划，并报总经理审核；

（三）将董事会审议批准后的合规政策传达给保险从业人员，并组织执行；

（四）向总经理、董事会或者其授权的专业委员会定期提出合规改进建议，及时报告公司和高级管理人员的重大违规行为；

（五）审核合规管理部门出具的合规报告等合规文件；

（六）公司章程规定或者董事会确定的其他合规职责。

第十四条　保险公司总公司及省级分公司应当设置合规管理部门。保险公司应当根据业务规模、组织架构和风险管理工作的需要，在其他分支机构设置合规管理部门或者合规岗位。

保险公司分支机构的合规管理部门、合规岗位对上级合规管理部门或者合规岗位负责，同时对其所在分支机构的负责人负责。

保险公司应当以合规政策或者其他正式文件的形式，确立合规管理部门和合规岗位的组织结构、职责和权利，并规定确保其独立性的措施。

第十五条　保险公司应当确保合规管理部门和合规岗位的独立性，并对其实行独立预算和考评。合规管理部门和合规岗位应当独立于业务、财务、资金运用和内部审计部门等可能与合规管理存在职责冲突的部门。

第十六条　合规管理部门履行以下职责：

（一）协助合规负责人制订、修订公司的合规政策和年度合规管理计划，并推动其贯彻落实，协助高级管理人员培育公司的合规文化；

（二）组织协调公司各部门和分支机构制订、修订公司合规管理规章制度；

（三）组织实施合规审核、合规检查；

（四）组织实施合规风险监测，识别、评估和报告合规风险；

（五）撰写年度合规报告；

（六）为公司新产品和新业务的开发提供合规支持，识别、评估合规风险；

（七）组织公司反洗钱等制度的制订和实施；

（八）开展合规培训，推动保险从业人员遵守行为准则，并向保险从业人员提供合规咨询；

（九）审查公司重要的内部规章制度和业务规程，并依据法律法规、监管规定和行业自律规则的变动和发展，提出制订或者修订公司内部规章制度和业务规程的建议；

（十）保持与监管机构的日常工作联系，反馈相关意见和建议；

（十一）组织或者参与实施合规考核和问责；

（十二）董事会确定的其他合规管理职责。

合规岗位的具体职责，由公司参照前款规定确定。

第十七条 保险公司应当保障合规负责人、合规管理部门和合规岗位享有以下权利：

（一）为了履行合规管理职责，通过参加会议、查阅文件、调取数据、与有关人员交谈、接受合规情况反映等方式获取信息；

（二）对违规或者可能违规的人员和事件进行独立调查，可外聘专业人员或者机构协助工作；

（三）享有通畅的报告渠道，根据董事会确定的报告路线向总经理、董事会授权的专业委员会、董事会报告；

（四）董事会确定的其他权利。

董事会和高级管理人员应当支持合规管理部门、合规岗位和合规人员履行工作职责，并采取措施切实保障合规管理部门、合规岗位和合规人员不因履行职责遭受不公正的对待。

第十八条 保险公司应当根据业务规模、人员数量、风险水平等因素为合规管理部门或者合规岗位配备足够的专职合规人员。

保险公司总公司和省级分公司应当为合规管理部门以外的其他各部门配备兼职合规人员。有条件的保险公司应当为省级分公司以外的其他分支机构配备兼职合规人员。保险公司应当建立兼职合规人员激励机制,促进兼职合规人员履职尽责。

第十九条 合规人员应当具有与其履行职责相适应的资质和经验,具有法律、保险、财会、金融等方面的专业知识,并熟练掌握法律法规、监管规定、行业自律规则和公司内部管理制度。

保险公司应当定期开展系统的教育培训,提高合规人员的专业技能。

第四章 合规管理

第二十条 保险公司应当建立三道防线的合规管理框架,确保三道防线各司其职、协调配合,有效参与合规管理,形成合规管理的合力。

第二十一条 保险公司各部门和分支机构履行合规管理的第一道防线职责,对其职责范围内的合规管理负有直接和第一位的责任。

保险公司各部门和分支机构应当主动进行日常的合规管控,定期进行合规自查,并向合规管理部门或者合规岗位提供合规风险信息或者风险点,支持并配合合规管理部门或者合规岗位的合规风险监测和评估。

第二十二条 保险公司合规管理部门和合规岗位履行合规管理的第二道防线职责。合规管理部门和合规岗位应当按照本办法第十六条规定的职责,向公司各部门和分支机构的业务活动提供合规支持,组织、协调、监督各部门和分支机构开展合规管理各项工作。

第二十三条 保险公司内部审计部门履行合规管理的第三道防线职责,定期对公司的合规管理情况进行独立审计。

第二十四条 保险公司应当在合规管理部门与内部审计部门之间建立明确的合作和信息交流机制。内部审计部门在审计结束后,应当将审计情况和结论通报合规管理部门;合规管理部门也可以根据合规风险的监测情况主动向内部审计部门提出开展审计工作的建议。

第二十五条 保险公司应当制订合规政策,经董事会审议通过后报中国保监会备案。

合规政策是保险公司进行合规管理的纲领性文件,应当包括以下内容:

(一)公司进行合规管理的目标和基本原则;

（二）公司倡导的合规文化；

（三）董事会、高级管理人员的合规责任；

（四）公司合规管理框架和报告路线；

（五）合规管理部门的地位和职责；

（六）公司识别和管理合规风险的主要程序。

保险公司应当定期对合规政策进行评估，并视合规工作需要进行修订。

第二十六条 保险公司应当通过制定相关规章制度，明确保险从业人员行为规范，落实公司的合规政策，并为保险从业人员执行合规政策提供指引。

保险公司应当制定工作岗位的业务操作程序和规范。

第二十七条 保险公司应当定期组织识别、评估和监测以下事项的合规风险：

（一）业务行为；

（二）财务行为；

（三）资金运用行为；

（四）机构管理行为；

（五）其他可能引发合规风险的行为。

第二十八条 保险公司应当明确合规风险报告的路线，规定报告路线涉及的每个人员和机构的职责，明确报告人的报告内容、方式和频率以及接受报告人直接处理或者向上报告的规范要求。

第二十九条 保险公司合规管理部门应当对下列事项进行合规审核：

（一）重要的内部规章制度和业务规程；

（二）重要的业务行为、财务行为、资金运用行为和机构管理行为。

第三十条 保险公司合规管理部门应当按照合规负责人、总经理、董事会或者其授权的专业委员会的要求，在公司内进行合规调查。

合规调查结束后，合规管理部门应当就调查情况和结论制作报告，并报送提出调查要求的机构。

第三十一条 保险公司应当建立有效的合规考核和问责制度，将合规管理作为公司年度考核的重要指标，对各部门、分支机构及其人员的合规职责履行情况进行考核和评价，并追究违法违规事件责任人员的责任。

第三十二条　保险公司合规管理部门应当与公司相关培训部门建立协作机制，制订合规培训计划，定期组织开展合规培训工作。

保险公司董事、监事和高级管理人员应当参加与其职责相关的合规培训。保险从业人员应当定期接受合规培训。

第三十三条　保险公司应当建立有效的信息系统，确保在合规管理工作中能够及时、准确获取有关公司业务、财务、资金运用、机构管理等合规管理工作所需的信息。

第三十四条　保险公司各分支机构主要负责人应当根据本办法和公司合规管理制度，落实上级机构的要求，加强合规管理。

第五章　合规的外部监督

第三十五条　中国保监会根据保险公司发展实际，采取分类指导的原则，加强督导，推动保险公司建立和完善合规管理体系。

第三十六条　中国保监会通过合规报告或者现场检查等方式对保险公司合规管理工作进行监督和评价，评价结果将作为实施风险综合评级的重要依据。

第三十七条　保险公司应当于每年4月30日前向中国保监会提交公司上一年度的年度合规报告。保险公司董事会对合规报告的真实性、准确性、完整性负责。

公司年度合规报告应当包括以下内容：

（一）合规管理状况概述；

（二）合规政策的制订、评估和修订；

（三）合规负责人和合规管理部门的情况；

（四）重要业务活动的合规情况；

（五）合规评估和监测机制的运行；

（六）存在的主要合规风险及应对措施；

（七）重大违规事件及其处理；

（八）合规培训情况；

（九）合规管理存在的问题和改进措施；

（十）其他。

中国保监会可以根据监管需要，要求保险公司报送综合或者专项的合规报告。

中国保监会派出机构可以根据辖区内监管需要，要求保险公司省级分公司书面报告合规工作情况。

第三十八条 保险公司及其相关责任人违反本办法规定的，中国保监会可以根据具体情况采取以下监管措施：

（一）责令限期改正；

（二）调整风险综合评级；

（三）调整公司治理评级；

（四）监管谈话；

（五）行业通报；

（六）其他监管措施。

对拒不改正的，依法予以处罚。

第六章 附 则

第三十九条 本办法适用于在中华人民共和国境内成立的保险公司、保险集团（控股）公司。外国保险公司分公司、保险资产管理公司以及经中国保监会批准成立的其他保险组织参照适用。

保险公司计划单列市分公司参照适用本办法有关保险公司省级分公司的规定。

第四十条 本办法所称保险公司分支机构，是指经中国保监会及其派出机构批准，保险公司依法在境内设立的分公司、中心支公司、支公司、营业部、营销服务部以及各类专属机构。

本办法所称保险从业人员，是指保险公司工作人员以及其他为保险公司销售保险产品的保险销售从业人员。

第四十一条 本办法由中国保监会负责解释。

第四十二条 本办法自2017年7月1日起施行。中国保监会2007年9月7日发布的《保险公司合规管理指引》（保监发〔2007〕91号）同时废止。

四、《经营者反垄断合规指南》(国反垄发〔2020〕1号)

第一章　总　　则

第一条　目的和依据

为鼓励经营者培育公平竞争的合规文化，建立反垄断合规管理制度，提高对垄断行为的认识，防范反垄断合规风险，保障经营者持续健康发展，促进《中华人民共和国反垄断法》(以下简称《反垄断法》)的全面实施，根据《反垄断法》等法律规定，制定本指南。

第二条　适用范围

本指南适用于《反垄断法》规定的经营者。

第三条　基本概念

本指南所称合规，是指经营者及其员工的经营管理行为符合《反垄断法》等法律、法规、规章及其他规范性文件(以下统称反垄断法相关规定)的要求。

本指南所称合规风险，是指经营者及其员工因反垄断不合规行为，引发法律责任、造成经济或者声誉损失以及其他负面影响的可能性。

本指南所称合规管理，是指以预防和降低反垄断合规风险为目的，以经营者及其员工经营管理行为为对象，开展包括制度制定、风险识别、风险应对、考核评价、合规培训等管理活动。

第四条　合规文化倡导

经营者应当诚实守信，公平竞争，倡导和培育良好的合规文化，在生产经营活动中严格守法，避免从事反垄断法相关规定禁止的垄断行为。

第二章　合规管理制度

第五条　建立合规制度

经营者建立并有效执行反垄断合规管理制度，有助于提高经营管理水平，避免引发合规风险，树立依法经营的良好形象。

经营者可以根据业务状况、规模大小、行业特性等，建立反垄断合规管理制度，或者在现有合规管理制度中开展反垄断合规管理专项工作。

第六条　合规承诺

鼓励经营者的高级管理人员作出并履行明确、公开的反垄断合规承诺。鼓励其他员工作出并履行相应的反垄断合规承诺。

经营者可以在相关管理制度中明确有关人员违反承诺的后果。

第七条　合规报告

鼓励经营者全面、有效开展反垄断合规管理工作，防范合规风险。经营者可以向反垄断执法机构书面报告反垄断合规管理制度及实施效果。

第八条　合规管理机构

鼓励具备条件的经营者建立反垄断合规管理部门，或者将反垄断合规管理纳入现有合规管理体系；明确合规工作职责和负责人，完善反垄断合规咨询、合规检查、合规汇报、合规培训、合规考核等内部机制，降低经营者及员工的合规风险。反垄断合规管理部门及其负责人应当具备足够的独立性和权威性，可以有效实施反垄断合规管理。

第九条　合规管理负责人

反垄断合规负责人领导合规管理部门执行决策管理层对反垄断合规管理的各项要求，协调反垄断合规管理与各项业务的关系，监督合规管理执行情况。

鼓励经营者高级管理人员领导或者分管反垄断合规管理部门，承担合规管理的组织实施和统筹协调工作。

第十条　合规管理职责

反垄断合规管理部门和合规管理人员一般履行以下职责：

（一）加强对国内外反垄断法相关规定的研究，推动完善合规管理制度，明确经营者合规管理战略目标和规划等，保障经营者依法开展生产经营活动；

（二）制定经营者内部合规管理办法，明确合规管理要求和流程，督促各部门贯彻落实，确保合规要求融入各项业务领域；

（三）组织开展合规检查，监督、审核、评估经营者及员工经营活动和业务行为的合规性，及时制止并纠正不合规的经营行为，对违规人员进行责任追究或者提出处理建议；

（四）组织或者协助业务部门、人事部门开展反垄断合规教育培训，为业务部门和员工提供反垄断合规咨询；

（五）建立反垄断合规报告和记录台账，组织或者协助业务部门、人事部门将合规责任纳入岗位职责和员工绩效考评体系，建立合规绩效指标；

（六）妥善应对反垄断合规风险事件，组织协调资源配合反垄断执法机构进行调查并及时制定和推动实施整改措施；

（七）其他与经营者反垄断合规有关的工作。

鼓励经营者为反垄断合规管理部门和合规管理人员履行职责提供必要的资源和保障。

第三章　合规风险重点

第十一条　禁止达成垄断协议

经营者不得与其他经营者达成或者组织其他经营者达成《反垄断法》第十三条和第十四条禁止的垄断协议。

是否构成垄断协议、垄断协议的具体表现形式，经营者可以依据《反垄断法》、《禁止垄断协议暂行规定》作出评估、判断。

经营者不得参与或者支持行业协会组织的垄断协议。

经营者因行政机关和法律、法规授权的具有管理公共事务职能的组织滥用行政权力而达成垄断协议的，仍应承担法律责任。

第十二条　禁止滥用市场支配地位

经营者具有市场支配地位的，不得从事反垄断法相关规定所禁止的滥用市场支配地位行为。

经营者是否具有市场支配地位、是否构成滥用市场支配地位的行为，可以依据《反垄断法》、《禁止滥用市场支配地位行为暂行规定》作出评估、判断。

第十三条　依法实施经营者集中

经营者实施《反垄断法》规定的经营者集中行为，达到《国务院关于经营者集中申报标准的规定》第三条所规定的申报标准的，应当依法事先向反垄断执法机构申报，未申报的不得实施集中。

经营者集中未达到《国务院关于经营者集中申报标准的规定》第三条规定的申报标准，参与集中的经营者可以自愿提出申报。对符合《关于经营者集中简易案件适用标准的暂行规定》的经营者集中，经营者可以申请作为简易案件申报。

经营者应当遵守反垄断执法机构依法作出的经营者集中审查决定。

第十四条　经营者的法律责任

经营者违反《反垄断法》,应当依法承担相应的法律责任。

第十五条　承诺制度

对反垄断执法机构调查的涉嫌垄断行为,被调查的经营者承诺在反垄断执法机构认可的期限内采取具体措施消除该行为后果的,反垄断执法机构可以决定中止调查。经营者申请承诺的具体适用标准和程序等可以参考《禁止垄断协议暂行规定》、《禁止滥用市场支配地位行为暂行规定》、《国务院反垄断委员会垄断案件经营者承诺指南》。

反垄断执法机构根据经营者履行承诺情况,依法决定终止调查或者恢复调查。

第十六条　宽大制度

经营者主动向反垄断执法机构报告达成垄断协议的有关情况并提供重要证据的,反垄断执法机构可以酌情减轻或者免除对该经营者的处罚。经营者申请宽大的具体适用标准和程序等可以参考《禁止垄断协议暂行规定》、《国务院反垄断委员会横向垄断协议案件宽大制度适用指南》。

第十七条　配合调查义务

经营者及员工应当配合反垄断执法机构依法对涉嫌垄断行为进行调查,避免从事以下拒绝或者阻碍调查的行为:

(一)拒绝、阻碍执法人员进入经营场所;

(二)拒绝提供相关文件资料、信息或者获取文件资料、信息的权限;

(三)拒绝回答问题;

(四)隐匿、销毁、转移证据;

(五)提供误导性信息或者虚假信息;

(六)其他阻碍反垄断调查的行为。

经营者及员工在反垄断执法机构采取未预先通知的突击调查中应当全面配合执法人员。

第十八条　境外风险提示

经营者在境外开展业务时,应当了解并遵守业务所在国家或者地区的反垄断相关法律规定,可以咨询反垄断专业律师的意见。经营者在境外遇到反垄断调查或者诉讼时,可以向反垄断执法机构报告有关情况。

第四章　合规风险管理

第十九条　风险识别

经营者可以根据自身规模、所处行业特性、市场情况、反垄断法相关规定及执法环境识别面临的主要反垄断风险。有关合规风险重点可以参考本指南第三章。

第二十条　风险评估

经营者可以依据反垄断法相关规定,分析和评估合规风险的来源、发生的可能性以及后果的严重性等,并对合规风险进行分级。

经营者可以根据实际情况,建立符合自身需要的合规风险评估程序和标准。

第二十一条　风险提醒

经营者可以根据不同职位、级别和工作范围的员工面临的不同合规风险,对员工开展风险测评和风险提醒工作,提高风险防控的针对性和有效性,降低员工的违法风险。

第二十二条　风险处置

鼓励经营者建立健全风险处置机制,对识别、提示和评估的各类合规风险采取恰当的控制和应对措施。

经营者可以在发现合规风险已经发生或者反垄断执法机构已经立案并启动调查程序时,立即停止实施相关行为,主动向反垄断执法机构报告并与反垄断执法机构合作。

第五章　合规管理保障

第二十三条　合规奖惩

鼓励经营者建立健全对员工反垄断合规行为的考核及奖惩机制,将反垄断合规考核结果作为员工及其所属部门绩效考核的重要依据，对违规行为进行处罚，提高员工遵守反垄断法相关规定的激励。

第二十四条　内部举报

经营者可以采取适当的形式明确内部反垄断合规举报政策，并承诺为举报人的信息保密以及不因员工举报行为而采取任何对其不利的措施。

第二十五条　信息化建设

鼓励经营者强化合规管理信息化建设，通过信息化手段优化管理流程，依法运用大数据等工具，加强对经营管理行为合规情况的监控和分析。

第二十六条　合规队伍建设

鼓励经营者建立专业化、高素质的合规管理队伍，根据业务规模、合规风险水平等因素配备合规管理人员，提升队伍能力水平。

第二十七条　合规培训

经营者可以通过加强教育培训等方式，投入有效资源，帮助和督促员工了解并遵守反垄断法相关规定，增强员工的反垄断合规意识。

第六章　附　　则

第二十八条　指南的效力

本指南仅对经营者反垄断合规作出一般性指引，不具有强制性。法律法规对反垄断合规另有专门规定的，从其规定。

第二十九条　参考制定

行业协会可以参考本指南，制定本行业的合规管理制度。

网络平台经营者可以参考本指南，制定本平台内经营者合规管理制度。

第三十条　指南的解释

本指南由国务院反垄断委员会解释，自发布之日起实施。